유대인의 돈,
유대인의 경쟁력

《像犹太人一样思考》
作者: 柯友辉 編著

유대인의 돈,
유대인의 경쟁력

커유후이(柯友辉) 편저 | 주은주 옮김

차 례

제1장 돈에 대한 유대인의 생각

제2장 유대인의 창의성

제3장 유대인의 진취성

제4장 유대인의 처세술

제5장 유대인의 교육철학

제6장 유대인의 인생철학

제 1 장

돈에 대한 유대인의 생각

“돈에는 우열도 귀천도 없다”

돈은 화폐이자 한 사람이 소유한 물질적 자산의 규모를 판단하는 지표다. 따라서 돈은 그저 돈일 뿐, 귀한 돈과 천한 돈의 구분이 없다는 것이 돈에 관한 유대인의 생각이다. 그들은 잡역부나 등짐을 지는 일을 비천한 일로 여기지 않을뿐더러 상점 주인이나 회사의 사장을 대단히 잘난 사람으로 여기지도 않는다. 돈은 누구 주머니에 있건 다 똑같은 돈이고, 내 주머니에 있던 돈이 다른 사람의 주머니로 들어갔다고 해서 다른 성질의 돈이 되는 것은 아니다.

그들은 설령 자신이 현재 하찮은 직업에 종사하고 있더라도 열등하다고 생각하지 않으며, 어떤 분야에서 무슨 일을 하든지 간에 평정심을 잃지 않는다.

유대인은 돈에 관해서 자신들만의 분명한 철학이 있다. ‘돈에는 이름도 없고 꼬리표도 없다’고 여기는 그들은 스스로 부지런히 일해서 돈을 벌어야 떳떳하다고 믿으며 만족감도 느낀다. 그러므로 그들은 가능한 한 더 많은 돈을 벌기 위해 갖은 방법을 다 짜낸다.

유대인 중에는 부자가 많다. 사채업으로 성공한 아론Aaron이 대표적인 인물 중 한 사람이다. 그는 영국으로 이주하여 품팔이로 돈을 벌기 시작했고, 그렇게 조금씩 모은 돈으로 소규모의 사업을 벌였다. 열심히 노력한 덕분에 사세는 점점 확장되었으나 자금이 원활하게 융통되지 않아서 그는 어쩔 수 없이 은행에서 돈을 빌렸다. 대출금으로 사업을 이어가던 그는 문득 사업상 이윤이 모두 비싼 이자로 나간다는 것을 깨달았다. 그리고 고생스럽게 일해서 벌어들인 돈의 대부분을 은행에 갖다 바치느니 차라리 자신이 대부업을 하는 게 낫겠다는 생각에 이르렀다.

그로부터 몇 년 후, 아론은 사채업을 시작했다. 기존의 사업은 계속 유지하면서 사업 자금의 일부를 떼어 급전이 필요한 사람에게 빌려주었다. 그뿐만 아니라 은행에서 비교적 저렴한 이자로 대출한 돈에 높은 이자율을 적용하여 다른 사람에게 다시 빌려줌으로써 그 차액을 이윤으로 남겼다. 결과적으로 사업으로 돈을 버는 것보다 사채업이 훨씬 남는 장사였다. 이에 아론은 사채업에 역점을 두었다. 재산은 점점 불어났고, 그는 예순세 살에 세상을 떠나면서 거액의 재산을 남겼다.

유대인은 돈을 속세의 하느님으로 여긴다. 이 세상에서 인간이 존경하고 중시할 대상은 하느님 외에는 오직 돈뿐이라고 믿고 있다.

《탈무드Talmud》에는 돈과 관련한 격언이 꽤 많이 실려 있다.

> "《성경》은 밝은 빛을 비추고 돈은 온기를 내뿜는다."
>
> "몸은 마음에 의지하여 살아가고 마음은 지갑에 의지하여 살아간다."

"돈을 지니고서 문을 두드리면 열리지 않는 문이 없다."

"돈은 우리가 신에게서 선물을 살 기회를 준다."

"돈은 죄악도 아니고 저주도 아니며 인간에게 축복이다."

돈과 부를 추구하여 성공하고자 하는 민족으로는 전 세계의 민족 중에서 유대인이 으뜸이다. 비즈니스 세계에서는 한 사람의 성공과 가치의 실현 여부를 판단할 때 대부분은 부의 축적 정도를 기준으로 삼기 때문이다. 유대인은 사업할 때 이런 점을 항상 염두에 두고 모든 고객에게 선입견을 갖지 않고 평등하게 대한다.

전 세계 각지에 거주하는 유대인은 비록 국적은 다르지만 서로를 동포라고 여기며 항상 밀접한 관계를 유지한다. 그들은 사업을 통해 거래할 때 선입견을 갖지 않아야 돈을 벌 수 있다는 값진 경험을 얻었다. 또한 거래 대상에도 구분을 두지 않았다. 사업상 협의가 가능하고 상대방 수중의 돈을 벌어들일 수만 있다면 누구든 거래 대상으로 삼았다. 유대인은 자기 민족을 제외한 나머지 민족은 모두 외국인으로 본다. 돈을 벌기 위해서는 국적을 가리지 않고 전 세계인과 거래를 터 고객으로 삼고, 돈이 될 거리가 있다면 결코 그 기회를 놓치지 않는다. 고객의 종교, 피부색, 사회 성향도 전혀 따지지 않는다.

유대인 사업가 하둔Hardoon이 건물과 부지를 임대할 때 임차인은 일정 금액의 임대료를 미리 지불하고 고액의 보증금도 내야 했다. 이렇게 보증금을 받고 임대하는 방식은 하둔이 최초로 시도한 것이며, 훗날 세계인이 모두 이와 같은 방식으로 임대료를 계산했다. 이를테면 하둔이 뉴욕 회사에 점포를 한 칸 임대할 경우, 실제 임대 기간이 6개월 뒤부터 시작되는데도 쌍방이 계약을 맺은 당일에 첫 월세 900달러와 보증금 6,500달러를 받았다. 이렇게 해서 하둔은 6개월이나 앞당겨서 7,400달러를 벌었고 이 돈은 다른 사업의 투자 자금으로 썼다.

유대인은 돈의 성질을 따지지 않기 때문에 돈을 벌 때 도움이 되는 모든 수단을 감정적으로 대하지 않는다. 법에 저촉되지 않는 범위 안에서 취할 이익만 있다면 깊이 고민하지 않고 모든 수단을 다 쓴다.

아먼드 해머Armand Hammer는 유대인 사업가 중에서 대표적으로 걸출한 인물이다. 구소련의 시대가 막 시작되었을 때 세계의 사업가들은 구소련으로 진출할 엄두를 내지 못했다. 오로지 식견도 있고 대담했던 해머만이 구소련에서 사업을 추진했고 엄청나게 많은 돈을 벌어들였다. 그렇게 사업을 시작한 해머는 20세기 세계 역사에서 가장 전설적인 사업가로 이름을 남겼다.

부의 원천은 여자와 입

셈이 빠른 사업가는 여성층을 타깃으로 삼으면 분명히 돈을 잘 벌 수 있다고 생각할 것이다.

유대인 사업가 이시도르 스트라우스Isidor Straus는 여성층을 타깃으로 사업을 벌이는 수완이 탁월했다. 그런 특별한 사업 재능 덕분에 그가 세운 회사 메이시스Macy's는 세계적으로 유명한 고급 백화점으로 성장했다.

소년공으로 일을 처음 시작한 스트라우스는 어른이 되어 작은 상점의 점원으로 근무하면서 여성 고객의 수가 절대적으로 많은 현상을 파악했다. 남성이 여성과 함께 쇼핑을 오면 상품을 구입하는 결정권은 모두 여성에게 있다는 점도 눈여겨보았다.

그는 여성층을 타깃으로 하는 사업의 전망이 밝을 것이라고 예측했다. 그래서 자본금이 마련되었을 때 바로 여성 패션, 핸드백, 화장품을 주요 품목으로 하는 작은 상점 '메이시스'를 오픈하여 운영했다. 그렇게 몇 년이 흐르니 그의 예상대로 주머니가 두둑해졌다. 스트라우스는 전과 다름없이 계속해서 사업의 규모를 넓히며 에너지를 쏟아부었고, 그 결과 회사의 매출액은 급속도로 늘어갔다. 그는 사업 경험을 살려서 다이아몬드와 금은 액세서리 등 고가의 귀한 상품을 판매하는 방향으로 사업을 확장했다. 뉴욕 소재의 메이시스 백화점 안에는 모두 6개 층에 매장이 개설되어 있었는데, 다이아몬드와 금은 액세서리 전문매장 한 층, 화장품 전문매장 한 층, 여성복 전문매장 두 층으로 구성했고, 나머지 두 층에는 갖가지 다양한 상품을 판매하는 매장으로 꾸몄다. 이처럼 메이시스 백화점 매장의 대다수는 여성을 위한 상품이 차지했다. 스트라우스는 30여 년 만에 메이시스 백화점을 세계에서 가장 유명한 고급 백화점의 반열에 올려놓았다. 이는 여성을 주 고객층으로 설정했기에 이룬 성과다.

다이아몬드 시장도 한번 살펴보자. 세계에서 다이아몬드 원석이 가장 많이 나는 지역은 남아프리카지만 세계 최대의 다이아몬드 가공 시장은 이스라엘에 있다. 이스라엘에서는 다이아몬드 원석이 전혀 나지 않는데도 이스라엘이 세계 최대의 다이아몬드 가공 지역인 점은 깊이 생각해 볼 만한 문제다. 사실 이 일이 가능했던 건 이스라엘의 유대인 사업가가 지닌 독특한 혜안 덕분이다. 그는 다이아몬드를 가공하면 훨씬 아름답고 고급스러워져서 전 세계 여성의 주목을 끌고 큰 사랑을 받을 수 있을 거라고 보았다. 가정에서는 남성이 여성을 리드하고 가장으로서 집안을 이끌지만 한편 여자 친구나 아내를 기쁘게 해 주기 위해서 그녀들이 돈을 쓰도록 기꺼이 허락한다. 이스라엘의 유대인 사업가는 바로 이런 점에 착안하여 다이아몬드 가공업을 창업하는 데에 자금을 투입했고 남아프리카 등지에서 원석을 수입했다.

이스라엘의 다이아몬드 무역회사는 지속적으로 발전하고 성장하여 국내 시장은 물론이고 해외 시장으로까지 판로를 확장했다.

유대인 사업가가 부를 축적할 때 또다른 타깃은 인류의 입이다.

사업 아이템으로서 식품의 최대 장점은 이익이 오랫동안 꾸준히 발생한다는 점이다. 식욕은 생존의 기본 조건이니 그럴 만하다. 사람의 위는 영원히 가득 채워지지 않는 블랙홀이다. 더욱이 식품은 날마다 소비해야 하는 것이므로 절대로 소홀히 할 수 없다. 그렇기 때문에 유대인은 식품 사업을 하면 반드시 돈을 벌 수 있다고 여겼던 것이다. 수많은 유대인이 이런 돈벌이를 놓치지 않은 덕분에 장기간 떠돌이 생활을 하다가 마침내 한 곳에 정착할 수 있었다.

유대인 심플로트Simplot는 당시 세계 100대 부자 중 한 사람으로, 감자로 떼돈을 벌어서 '감자왕'이라고 불린다.

제2차 세계대전이 발발하고 얼마 지나지 않았을 때, 심플로트는 미국 부대가 전방에서 전쟁을 치르는 동안 건조채소가 대량으로 필요하다는 소식을 접했다. 그는 그것이 돈을 벌 수 있는 절호의 기회라는 생각에 당시 미국 전역에서 가장 큰 채소 건조 공장을 조금의 망설임도 없이 사들였다. 그는 공장을 차리자마자 감자만 전문으로 건조시켜서 부대에 공급했다. 그 사업은 심플로트가 부자의 길로 가는 황금 열쇠가 되었다.

1950년대 초, 한 화학자는 감자튀김을 얼리는 방법을 연구해냈지만 냉동 감자튀김에 관심을 갖는 이는 별로 없었다. 그러나 심플로트는 냉동 감자튀김이 상품성이 있다고 확신했고 모험을 할 만한 가치가 충분하다고 여겼다. 그래서 고액을 들여 그 화학자를 초빙했고 냉동 감자튀김을 대량으로 생산했다. 과연 심플로트의 예상대로 냉동 감자튀김은 시중에 출시된 후에 소비자에게 인기를 끌었고, 큰돈을 벌게 해주었다.

심플로트는 거기에 안주하지 않았다. 감자를 튀겨서 냉동시킨 제품을 만드는 것 외에도 감자와 관련해 새로운 사업을 궁리한 것이다. 기존의 냉동 감자튀김을 만드는 공정, 즉 감자를 분류하고, 껍질을 벗기고, 채를 썰고, 흠집을 제거하는 과정에서는 감자 한 개의 약 절반이 쓰레기통으로 들어갔다. 그는 그것이 아까워서 활용할 방안을 찾았는데 얼마 지나지 않아 좋은 아이디어가 떠올랐다. 쓰레기통으로 들어갈 감자 찌꺼기를 곡물에 혼합하여 가축의 사료로 쓰는 방법이었다.

이런 식으로 심플로트는 하나의 '거대한 감자 제국'을 구축했고, 가공한 감자의 판매량은 매년 15억 파운드나 되었다. 그중의 절반은 맥도날드에 프렌치프라이 재료로 공급했다. 그는 감자를 다용도로 활용하여 매년 수억 달러나 되는 거액의 이윤을 남겼다.

큰돈이 될 정보가 중요하다

유대인은 정보가 사업의 성패를 가르는 결정적인 역할을 한다고 여긴다. 그래서 일찍부터 정보를 이용해서 돈을 벌기 시작했다. 《탈무드》에 이런 말이 나온다.

"스치고 지나가는 바람이라도 냄새를 가만히 맡아 보면 어디에서 불어온 바람인지 알 수 있다."

철학적인 의미가 다분한 말이다. 그래서 유대인 부자들은 항상 정보의 힘을 중시했다.

미국의 아머Armour 육류 가공회사의 사장인 필립 아머Philip Armour는 매일 신문을 보는 습관이 있었다. 사업이 아무리 바빠도 아침마다 사무실에 들러서 비서가 준비해놓은 당일 일간지들을 가리지 않고 모조리 읽었다.

1875년 초봄의 어느 날 오전이었다. 아머는 평소처럼 사무실에 앉아서 신문을 보다가 별로 눈에 띄지도 않고 겨우 100글자에 불과한 단신에 관심이 갔다. 기사는 멕시코에서 전염병이 돌고 있다는 내용이었다.

그는 기사를 보다가 아이디어가 반짝 떠올랐다. 멕시코에서 전염병이 발생했다면 빠른 시간 안에 캘리포니아 주와 텍사스 주로 전염될 것이고, 북미 지역의 육류 공급 기지인 그 두 곳에 전염병이 돌면 미국 전역에서 육류 공급난이 일어나서 육류의 가격이 순식간에 폭등하리라는 예상을 한 것이다.

그는 당장 멕시코로 인력을 파견하여 현지 조사를 진행시켰다. 며칠 뒤, 조사 인력으로부터 전보가 도착했다. 멕시코에 전염병이 발생했다는 정보는 확실한 것이었다.

아머는 전보를 받자마자 곧장 자금을 조달하여 캘리포니아 주와 텍사스 주의 돼지와 육우를 대량으로 수매했다. 그리고 가축들을 두 지역에서 멀리 떨어진 동부로 보내어 그곳에서 사육했다. 그로부터 2,3주가 흐르자 서부 지역의 몇 개 주에서 정말로 전염병이 돌았고, 연방정부는 즉각 해당 지역으로 식품 운송을 엄금하는 조치를 단행했다. 이 때문에 북미 시장에서는 한순간에 육류 품귀 현상이 빚어졌고 육류 가격이 폭등했다.

그제야 아머는 때가 되었다고 판단하여 매점해 두었던 돼지와 육우를 고가에 팔았다. 그렇게 하여 그는 고작 3개월이라는 시간 동안 무려 900만 달러의 이익을 거뒀다.

장기간 신문을 읽고 정보를 중시했던 아머가 성공한 것은 당연한 결과였다. 그의 수하에는 정보 수집을 전담하는 인력이 몇 명이나 있었다. 그들은 모두 학벌이 우수하고 경영관리 경험이 풍부한 인재들이었다. 그들이 미국 전역, 영국, 일본 등 세계의 주요 일간지 몇십 가지를 종합하여 읽은 뒤에 신문에 실린 중요한 정보를 일일이 분류하고 평가하여 비서에게 전달하면 비서는 아머의 사무실에 그 자료들을 가져다 놓았다.

아머는 그중에서 가치 있는 정보가 눈에 뜨이면 곧장 그들을 소집하여 함께 정보를 검토했다. 그의 사업은 이렇게 정확한 정보를 바탕으로 운영하여 여러 차례 성공을 거두었다.

미국의 유명한 기업가이자 정치가인 유대인 버나드 바루크Bernard Baruch는 삼십 대 초반에 백만장자가 되었다. 1916년에는 윌슨 대통령Thomas Woodrow Wilson이 그를 국방위원회 고문과 원자재와 광물 및 금속 관리위원회 위원장으로 임명했다. 이후에 그는 또 무기 공업 위원회의 위원장직도 맡았다. 1946년에는 UN 원자력 에너지 위원회의 대표가 되어 유명한 '바루크 플랜Baruch Plan'을 제기했다. 이는 국제 원자력 개발 기구[International Atomic Development Authority]를 창설하여 원자력 에너지의 사용을 제한하고 모든 원자력 시설을 사찰하는 계획이었다. 어쨌든 그는 살아 있을 때나 죽은 뒤에도 폭넓게 존경을 받는 인물이다.

버나드 바루크도 사업을 막 시작했을 때는 고생하며 어려운 시기를 보냈다. 그러나 그는 정보에 민감한 유대인이었기에 하룻밤 사이에 엄청난 부를 이룰 수 있었다.

1898년 7월의 어느 날 밤, 스물여덟 살의 바루크가 그의 부모와 함께 집에 머물 때였다. 별안간 방송에서 미국 해군이 샌디에이고에서 스페인 함대를 섬멸했다는 소식이 보도되었다. 그 말은 즉 미국-스페인 전쟁이 끝났다는 의미였다.

그날은 때마침 일요일이었고 월요일이 되기까지 많은 시간이 남지 않았을 때 보도가 나왔다. 통상적으로 미국의 증권거래소는 월요일에 휴무했지만 런던의 증권거래소는 평소와 같이 업무를 했다. 바루크는 동이 트기 전에 자신의 사무실에 도착하기만 하면 큰돈을 벌 수 있을 거라고 직감했다.

당시는 승용차도 없던 시대였고 기차도 야간에는 운행을 하지 않던 때여서 월요일 동틀 무렵까지 사무실에 도착하기는 사실상 불가능한 일이었다. 그러나 바루크는 기가 막힌 방법을 생각해냈다. 서둘러 기차역으로 가서 전용열차를 빌려 타고 가기로 한 것이다. 하늘은 스스로 돕는 자를 돕는다고 했던가. 바루크는 마침내 날이 밝기 전에 사무실에 도착했다. 다른 투자자들은 아직 잠에서 깨기도 전에 그는 규모가 큰 거래를 몇 건이나 성사시켰고, 그렇게 성공가도를 달렸다.

요즘은 정보가 결정적인 역할을 하는 시대이므로 적시에 확실한 정보만 얻는다면 누구나 부자가 될 수 있다. 한마디로 정보는 부자의 길로 안내하는 길잡이다.

사업 기회를 잘 포착한다

사업가라면 사업으로 어떻게 돈을 벌 것인가 하는 문제를 우선적으로 심사숙고해야 한다. 세계에서 가장 뛰어난 사업가로 알려진 유대인은 일반 사람에게는 없는 탁월한 비즈니스 감각을 지니고 있다. 그래서 남들이 쉽게 놓치는 부분에서 사업 기회를 잘 포착하여 부를 축적한다.

프랑스와 이스라엘의 구두 회사 두 곳은 태평양 도서 지역에 사는 사람들을 상대로 그곳에서 새로운 시장을 개척하고 싶었다. 그래서 두 회사는 각각 현지 시장 조사를 위해 세일즈맨 한 명씩을 섬에 파견했다. 프랑스 회사의 세일즈맨은 섬에 도착한 직후에 섬 주민이 모두 신발을 신지 않고 맨발로 다니는 모습을 보고는 몹시 실망했다. 그래서 이튿날 회사 사장에게 전보를 보냈다.

'이 섬에는 신발을 신는 사람이 없어서 시장 잠재력이 크지 않습니다.'

그러고는 곧장 비행기를 타고 섬을 떠났다.

반면 이스라엘 회사의 세일즈맨은 섬에 도착해서 맨발로 다니는 주민들을 보고는 미친 듯이 흥분했다. 구두 시장의 잠재력이 아주 큰 곳이라고 판단한 것이다. 그는 다음날 바로 사장에게 자신감이 충만한 내용을 담아 전보를 쳤다.

'이 섬의 주민은 아무도 신발을 신지 않는 걸로 보아 시장 잠재력이 아주 크니 제가 이곳에 체류하겠습니다.'

이 세일즈맨은 시장을 내다보는 날카로운 통찰력을 지녔기에 '무(無)'에서 '유(有)'를 발견할 수 있었다. 섬 주민들은 애초부터 신발을 신지 않았기 때문에 아예 신발이 없었다. 그러나 신발을 신지 않는 습관을 바꾼다면 신발 수요가 증가할 것임이 그의 눈에는 훤히 보였다. 그는 새로운 시장을 개척하기 위해 그 섬에서 머물기로 마음먹고 신발을 팔 계획을 세우느라 심혈을 기울였다. 그 결과 그의 바람대로 섬 주민들은 차츰 신발에 관심을 갖기 시작했고 마침내 신발을 사는 사람들이 점점 늘어났다. 그렇게 해서 이스라엘 구두 회사는 판매 이익을 독식했고 사방에서 굴러들어 오는 돈을 쓸어 담았다.

유대인 부호 로크Locke는 사업상 일이 많아서 늘 바짝 긴장한 채로 지냈다. 한번은 그의 보좌관에게 업무를 맡긴 뒤에 일본으로 휴가 여행을 떠났다. 당시 일본은 한여름이어서 날씨가 푹푹 찌는데도 에어컨이 나오는 시원한 방에 머물지 않고 곧장 후지산(富士山)에 올랐다. 후지산 정상은 일 년 내내 눈이 녹지 않고 쌓여 있어서 유난히 춥지만 산 중턱은 시원하고 쾌적하며 공기가 무척 신선하다.

후지산 중턱에 도착한 로크는 신선한 공기를 한껏 들이마시니 온몸에 쌓였던 피로가 씻은 듯이 가시는 것 같았다. 그는 저도 모르게 감탄을 했다.

"공기가 어쩌면 이리도 신선할까. 이건 전혀 오염되지 않은 순수한 자연의 공기야."

이렇게 말하던 그는 순간 아이디어 하나가 번뜩 떠올랐다.

'후지산의 공기를 가져가서 팔아도 되겠는데?'

로크는 어떤 사람들에게 공기를 팔 수 있을지 예측해 보았다. 도시에 거주하는 사람들은 매일 오염된 공기만 마시니 신선한 자연의 공기를 분명 좋아할 것 같았다. 오래 병을 앓다가 갓 회복한 사람에게도 촉촉하고 신선한 자연의 공기가 필요할 것이다. 후지산의 명성을 익히 들어 알고는 있지만 직접 관광하러 갈 기회가 좀처럼 없었던 사람이나 후지산에 갔을 때 그곳의 경치와 공기에 매료되었으나 장기간 머무를 수 없었던 사람도 아마 지갑을 열게 되리라 믿었다. 그 밖에 영양과 건강을 중시하는 노인과 한창 신체적 성장과 지적 성장이 동시에 진행되는 아동을 둔 부모의 마음도 사로잡을 수 있을 듯했다.

로크는 이렇게 분석하고 나니 자신감이 배가되어서 즉시 이 방면의 전문가를 불러 모았다. 전문가에게 후지산 공기의 샘플을 채취하여 연구와 테스트를 거친 뒤에 후지산 공기가 인체에 어떤 좋은 영향을 미치는지 과학적으로 분석한 자료를 작성하여 보고하라고 했다.

그러고는 곧장 영업 면허를 신청하는 등 사업을 시작하는 데 필요한 절차를 밟았고, 마침내 후지산 중턱에 '후지산 공기 캔 공장'이라는 이름으로 공장을 열었다. 로크의 새 상품은 매우 특색 있었다. 저렴하면서도 예쁜 포장재를 사용하여 제작한 캔 표면은 후지산의 아름다운 풍경 사진으로 꾸미고 안에는 후지산의 신선한 공기로 가득 채웠다.

로크의 신제품 고객 타깃은 공기 오염이 심한 대도시에서 생활하는 사람으로 정했고, 마케팅 성공률은 상당히 높았다. 게다가 가격을 약간 낮춘 덕분에 일본 시장의 문은 꽤 빨리 열렸다. 로크는 여기에서 만족하지 않고 '후지산 공기 캔'을 미국과 유럽 및 적도 지역의 나라에까지 수출하여 일본에서와 같은 큰 인기를 얻었다.

이 같은 시장의 반응에 로크는 상당히 고무되었고 그의 공기 사업은 점점 번창했다. 캔에 담을 공기는 후지산 공기에만 한정하지 않고 알프스산과 후난(湖南)성 쉐펑산(雪峰山)의 공기, 드넓은 호수 위의 청량한 공기, 원시 삼림의 공기 등 종류를 다양화했다. 로크는 공기 사업을 통해 상당한 이윤을 남겼을 뿐만 아니라 사회적 요구도 만족시켰다.

얼핏 보면 일본으로 휴가를 떠난 그가 후지산에 올라서 그곳의 신선한 공기를 마시다가 우연히 새로운 사업 아이템을 발견한 것 같다. 그러나 그의 성공 비결은 전적으로 사업 기회를 포착할 줄 아는 날카로운 감각이었다. 후지산을 오르는 사람은 굉장히 많지만 그중에서 이런 사업 아이디어를 생각해낸 사람은 로크 딱 한 사람뿐이었으니 말이다.

이처럼 단순한 사업 아이템이지만 그 안에서 세부적인 면면을 포착하고 그것을 이용할 방법을 다각도로 연구하는 재능이 뛰어난 사업가는 모두 성공했다.

"비즈니스를 대하는 자세"

유대인은 똑똑하고 노련하고 장애를 극복하는 능력이 뛰어나며 매사를 지혜롭게 대처한다. 유대인이 물 만난 고기처럼 비즈니스 세계를 누빌 수 있었던 건 모두 그들의 비상한 머리 덕분이다.

유대인의 머리가 비상함이 잘 드러난 재미있는 이야기 한 편을 소개하겠다.

미국과 소련이 유인 로켓을 성공적으로 연구 개발하자 독일과 프랑스 및 이스라엘도 연합으로 유인 로켓 발사 계획을 세웠다. 로켓과 우주선 캡슐 준비가 완료되자 그 다음으로 할 일은 우주 비행사를 채용하는 것이었다. 채용 담당자가 독일 출신 응시자에게 우주 비행 보수로 얼마를 원하는지 묻자 그가 대답했다.

"만약 저를 채용하신다면 집을 마련할 돈 1,000달러, 아내에게 줄 돈 1,000달러, 그리고 제 몫으로 1,000달러, 모두 합해서 3,000달러는 주셔야 합니다."

담당자는 프랑스 출신 응시자에게도 같은 질문을 했더니 이런 대답이 돌아왔다.

"저는 4,000달러를 원합니다. 집을 사느라 빌린 대출금을 상환하려면 1,000달러가 필요하고, 아내와 아이에게 1,000달러를 주고, 또 저와 제 애인 앞으로 각각 1,000달러씩은 필요합니다."

마지막으로 이스라엘 출신 응시자에게도 보수를 묻자 이렇게 대답했다.

"5,000달러는 무조건 주셔야 합니다. 1,000달러는 제 보수고, 1,000달러는 담당자님을 드릴 겁니다. 그리고 나머지 3,000달러로는 저 독일인 비행사를 고용해서 로켓에 태우겠습니다."

이 짧은 우스개 이야기에는 유대인의 비상함이 잘 드러나 있다. 이야기 속의 유대인은 숫자 놀음만으로 위험도가 높은 일에 종사하는 사람과 같은 대우를 받으면서 실제로는 그 일(우주 비행)에 종사하지 않을 수 있는 요구를 했다. 이런 점은 유대인 사업가들에게서 볼 수 있는 가장 두드러지는 특징 중 하나다.

뜻밖에도 이 우스개 이야기는 다른 민족이 유대인의 비상함을 신랄하게 풍자하기 위해 꾸민 것이 아니라 유대인이 직접 지어낸 것이다.

이스라엘인이 독일인을 착취할 의도로 그런 요구를 한 것은 결코 아니다. 독일인은 자신이 원한 보수 3,000달러를 다 받을 수 있으니 문제로 삼을 일도 아니다. 다만 보수를 지급하는 측이 채용 관계자냐 이스라엘 비행사냐의 차이만 있을 뿐이다.

그러므로 유대인의 요구는 '합법적'이다. 실제로 어느 나라 응시자가 채용되든 그들은 자기 몫의 보수로 '1,000달러'를 손에 넣을 수 있으니 결과도 모두 만족할 만하다. 어쨌든 우스개 이야기에서든 현실에서든 유대인처럼 보수를 요구하는 민족은 없다. 하물며 타민족은 그런 요구를 할 생각조차 하지 않는다. 설령 잠재의식 속에 그런 생각이 있다고 해도 '너무 노골적'이라서 아예 단념하며, 그렇게 과하게 노골적인 똑똑함을 오히려 부끄럽게 여긴다.

이야기 속의 유대인은 자신의 '과한' 똑똑함을 민망해하지 않고 아주 당당했다. 또 '지나치게 노골적'으로 보일까 봐 염려하지도 않았다. 유대인은 자신의 똑똑함을 효과적으로 활용함으로써 만족감을 느낀다. 그리고 그런 과정을 거치며 그들의 머리는 점점 비상해진다.

유대 민족 사이에서 전해지는 우스개 이야기 중에는 그들의 똑똑함과 관련된 것이 매우 많다.

펠러feller라고 불리는 한 유대인은 77세에 세상을 떠났는데 그가 세상을 떠나기 전에 한 행동이 꽤 흥미롭다. 그는 임종을 앞두고 신문에 작은 광고를 내달라고 가족에게 부탁했다. 광고 내용은 자신이 곧 천국에 갈 예정이므로 천국에 있는 가족에게 전할 말이 있는 사람은 1인당 100달러를 내면 전해주겠다는 것이었다.

황당무계한 이야기지만 뜻밖에도 이 광고에 관심을 보인 사람이 무척 많았다. 사람들은 펠러의 집으로 몰려들었고 천국에 있는 가족에게 하고 싶은 말을 그에게 전했다. 그 결과 펠러는 죽기 전에 무려 약 10만 달러나 벌었다. 아마 며칠만 더 늦게 죽었다면 훨씬 더 많은 돈을 벌었을 것이다.

펠러의 유언도 매우 특별했다. 또 신문에 광고를 실어 달라고 했다. 대단한 신사 한 분이 고상하고 지적인 여성과 한 무덤에 같이 매장되기를 원한다는 내용이었다. 광고가 나가자 정말로 한 귀부인이 나타나서

10만 달러를 지불하고 그와 합장되기를 원했다.

죽기 직전까지도 돈벌이 생각을 머리에서 떠나보내지 못하는 사람들이 바로 유대인이다.

앞서 말했듯이 유대인은 만물을 주재하는 존재가 하느님이라면 모든 것을 가능하게 해 주는 하느님은 곧 돈이라고 믿는다. 하느님을 숭배하는 행위는 유대인의 삶에서는 당연한 일이며, 돈은 바로 그 하느님이 준 선물이라고 여기므로 돈을 떠받드는 것이다.

유대인이 똑똑하다고 해서 도덕심이 없거나 법을 위반하는 것은 아니다. 그저 비상한 머리로 매우 교묘한 방법을 써서 어려움에 처한 사람의 일을 해결해 줄 뿐이다. 게다가 유대인의 그런 비상함을 대다수의 사람은 긍정적으로 받아들이고 똑똑하다고 칭찬한다. 유대인 사업가들은 자기 고객에게 "전 돈을 벌 겁니다."라고 솔직하게 말한다. 그리고 그들에게 자기가 어떻게 돈을 버는지 똑똑히 지켜보라고 당부한다.

푼돈도 소중히 여긴다

일자리를 구하러 다니는 두 젊은이가 있었다. 한 명은 영국인, 다른 한 명은 유대인이었다. 그들은 자신이 성장하기에 적합한 일자리를 찾을 수 있으리라는 희망에 잔뜩 부풀어 있었다. 하루는 두 사람이 함께 길을 걷다가 길바닥에서 동전 한 개를 발견했다. 영국 청년은 못 본 척 그냥 지나친 반면 유대인 청년은 흥분하며 냉큼 동전을 주웠다.

그러자 영국 청년은 유대인 청년에게 따가운 눈총을 보내며 말했다.

"찌질한 녀석, 동전 한 개도 줍냐?"

동전 한 닢에 기분이 좋아진 유대인 청년은 앞서가는 영국 청년을 바라보며 대꾸했다.

"그럼 공짜로 생긴 돈을 보고도 그냥 지나쳐? 너야말로 못났다!"

그 일이 있은 후, 두 사람은 한 회사에 나란히 취직되었다. 규모도 작고 급여도 적은 회사인데 업무가 상당히 고된 일이었다. 이에 영국 청년은 바로 회사를 그만두었다. 그러나 유대인 청년은 취업을 기뻐하며 회사에 남았다.

2년 뒤, 두 사람은 우연히 길에서 마주쳤다. 영국 청년은 그때도 여전히 취업준비생이었고 유대인 청년은 이미 사장이 되어 있었다.

"너처럼 찌질한 놈이 어떻게 사장이 됐어?"

영국 청년은 도무지 이해할 수 없다는 듯이 물었다.

유대인 청년이 대답했다.

"난 돈을 보고 그냥 지나치지 않거든. 한푼도 놓치지 않고 소중히 여긴단 말이지. 너처럼 동전 한 닢을 우습게 아는 놈이 어떻게 부자가 되겠냐?"

영국 청년은 늘 큰돈에만 관심을 갖고 푼돈은 대수롭지 않게 여기며 내일이면 돈을 벌겠지 하는 생각만 하다가 결국 백수 신세를 면하지 못한 것이다.

성공한 사람들은 모두 동전 한 닢이 조금씩 모여서 큰돈이 된다는 걸 안다. 이런 마음가짐이 없으면 결코 부자가 될 수 없다. 한푼이라도 귀하게 여겨야만 성공하고 부를 이룰 수 있다.

돈을 대하는 마음가짐에 따라 인생과 일을 대하는 태도도 달라진다. 제 분수를 잘 알고 현실적인 꿈을 꾸는 사람만이 매사에 진지하게 임하고 자신의 꿈을 실현할 수 있다. 그렇게 하지 않으면 큰 부자는커녕 작은 부자도 되지 못한다.

운을 기회로 바꾼다

어느 부잣집에서 키우던 개를 실수로 잃어버리자 부자는 개를 찾으려고 TV 방송국에 광고를 냈다.

"개를 찾습니다. 저희 개를 데리고 계신 분이 있다면 조속히 돌려주십시오. 사례금으로 1만 위안을 드리겠습니다."

부자의 멘트가 끝나자 개의 사진이 TV 화면을 가득 채웠다. 광고 방송이 나간 뒤에 개를 돌려주러 온 사람이 줄을 이었지만 전부 부자의 개가 아니었다. 부자의 아내는 족보가 있는 명견인데 사례금을 너무 적게 걸어서 돌려주지 않는 게 틀림없다며 걱정했다. 이에 부자는 곧장 사례금을 2만 위안으로 올리고 다시 광고했다.

개는 한 거지에게 발견되어 그와 함께 지내고 있었다. 거지는 첫 번째 광고를 보지 못하고 두 번째 광고를 우연히 보았다. 거지는 자기가 주운 개를 돌려주면 사례금으로 2만 위안을 받을 수 있다는 사실을 접하고는 기뻐서 펄쩍 뛰었다. 살면서 그렇게 큰돈을 한 번도 만져 본 적이 없었으니 잘 먹고 잘 살 수 있는 절호의 기회라고 여긴 것이다.

거지는 다음 날 아침 일찍 개를 안고서 사례금 2만 위안을 받으러 길을 나섰다. 한 백화점 앞을 지나다가 백화점 벽에 걸린 스크린에서 그 광고를 또 보았는데 하루 사이에 사례금이 3만 위안으로 올라 있었다. 거지는 즉시 걸음을 멈추고 생각했다.

'하루 사이에 사례금이 이렇게 많이 오른 걸 보니 며칠만 더 기다리

면 돈을 훨씬 더 많이 받을 수 있겠는데?'

그는 이내 마음을 바꿔 먹고 누추한 자기 집으로 돌아가서 개를 집 안에 묶어 두었다. 광고를 낸 지 나흘째 날, 사례금은 역시나 또 껑충 뛰어 있었다.

그로부터 며칠 동안 거지는 백화점 스크린 앞을 떠나지 않고 사례금이 얼마나 더 오르는지 지켜봤다. 그러다가 마침내 흡족할 만큼 금액이 올랐다 싶은 순간에 곧장 개를 데리러 집으로 돌아갔다. 그런데 불행하게도 개는 이미 숨이 끊어진 후였다. 부잣집에서 항상 구운 소고기와 우유만 먹던 개가 쓰레기통에서 주워 온 상한 음식을 먹은 탓이었다.

거지는 부자가 되기 싫었던 걸까? 당연히 간절히 바랐을 것이다. 하지만 그는 기회를 잡아보지도 못한 채 쳐다보기만 하다가 그냥 놓치고 말았다.

유대인 사업가는 사업하는 모든 순간과 과정 하나하나에 주의를 기울이고 유심히 살피며 자신에게 다가온 운을 놓칠세라 기회로 바꾼다. 일찍이 유대인 사업가가 경영했던 패션회사 '리바이 스트라우스Levi Strauss'는 운을 기회로 바꾼 덕에 패션업계의 혁명, 즉 청바지 붐을 일으켰다.

'리바이 스트라우스'라는 회사명은 이미 영국 사전에도 등재되어 있으며, 이 회사의 제품은 글로벌 마켓에서 연일 새로운 유행을 창조하고 있다. 이런 까닭에 회사의 성장 스토리도 거의 신화나 전설처럼 대중에게 회자되고 있는데, 이 회사를 창립한 사람이 바로 리바이 스트라우스다.

유대인은 패션업계에서 늘 선두에 있으며, 그들의 패션 공장에서 생산되는 옷은 일찍부터 미국 의류 시장의 대부분을 차지하고 있다. 19

세기 중반, 미국 캘리포니아 일대가 골드러시로 들끓자 청년 리바이 스트라우스도 캘리포니아로 갔다. 그러나 때가 이미 너무 늦어서 사금으로 돈을 벌기는 어려웠다. 하지만 뜻하지 않게 그는 능직 원단으로 황금을 손에 넣는 성과를 거두었다.

리바이 스트라우스는 캘리포니아에 갈 때 텐트를 만드는 상인에게 팔아서 자금으로 쓸 요량으로 큼지막한 능직 원단 두루마리를 가지고 갔었다. 막상 그곳에 도착해서 보니 사금을 채취하느라 종일 진흙과 물에 뒹군 사람들의 바지가 대부분 금방 해져서 오래가는 질긴 바지가 필요하다는 생각이 들었다. 그래서 텐트용 원단 장사가 시급한 일은 아니었기에 일단 능직 원단으로 튼튼한 바지를 한 벌 만들었다. 그렇게 탄생한 것이 리바이 스트라우스의 첫 번째 청바지다. 그는 또 주머니를 더욱 견고하게 달기 위해 주머니 가장자리에 구리로 만든 작은 단추도 박았다. 그 이후로 리바이 스트라우스는 이 참신한 디자인의 바지를 대량으로 생산하기 시작했고 바지는 날개 돋친 듯이 팔려나갔다. 그러자 옷을 만들어 팔던 장사꾼들이 눈이 벌게져서 너도나도 청바지를 모방해서 만들어 팔았다. 그럼에도 리바이 스트라우스 기업의 매출액은 변함없이 수위를 유지했다. 매년 약 백만 벌의 바지가 팔렸고 총매출액은 약 5,000만 달러에 달했다.

리바이 스트라우스는 평생을 독신으로 살아서 사망한 뒤에 네 명의 조카가 회사를 인수했다. 그들이 노력을 아끼지 않은 덕분에 회사는 꾸준히 성장 가도를 달렸고, 사업 분야도 지속적으로 확대하여 모직물, 바지, 타월, 이불잇, 침대 시트, 속옷도 생산하기 시작했다. 그래서 제2차 세계대전이 끝난 시점에는 이 상품들의 매출액이 회사 총매출액의 거의 절반을 차지할 정도로 실적이 좋았다. 1946년에 리바이 스트라우스의 외증손자 월터 하스Walter A. Hass는 회사의 모든 자금을 데님 원단을 생산하는 데 투자하기로 결정했다.

하스는 이상주의자도 아니었고 대중의 취향이나 옷 입는 습관을 굳이 변화시킬 마음도 없었다. 그의 결정이 패션 혁명을 일으킬 것이라고도 전혀 생각지 못했다. 그저 새로운 원단이 시장을 차지할 수 있는지 확인하기 위해 경영 정책을 내놓았을 뿐이었다. 정확히 말하면 데님 원단으로 성공하는 데 회사의 명운을 걸고 팔을 걷어붙였던 것이다. 결과는 성공이었다.

데님이라는 새로운 원단으로 만든 청바지는 특히 몸매를 확실히 드러내는 효과가 있고 젊음의 활기를 느끼게 하여 출시되자마자 소비자들에게 인기를 끌었다. 1960년대에 접어들면서부터 하스의 사업은 더욱 번창했다. 제2차 세계대전이 끝난 뒤에 출생률이 정점에 달했었는데 그 시기에 태어난 세대가 1960년대에 사회로 진출했다. 그러자 미국 사회 전반에 젊은이가 소비의 중심으로 떠오르면서 청춘의 상징이었던 청바지가 자연스럽게 시장에서 자리를 잡고 성공으로 이어졌다. 또 한편으로는 60년대 사람들이 지녔던 반항심도 청바지의 성공에 한몫을 했다. 전통적인 규범과 가치관을 의심하고 비난하고 혐오하는 분위기가 만연했던 당시, 형식에 얽매이지 않는 자유로움이 최대 장점인 청바지는 시대의 흐름을 가장 잘 반영한 옷이었다.

이 같은 패션 혁명은 미국 사회에 막대한 영향을 미쳤다. 더 이상 옷차림으로 신분을 가늠할 수 없게 된 것이다. 게다가 남성용과 여성용이 똑같은 디자인이어서 성별의 구분도 없었다. 청바지는 새 것과 헌 것의 구분이 따로 없었다. 심지어는 헌 청바지가 더 인기를 얻기도 했다. 청바지는 물이 잘 빠지는 단점 때문에 금방 헌 청바지처럼 되지만 청바지를 사랑하는 대중은 그런 단점마저도 좋아했다. 그래서 아예 낡은 청바지를 생산하기에 이르렀고 심지어는 찢어진 청바지를 생산하는 공장도 생겼다. 일부러 원단을 탈색하고 마모시키고 기워서 낡게 만든 청바지는 오히려 새 청바지보다 훨씬 잘 팔렸고 가격도 비쌌다.

월터 하스의 이런 모험적인 선택이 패션업계의 일반적인 모험에 불과할지라도 어쨌든 그는 모험을 통해 회사를 크게 발전시켰다. 무엇보다 모험을 시도한 덕분에 반세기가 넘도록 여전히 패션계에서 유행을 선도하고 있다는 점은 충분히 높이 평가할 만하다. 리바이 스트라우스가 청바지를 처음으로 제작했던 때부터 계산하자면 청바지는 이미 150년 가까이 인기를 얻고 있는 셈이다. 대량 생산 시대에 이처럼 장기간 소비자에게 폭넓은 사랑을 받는 상품을 만들어 낼 수만 있다면 성공은 따 놓은 당상이다.

'기회는 신의 별칭이다'라는 말이 있다. 특정한 시간에 여러 요인이 하나로 강하게 합쳐지면 유리한 조건이 만들어지는데, 이런 조건을 가장 빨리 낚아채서 자신이 가진 자원을 투자하면 사업에 성공하고 돈도 끊임없이 들어온다. 유리한 조건이란 곧 기회를 말하며, 훌륭한 사업가라면 이렇게 부를 이룰 수 있는 절호의 기회를 잡을 줄 알아야 한다.

돈을 벌려면 우선 투자를 해야 하듯이 기회를 잡으려면 어느 정도는 희생을 감수해야 한다. 시간, 수입, 여가생활 등에 관한 희생이 필요하며, 언제든 기회를 잡을 준비가 되어 있어야 기회가 나타났을 때 재빨리 거머쥘 수 있다. 간혹 운발만 기대하고 창업해서 부자가 되겠다고 하는 사람들이 있는데 운은 기회가 아니다. 운이 곧 기회라고 여긴다면 그릇된 판단을 해서 손해를 자초하고 말 것이다.

운은 우연이다. 만약 어떤 사람이 복권에 당첨돼서 공돈 2,000달러가 생겼다면 그건 운이다. 영국의 미생물학자 알렉산더 플레밍Alexander Fleming은 원래 포도상구균을 배양하려다가 우연히 페니실린을 발견했다. 그에게는 정말로 뜻밖의 일이었고 페니실린은 예상치 못한 불청객이나 다름없었다. 복권에 당첨된 일과 페니실린을 발견한 일에는 분명한 차이가 있다. 복권에 당첨된 건 정말 의외의 일이고 완벽히 운이다. 그러나 페니실린을 발견할 수 있었던 건 운 외에 기회가 숨어 있었기 때문이다.

페니실린을 발견한 플레밍이 보였을 반응을 예상해 보자. 페니실린을 포도상구균 연구를 방해한 군더더기라고 여기며 무시하거나 페니실린에 호기심을 보이며 연구를 진행하는 두 가지 가능성이 있다. 만약 전자와 같은 반응을 보였다면 아마 페니실린은 세상에 드러나지 않았을 것이다. 그러나 플레밍은 자신에게 온 기회를 놓치지 않고 연구를 진행했기에 성공적인 결과를 얻을 수 있었다.

부자가 되려면 운과 기회를 명확히 구분할 수 있는 정확한 판단력이 필요하다. 운을 무시할 것까지는 없지만 생활 속에 숨은 기회를 포착해 낼 수 있는 혜안이 더욱 중요하며, 그런 혜안이 있어야만 비로소 성공할 수 있다.

정당한 방법으로 돈을 번다

어떤 방식이든 투기로 돈을 버는 것은 대단히 위험한 일이다.

유대인은 투기로 번 돈은 나중에 꼭 손해를 보게 되며 손해를 보다 못해 아예 밑천까지 바닥날 수 있다고 믿고 있다.

한 사업가가 대출을 하러 은행에 갔다. 은행장은 그에게 요즘 사업이 어떤지 물었다. 그는 사업도 꽤 잘 되고 돈도 많이 벌었다고 대답했다. 그러자 은행장이 잠시 생각하다가 다시 입을 열었다.

"욕심이 참 많으시군요. 그렇게 돈을 많이 버셨는데 왜 또 대출로 고철까지 매입해서 투기를 하려고 하십니까? 대박을 터뜨리고 싶으신 겁니까? 사업이 잘 안 돼서 어떻게든 기를 쓰고 노력해 보려는 거라면 모를까, 그렇게 사업이 잘 되는데 왜 더 욕심을 부리십니까?"

은행장이 이렇게 말하며 사업가에게 돈을 빌려주지 않기로 결정하자 사업가는 식식거리며 은행을 나갔다.

두 달 뒤, 그 사업가는 은행장을 찾아와서 감사 인사를 전했다. 은행장은 영문을 몰라서 물었다.

"저한테 왜 고맙다고 하십니까? 지난번에 저는 대출을 승인하지 않았는데요. 혹시 다른 사람으로 착각하신 건 아닙니까?"

사업가가 대답했다.

"고철 가격이 완전히 곤두박질쳤어요. 4만 달러 이상 떨어졌거든요. 그때 은행장님께서 대출을 거절하신 덕분에 제가 한 푼도 손해를 입지 않았으니 고맙지요."

돈을 많이 버는 것을 인생의 목표로 삼고 살아가는 사람이 많다. 그렇다고 해서 그런 사람을 비난할 이유는 없다.

아주 옛날에는 평범한 사람은 부자가 될 기회가 전혀 없어서 많은 사람이 부자가 되는 꿈을 현실 속에 그저 묻어둘 수밖에 없었다. 그러나 지금은 누구나 노력하면 부자가 될 수 있고 부자가 되기를 목표로 삼을 수 있다. 실제로 부자가 되는 행운을 얻는 사람은 소수지만 어쨌든 그들은 부자가 되고자 노력했기에 부자의 삶을 살 수 있게 된 것이다.

하지만 부정한 방법으로 부자가 되는 건 바람직하지 않다. 부정한 방법으로 부자가 된 사람은 언젠가 그에 대한 벌을 반드시 받는다. 또 부정하게 돈을 벌면 죄책감과 수치심이 들므로 한 푼을 벌 때마다 인격은 좀먹어 간다.

사기 행위는 끝내는 상대방에게 들통난다. 부자가 되려고 잔머리를 아무리 굴려 본들 성실히 노력하는 것보다 더 좋은 방법은 없다. 사사로운 욕심이나 이해관계를 따지지 않고 명예와 가치를 중시하면 부정한 방법을 쓸 때보다 훨씬 많은 돈을 벌 수 있다.

두 남자가 랍비를 찾아갔다. 그중 한 남자가 말했다.

"이 친구는 정말 은혜도 몰라요. 하도 돈이 급하다고 해서 제가 선뜻 빌려줬는데, 아 글쎄 돈을 갚을 때가 되어서는 저한테 3만 달러만 빌렸다는 거예요. 전 분명히 7만 달러를 빌려줬거든요."

다른 한 남자가 말을 받아쳤다.

"제가 빌린 돈은 3만 달러인데 이 사람이 7만 달러를 빌려줬다고 아주 딱 잘라 말합디다. 말도 안 되는 얘기예요!"

두 사람은 서로 각자의 뜻을 굽히지 않고 옥신각신했다.

랍비는 우선 두 사람과 따로따로 이야기를 나눈 뒤에 다시 세 사람이 모였다. 랍비가 말했다.

"두 분은 내일 다시 오십시오. 그때 판결을 내리겠습니다."

두 사람이 돌아간 뒤에 랍비는 이 문제를 두 사람의 심리에서 접근하여 해답을 찾기로 하고 여러 책을 뒤지며 알아보았다. 두 사람의 심리를 모르고서는 답을 찾을 방법이 없었다.

유대 사회에서는 보통 돈을 빌려줄 때 차용증을 쓰지 않고 쌍방이 구두로 합의한 것을 곧 약속으로 삼는다. 만약 차용증이 있었다면 이 같은 문제는 발생하지 않았을 것이다.

랍비는 여러 가능성을 추측해 보았다.

'만약 실제로 빌려준 돈이 7만 달러가 아니라면, 돈을 빌려준 쪽은 왜 9만 달러나 10만 달러라고 하지 않고 딱 잘라서 7만 달러라고 말했을까? 반면 3만 달러만 빌렸다고 한 사람이 나쁜 마음을 먹고 속일 작정이었다면 한 푼도 빌리지 않았다고 말할 수도 있지 않았을까? 《탈무드》에 한 번 거짓말한 사람은 끝까지 속인다는 격언이 있지. 거짓말이라도 자기한테 불리한 거짓말은 듣는 상대방이 쉽게 믿기도 해. 사실 그 말 속에는 진심이 약간 있을 수도 있거든. 또 양쪽이 서로 옳고 그름을 따지다 보면 거짓말한 쪽이 약간 말을 번복할 수도 있고. 애초에 7만 달러를 빌렸는데 수중에 3만 달러밖에 없어서 3만 달러를 빌렸다고 말했을 가능성도 배제할 순 없어. 돈을 빌려준 사람의 기억력이 나빠서 3만 달러를 빌려주고 7만 달러를 빌려줬다고 우길 수도 있는 일이지.'

다음 날, 두 사람이 다시 랍비에게 갔다. 랍비가 돈을 빌린 사람에게 물었다.

"3만 달러를 빌린 게 확실합니까?"

돈을 빌린 사람은 고개를 끄덕였다.

랍비는 말없이 깊은 생각에 잠겼다.

잠깐의 침묵이 흐른 뒤에 랍비가 다시 입을 뗐다.

"당신 친구가 부자라면 돈이 궁하지 않으니 당신한테 돈을 빼먹을 궁리를 하지 않을 게 분명합니다. 그렇지만 만약에 제삼자가 어떤 이유로, 이를테면 사업 자금이 모자라서 당신 친구한테 돈을 빌리고자 할 때 친구는 당신이 준 배신감 때문에 아무도 믿지 못할 수도 있습니다. 그래도 3만 달러를 빌렸다고 고집하시겠습니까?"

돈을 빌린 사람은 끝까지 자기 생각을 굽히지 않았다.

"자, 그렇다면 예배당으로 가서 성경 위에 손을 얹고 3만 달러를 빌렸다고 맹세하실 수 있겠습니까?"

랍비가 다그쳐 물었다.

돈을 빌린 사람은 갑자기 고개를 툭 떨어뜨리며 7만 달러를 빌렸다고 솔직히 말했다.

유대인에게 가장 엄숙한 일은 예배당에 가서 성경에 손을 얹고 맹세하는 행위다. 성경과 신 앞에서 눈썹 하나 까딱하지 않고 거짓말하는 사람은 아마 범죄자 말고는 없을 것이다.

돈을 벌고 싶으면 반드시 스스로 정확한 목표를 정하고 자신의 역량으로 이루어야 한다. 그래야만 돈을 벌어도 마음이 편안하다. 이런 점 또한 유대인 사업가의 중요한 성공 비결이다.

시간 관리를 철저히 한다

유대인의 사업 비결 중의 하나는 시간관념이다. 시간을 낭비하지 않고 시간도 상품이라고 여기는 그들은 시간의 가치를 가장 일찍 깨달은 민족이다.

유대인은 시간을 이렇게 정의했다.

"시간은 곧 돈입니다. 하지만 단순히 상품과 돈에 비유할 수는 없습니다. 시간은 삶이자 생명입니다. 돈은 무한하지만 시간은 유한합니다. 유한한 시간으로 무한한 돈을 좇다 보면 결국 시간과 돈이 동시에 우리를 짓누릅니다. 상품은 없으면 다시 만들 수 있고 돈도 없으면 다시 벌 수 있습니다. 그러나 시간은 흘러가고 나면 다시 되돌릴 수 없습니다. 우리는 결코 귀한 시간을 허투루 낭비해서는 안 됩니다. 시간은 누구나 단 한 번밖에 누릴 수 없기에 남의 시간을 마음대로 뺏거나 낭비해도 안 됩니다. 시간은 모든 사람에게 귀하디귀한 것입니다. 사업가는 돈 관리도 잘해야 하지만 시간 관리를 잘해야 합니다. 시간이 부를 가져다 줄 수 있기 때문입니다."

또 시간은 돈을 벌기 위한 자본이고 시간으로 이윤을 '증식'시킬 수 있다고 보았다. 즉 시간 관리만 잘하면 없던 돈도 생긴다는 뜻이다.

남아프리카의 갑부 바넷Barnett이 런던에 막 발을 디뎠을 당시 그는 무일푼의 가난한 청년이었다. 그러나 훗날 엽궐련 40박스를 가지고 남아프리카로 가서 그것을 담보로 다이아몬드를 손에 넣었다. 그로부터 몇 년간 분투한 끝에 마침내 그는 부유한 다이아몬드 사업가가 되었다.

바넷의 수익은 평소에는 꾸준하다가 토요일만 되면 금액이 확 올랐다. 수익에 이런 주기적인 변화가 생긴 것은 그의 시간 관리 요령 덕분이다. 토요일에는 은행이 평소보다 일찍 영업을 종료하기 때문에 바넷은 수표로 다이아몬드를 매입했다가 월요일에 은행이 영업을 시작하기 전에 매입한 다이아몬드를 팔아 버렸다. 그렇게 해서 들어온 돈을 자신의 계좌에 예치하여 토요일에 발행한 모든 수표를 현금으로 바꿀 수 있도록 했다. 이렇게 은행이 영업하지 않는 하루 남짓한 시간을 이용하여 모든 이의 합법적 권익을 침해하지 않는 범위 안에서 대금 지불을 늦춤으로써 그가 실제로 보유한 돈보다 훨씬 많은 돈을 자금으로 운용했다.

유대인은 직장에서 일할 때 시간을 낭비하는 법이 없고 규정된 업무 시간은 철저하게 지킨다. 그리고 퇴근 시간이 되면 미처 끝내지 못한 일이 있어도 곧바로 손을 털고 퇴근길에 나선다. 평소에 업무 시간을 낭비하지 않기 때문에 개인 시간도 철저히 지키겠다는 것이다. 이런 태도가 바로 유대인의 시간관념이다.

이렇게 시간관념이 철저해서 업무 효율도 무척 높다. 그들은 시간과 돈을 똑같이 중요하게 여기기 때문에 무단히 남의 시간을 빼앗는 행위와 남의 돈을 훔치는 행위를 똑같은 죄로 간주한다. 예전에 한 유대인 거상이 시간과 돈을 계산한 방식을 예로 들어 보겠다. 그는 자기가 매일 8천 달러를 번다고 가정할 때 분당 약 6달러를 버는 셈이므로, 남이 자기 시간을 5분 빼앗으면 결국 현금 약 30달러를 도둑맞는 것과 같다고 했다.

또 하루 일과를 시간표로 짰다면 반드시 계획대로 실천하며 자신의 계획이 방해받는 걸 원치 않는다. 만약 중요한 볼일이 있는 사람은 반드시 사전에 시간을 약속해야 한다. 미리 약속하지 않고 불쑥 찾아오는 사람에게는 절대로 자신의 시간을 내어 주지 않는다.

모 백화점의 홍보를 맡은 한 젊은 직원이 시장 조사를 위해 뉴욕으로 갔다. 그는 자기 나름대로 시간을 효율적으로 쓸 요량으로 현지의 유명한 유대인 백화점을 방문하여 그곳의 홍보팀장을 만나려고 했다. 그가 백화점 경비원에게 방문 목적을 말하니 경비원이 물었다.

"사전에 약속은 하셨습니까?"

경비원의 예상치 못한 물음에 그는 어리둥절하여 잠시 생각하다가 대답했다.

"전 모 백화점의 직원이고 시장 조사차 방문했습니다. 오래 전부터 귀사에 깊은 호감을 가졌던 터라 홍보팀장님께 저희 회사에 도움이 되는 좋은 말씀을 부탁하려고 일부러 찾아왔습니다."

"죄송합니다만 사전에 약속을 하지 않으셔서 안으로 들어가실 수 없습니다."

경비원은 정중하게 그의 출입을 통제했다.

이 젊은 직원의 업무 스타일은 남의 시간을 예고 없이 빼앗지 않는 유대인에게는 전혀 통하지 않았다. 설령 꼭 필요한 용무라고 해도 최대한 간단히 처리한다. 이를테면 손님이 주인과 10시부터 10시 15분까지 이야기를 나누기로 약속한 경우, 약속한 시간이 끝나면 손님은 알아서 자리를 마무리해야 한다. 시간 안에 볼일이 끝나지 않았더라도 무조건 대화를 끝내고 가야 한다는 말이다. 또 유대인은 대화 시간을 가능한 한 알뜰하게 사용하므로 보통 상대방을 만나면 "오늘은 이 일을 의논해 봅시다."라고 하며 인사말도 없이 바로 본론으로 들어간다. 대개 다른 민족은 만나면 첫마디로 "오늘 날씨 참 좋군요." 또는 "옷차림이 아주 멋집니다."라는 식의 인사말부터 건넨다. 그러나 유대인은 이런 인사치레도 모두 시간 낭비고 의미 없는 행동이라고 여긴다. 인사말을 주고받음으로써 자신에게 이익이 되는 점이 있을 때에만 겨우 몇 마디 주고받는다.

이런 유대인의 태도를 무례하다고 비난하는 사람들도 있다. 그런 사람들은 자연스럽게 일상 대화 몇 마디 정도 나누면 정이 두터워져서 좋다는 입장이다. 하지만 유대인은 약속한 시간을 지키지 않는 것이야말로 무례한 행동이라고 단정한다.

자신에게 별 도움도 되지 않는 인사말을 나누느라 시간을 허비하면 돈을 벌 시간을 빼앗기는 셈이므로 쓸데없이 인사말을 건네는 것도 예의 없는 행동으로 간주한다. 딱 10분만 이야기하기로 했는데 15분이 지나도록 말을 멈출 생각을 않는 사람도 유대인에게는 기본적인 예의도 모르는 사람이다. 그러므로 유대인과의 약속에서는 할 말을 미리 잘 준비해서 약속한 시간 안에 반드시 끝내야 한다.

누군가 유대인의 시간관념에 대해 불만을 토로한다면 유대인은 분명 '비즈니스 세계에서 호의란 없다'며 대놓고 말할 것이다.

비즈니스는 시간과의 싸움이므로 결코 시간을 낭비하지 말아야 하며, 시간을 효율적이고 합리적으로 활용해야 부자가 될 수 있다.

유대인의 거래 규칙

《탈무드》에는 '거래는 목적에 충실하게 하며, 단순히 거래를 위한 거래는 하지 않는다'라는 거래의 기본 원칙이 밝혀져 있다. 즉 돈만 밝히는 상인이 되지 말고 도덕적인 상인이 되라는 말이다. 이는 거래할 때 반드시 지녀야 할 덕목이 도덕과 선행임을 가르치는 대목이다.

구매자는 최상의 제품을 사려고 하고 판매자는 일단 판매한 물건은 반품을 받지 않으려고 하는 것이 당연지사다. 그러나 구매자의 입장에서 구입한 물건에 하자가 있으면 반품할 권리도 당연히 있다. 판매자가 제품에 하자가 있다고 미리 공지했음에도 구매자가 기어코 그 물건을 구입했다면 이후에 문제가 발생해도 교환할 수 없다. 이런 점은 구매자와 판매자 양측이 알아서 반드시 지켜야 할 약속이다. 사기를 당하는 것과 알면서도 손해를 입는 것은 완전히 다른 문제이기 때문이다. 이처럼 《탈무드》에서는 거래할 때 구매자의 이익을 보호하는 데 중점을 두었다.

《탈무드》 시대에는 장사를 관리 감독하는 관원이 있었다. 예를 들어 땅을 측량하는 끈은 온도 변화에 따라 늘었다 줄었다 해서 여름과 겨울에 길이가 다르고, 액체를 병에 담아서 팔 때 이전에 담았던 것의 찌꺼기가 병 바닥에 남아 있으면 안 되기 때문에 담당 관원이 나서서 감독했다.

당시에도 지금처럼 구입한 물건에 하자가 있을 때 하루에서 일주일 사이에 그 물건에 정통한 사람한테 보여 주고 문제가 있다고 판단되면 정상 물건으로 교환할 수 있었다. 구매자는 구입하려는 물건을 속속들이 알지 못하기 때문에 이런 경우는 당연히 교환이 가능했다.

또 당시는 같은 상품의 가격이 일정하지 않았고 판매자가 마음대로 정할 수 있었다. 그러나 구매자가 구입한 제품의 가격이 일반 시세의 1/6 이상 비싸면 그 거래는 무효로 간주되어 구매자가 물건 값을 돌려받을 수 있었다. 이는 《탈무드》에 명시돼 있다.

《탈무드》에는 판매자의 이익을 보호하는 규율도 있다. 즉 구매자가 상품을 정말로 구입하지 않을 거면 아예 흥정도 하지 못하게 했다. 또 만약 어떤 사람이 한 제품을 사려는 의사를 먼저 표시했으면 다른 사람은 그 사람에게 제품을 양보하고 다투지 않도록 했다.

《탈무드》에는 상도덕과 관련한 규율과 해설이 상당히 많이 명시되어 있으며, 그중 대다수는 오늘날까지도 대단히 합리적으로 적용되고 있다.

"돈에 대한
확고한 철학"

돈벌이는 삶의 수단일 뿐이다. 그렇다면 돈을 버는 궁극적인 이유는 무엇일까? 이 물음은 우리에게 큰 관심사다.

유대인의 운명은 종교와 역사적인 이유로 늘 바람 앞의 등불 같았다. 그런 유대인에게 생존권을 지키기 위한 가장 효과적인 무기는 돈이었다. 그들은 타민족에게 배척당하고 반유대주의자에게 피비린내 나는 살육을 당할 때마다 돈의 힘을 빌렸다. 유대인이 악착같이 돈을 벌었던 데에는 바로 이런 배경이 있었다. 유대인은 오로지 살아남기 위해서 돈을 벌었다.

오래전부터 유대인에게 돈은 삶의 원천이었다. 그들은 역사적으로 나라가 멸망하는 불운을 수차례 겪으며 세계 각지로 흩어져 자리를 잡았다. 그러나 어느 곳을 삶의 터전으로 삼든 그곳에서는 항상 고액의 각종 세금을 납부해야 했다. 일상생활의 거의 모든 활동에 세금이 부과

되었다. 같은 종교를 믿는 사람들끼리 모여서 기도를 해도 세금을 내고, 결혼하고 출산할 때도 세금을 내고, 죽은 이의 장례를 치를 때도 세금이 부과되었다. 세금 납부를 조금이라도 주저하면 구두쇠로 낙인찍혔고 세금을 덜 내면 당장 살던 지역에서 쫓겨나거나 학살을 당했다.

유대인이 거주하는 나라의 통치권자는 늘 유대인 수중의 돈에 관심을 쏟았다. 통치권자가 호화로운 궁전을 건설하고, 귀족이 사치 생활을 유지하고, 제국의 위엄을 나타내고, 다른 나라와 전쟁을 치르려면 거액의 돈이 필요한데 유대인은 이런 요구를 충족시킬 적격자였다. 그래서 유대인이 탐욕스럽고 인색하다고 비난하며 국경 밖으로 내쫓았다가도 돈이 아쉬우면 얼마 안 가서 다시 불러들이는 우스운 일도 있었다. 한마디로 유대인은 그 나라의 돈줄이었다.

돈이 많은 유대인은 다수에게 질투의 대상이었고, 그 때문에 세계 각지에서는 '반유대주의' 운동도 일어났다. 반유대주의를 내세운 이유는 많았지만 그중에서도 19세기에 한 프랑스인이 '반유대주의는 경제 전쟁'이라고 주장한 말이 가장 일리가 있었다. 유대인은 그 전쟁에서 질 수 없었다. 자신들이 살던 나라에서 경제적인 주도권을 잃으면 당장에 흩어지거나 쫓겨나거나 죽음을 당한다는 사실을 분명히 알고 있었기 때문이다. 그래서 생존을 위해 반드시 성공해야만 했다.

유대인은 살면서 불안한 상황에 처하거나 갖가지 박해와 재난을 당할 때 돈을 자신을 지켜 줄 부적으로 삼았고 돈이 있어야 마음이 놓였다. 현지 사람들이 반유대주의 폭동을 일으킬 때도 돈을 뇌물로 바쳐서 살길을 찾았고, 통치권자가 유대인을 몰아내려고 할 때도 돈을 바쳐 거주할 곳을 보장받았다. 외지로 돈벌이를 나갔다가 강도를 만났을 때도 돈으로 목숨을 구했다. 유대인에게 돈은 필수적인 것이었으며, 눈으로 볼 수 있고 손으로 만질 수 있는 실존하는 '하느님'이자 영원히 자신을 보호하고 평안하게 하는 '하느님'이었다.

한 정치평론가는 이런 말을 했다.

"유대인의 정치적 권리와 통치권자의 정치적 권력 사이의 충돌은 곧 돈과 정치의 충돌이다. 관념상으로는 정치가 돈을 이길 것 같지만 사실상 정치는 돈의 노예다."

세상의 모든 권력은 유대인의 돈 앞에서 무릎을 꿇었고 유대인은 돈이 있었기에 남의 땅에서 우뚝 일어서서 다시 사람들의 존경을 받을 수 있었다.

유대인이 돈을 버는 데 집착한 것은, 손을 눈앞에서 쳐들기만 해도 본능적으로 눈을 찔끔 감는 반응 같은 일종의 반사행동이었다. 그래서 유대인은 갖은 방법으로 돈을 벌어서 돈주머니를 두둑이 채웠으며, 나아가 돈을 숭배하는 극단적인 태도를 보였다.

유대인은 또 재산을 많이 가졌다는 이유로 세상 사람들의 질투와 미움을 받았기 때문에 그런 상황에서 자신을 보호하려면 돈을 더 많이 벌 수밖에 없었다. 더 많은 돈을 벌려고 애를 쓰다 보니 자연스럽게 돈벌이 능력이 더 좋아졌고 재테크 노하우도 생겨서 돈은 점점 더 많이 쌓였다.

역사를 돌아봤을 때, 유대인에게 돈과 관련한 남다른 지혜가 없었다면 그들은 아마 일찍이 이 세상에서 사라진 민족이 되었을 것이다. 또한 돈은 유대인들 사이에서 서로를 구제하는 가장 직접적인 수단이기도 했다. 한마디로 유대인에게 돈은 생사를 가르는 수단이자 삶의 중심이었다.

돈을 쓰기가 벌기보다 어렵다

유대인은 돈을 쓰는 방식을 보면 그 사람이 얼마나 지혜롭고 똑똑한 사람인지 알 수 있다고 했다. 물론 돈이 인생의 전부가 될 수는 없지만 돈에 관심을 쏟지 않을 수는 없다. 유대인 사업가가 돈을 바라보는 시각은 특별하다. 그들은 돈을 감각적인 쾌락을 누리고 사회적 지위를 얻기 위한 수단으로 본다.

관대함, 성실함, 공정함, 절약 정신, 자기희생 정신 등 훌륭한 성품을 지닌 사람은 돈을 올바르게 쓸 줄 안다. 한편 재물을 목숨처럼 아끼는 사람은 대개 성품이 탐욕스럽고, 남을 속여먹으려고 하고, 불공정하고 이기적이다.

유대인 프란시스 호라Francis Hora가 사회 진출을 앞두고 있을 때, 그의 아버지가 아들에게 진지하게 충고했다.

"나는 네가 인생을 늘 즐겁게 살길 바란다. 하지만 매순간 절약하라는 말은 꼭 해야겠다. 절약 정신은 모든 사람이 갖춰야 할 덕행인데도 무지한 사람들은 그걸 무시한단다. 수양의 경지가 높은 사람들은 홀로서기를 인생의 숭고한 목표로 삼는데, 홀로서기하려면 절약 정신은 필수란 사실을 잊지 말거라."

인생에서 멀리 앞날을 내다보면 실업, 질병, 죽음 이 세 가지가 언젠가는 찾아온다. 실업과 질병은 어쩌면 노력하면 모면할 수도 있지만 죽음은 피할 길이 없다. 그러나 이 셋 중에서 무엇이 일어날지는 몰라도 어쨌든 자신과 자신을 의지하는 사람들을 위해서 성실하게 돈을 벌고 번 돈을 절약하여 사용하는 것은 대단히 중요한 삶의 자세다.

절약은 탁월한 미덕을 발휘해야 하는 일도 아니고 초인적인 용기가 필요한 일도 아니다. 보통 사람이 평범하게 할 수 있는 일이다.

절약하면 미래에 이익이 보장되므로 눈앞의 유혹에 흔들리지 않는 굳은 의지가 있어야 한다. 사람이 동물과 다른 점은 바로 이런 면이다. 절약은 인색한 것과는 다르다. 절약할 줄 아는 사람은 남에게 관대하고 통이 크기 때문이다. 돈은 삶에 유용한 물건으로만 대해야지 숭배의 대상으로 삼으면 안 된다. 조너선 스위프트(Jonathan Swift, 《걸리버 여행기》를 쓴 영국의 작가이자 성직자-역주)도 "돈 관념은 확실히 해야 하나 돈이 머리를 지배하면 안 된다."라고 했다.

사람들은 모두 자신의 수입에 맞게 지출하고 생활을 꾸려야 한다. 그렇게 하려면 성실함이 가장 중요하다. 자신의 수입에 맞춰서 성실하게 생활을 꾸리지 않으면 남의 수준을 따라서 위선적인 삶을 살게 된다. 당장 현재의 향락만 좇고 소비를 장기적인 안목으로 계획하지 못하면 정말로 돈이 필요한 순간에 돈을 융통하지 못한다.

푼돈을 우습게 여기고 함부로 쓰는 사람들이 많은데, 이런 지출 습관이 부를 이루고 독립된 인격을 형성하는 데 영향을 미친다는 사실을 모르는 사람이 의외로 많다.

겉치레에 돈을 낭비하고 멀리 내다보는 안목이 부족해서 돈을 무절제하게 쓰는 사람은 남을 돕지도 못한다. 반면 절제할 줄 알고 적절히 소비하는 사람에게는 항상 경제적으로 남을 도울 여유가 있다. 절약은 털 한 가닥도 아까워하는 '노랭이짓'이 아니다. 그렇게 하다가는 오히려 불쌍한 수전노가 된다. 그래서 속이 좁고, 쩨쩨하고, 근시안적인 사람은 성공하지 못한다.

옛말에 "속이 한 푼짜리만큼 좁으면 절대로 두 푼은 못 번다."라고 했는데, 요즘 세상에는 이 말을 증명하는 사례들이 정말 많다. 신용을 성실하게 지키고 인색하지 않게 살아야 인생이 찬란해진다.

빚의 수렁에 빠지지 않는다

빚더미에 앉은 사람은 홀로서기를 못하고 빚이 많으면 거짓말을 할 수밖에 없다. 그래서 사람들은 거짓말을 빚더미 위에 올라탄 유령이라고 빗대기도 한다. 채무자는 상환 기한을 연장하려고 부득이하게 채권자에게 이런저런 핑계를 대다가 저절로 거짓말에 능숙해진다. 또 적당한 이유를 둘러대서 빚을 갚지 않으려고 꼼수를 부리기도 한다. 처음 한 번은 빌린 돈을 그런 방식으로 어렵지 않게 떼먹을 수 있다. 그러나 한 번 남의 돈을 떼먹으면 겁이 없어져서 다음에 또 돈을 빌리고 떼먹을 마음이 생긴다. 그렇게 돈을 자꾸 빌리다 보면 이내 아무리 발버둥을 쳐도 스스로 헤어날 수 없는 빚의 수렁에 깊숙이 빠지고 만다. 빚은 허망한 인생으로 가는 첫 발이다. 일단 빚을 지기 시작하면 빚은 점점 늘어나고 거짓말도 멈출 수 없게 된다.

누군가는 사회생활을 시작하는 한 소년에게 이같이 조언했다.

"어떤 것이든 빚을 져야 누릴 수 있다면 그것은 포기하고, 절대로 남에게 돈을 빌리지 말라. 남의 돈을 꾸면 서서히 타락의 길을 걸을 것이다. 물론 남에게 돈을 빌려주지도 말란 뜻은 아니지만 각별히 조심해야 한다. 만약 빌려준 돈을 나중에 돌려받지 못할 것 같다면 아예 빌려주지 말아야 한다."

유대인 사업가 존슨Johnson에게는 평소 '이른 나이에 채무를 지는 사람은 발전성이 없다'라는 신념이 있었다. 그의 신념은 꽤 일리가 있으며 모두 깊이 생각해 볼 문제다. 그는 평소 이렇게 말하곤 했다.

"빚은 단순히 민폐에 그치지 않고 자신에게 치명적인 화가 된다. 가난하면 남에게 선행을 베풀 권리도 없어지고 선한 행동으로 벗어날 수 있는 사악한 유혹에 저항할 틈도 없이 빠진다. 이 점을 무엇보다 주의해야 한다."

어떤 상황에서도 빈털터리가 될 만큼 자신의 모든 것을 사심 없이 다 내놓는 것은 어리석은 짓이다. 인류 행복의 최대 난적은 바로 가난이며, 가난은 인간의 자유로운 삶을 방해하는 장애물인 동시에 인간이 미덕을 발휘하는 데 걸림돌이 된다. 절약은 평안한 삶을 유지하게 하는 밑거름이자 선행을 베풀기 위한 바탕이다. 남의 도움이 필요한 입장에 처한 사람은 절대로 남을 도울 수 없다. 자족이 우선되어야만 남에게 베풀 수도 있다.

유대인은 현재 자신의 삶을 직시하고 심사숙고한 끝에 돈을 쓴다. 유대인처럼 현명하게 절약하려면 살림을 계획할 때 생활수준을 자기 수입보다 높게 잡지 않고 반드시 낮게 잡아야 한다.

인연이 돈을 부른다

성공한 유대인 사업가에게는 그 사람만이 갖춘 우월한 조건 외에 다른 성공 비결이 한 가지 더 있다. 바로 주위에 좋은 친구들이 많다는 점이다. 이 친구들은 그에게 도움이 될 만한 좋은 아이디어를 꾸준히 제공하고 그에게 까다로운 요구를 하며 그가 잠시라도 방심하거나 일을 방치하지 않도록 한다. 그러므로 사업을 성공시키려면 이렇게 자신에게 도움이 되는 친구들이 필요하고 이런 좋은 사람들로 구성된 인맥 네트워크가 있어야 한다.

훌륭한 인맥을 만들려면 '남이 날 위해 뭘 해 줄 수 있을까?' 하는 기대를 갖지 말고 항상 '내가 남을 위해 뭘 할 수 있을까?' 하는 마음가짐이 필요하다. 그리고 상대방의 질문에 대답할 때 "제가 뭘 도와드리면 좋을까요?" 하는 말을 한마디 덧붙이는 것이 좋다.

유대인 요시다는 보험회사 영업사원이다. 하루는 요시다가 전차를 타러 정류장에 갔는데 때마침 한 대가 막 떠난 뒤여서 다음 차를 타기 위해 20분을 기다려야 했다. 그때 플랫폼 건너편에 있는 한 병원의 간판이 요시다의 눈에 들어왔다. 요시다는 곧장 플랫폼을 나가서 그 병원으로 갔다. 병원 입구로 들어서려는 찰나에 하얀 가운을 입은 의사와 마주친 그는 정신을 가다듬을 새도 없이 바로 자신이 하려던 말부터 꺼냈다.

"저는 보험회사에 근무하는 요시다입니다. 선생님, 보험에 가입하십시오."

의사는 이렇게 무례한 영업사원을 갑자기 맞닥뜨리고는 무슨 대답을 할지 몰라서 순간 멈칫했다. 하지만 이내 저돌적인 요시다에게 관심을 보였다.

"영업 방식이 참 흥미롭군요. 꽤 급하기도 하고요. 일단 안으로 들어오시죠."

병원 안으로 들어간 요시다는 평소에 공부해 둔 보험 지식을 죄다 쏟아낸 뒤에 마지막으로 한마디 덧붙였다.

"제가 오늘 많은 분들을 만났는데 이제는 선생님 차례입니다."

의사는 요시다의 말에 이렇게 반응했다.

"와, 이거 당장 가입하지 않았다가는 제 목숨이 위험하겠는데요? 하하하."

의사가 보험에 가입할 것처럼 농담을 던지긴 했지만 사실 그는 이미 가입한 보험이 있었고 요시다의 영업이 서툴러 보였다. 그러나 요시다의 진지한 태도가 마음에 들어서 솔직하게 털어놓았다.

"솔직히 말씀드릴게요. 전 이미 가입한 보험이 몇 가지나 있어요. 그런데 매번 보험 영업사원이 장황하게 설명해 주지만 막상 무슨 일이 터지면 말만 번지르르한 것 같고 영 미덥지가 않더군요. 여기 제 보험 증권 두 종류가 있는데 공부하는 셈치고 가져가서 보시고 어떤지 자세히 평가 좀 해 주세요."

요시다는 두 종류의 보험 약관의 내용을 자세히 알아본 뒤에 직접 그림까지 그려서 자세하게 보험 해설 자료를 만들었다. 중요한 내용은 눈에 띄도록 특별한 기호로 표시하여 의사가 이해하기 쉽도록 했다.

의사는 보험 해설 자료를 자신의 회계사에게 보여 주었다. 자료를 본 회계사는 감탄하며 의사에게 요시다를 통해 보험에 가입하라고 권했다. 의사는 마침내 요시다에게 자신이 기존에 가입한 여섯 종류의 보험을 새로 설계해 줄 것을 정식으로 요청했다.

요시다는 의사의 요청을 받아들여 사후 보장성 사망 보험에 치중되어 있던 그의 기존 보험을 중년과 노년에게 적합한 양로 보험과 생명보험으로 새로 설계했다. 이는 요시다가 각 보험회사의 보험 상품을 비교할 수 있는 아주 소중한 기회이자 경험이었다. 이와 더불어 그는 의사와 아주 큰 금액의 양로 보험을 계약하는 성과도 거두었다.

의사는 또 요시다를 자신과 친한 동료 의사 몇 명에게 소개했다. 이

의사들도 요시다에게 기존에 가입한 보험 증권을 보여 주며 어떤지 평가해 달라고 부탁했다. 요시다도 그들을 위해 꼼꼼하게 보험 해설 자료를 작성했다. 언제 보험을 해약하고 해약금을 얼마나 받을 수 있는지도 상세하게 적었고, 보험료를 제때에 납부하지 않았을 때와 장애를 입었을 때 납부할 세금 문제도 함께 조언했다. 이렇게 해서 요시다는 실적도 올리고 친한 지인도 많이 생겼다.

요시다는 한 사람을 통해 새로운 사람들을 소개받는 방식으로 고객을 꾸준히 늘렸고 그들과 좋은 관계를 유지하기 위해 애썼다. 그렇게 사람들과 좋은 관계를 유지하면 어떤 고객들은 새로운 보험에 또 가입하여 그에게 고마움을 표현하곤 했다. 그 결과 요시다는 젊은 백만장자가 되었다.

요시다처럼 사회관계 속에서 인맥을 형성할 줄 아는 사람은 끊임없이 성장하며 새로운 인맥을 만들어가고 자신의 영향력도 키운다. 사회생활에서 좋은 인연을 만나면 근심이 줄어들고 인맥 네트워크를 자유자재로 운용할 수 있다. 그렇게 되면 삶이 편안할 뿐만 아니라 부도 뒤따른다.

유대인은 원래 자기 민족끼리 거대한 네트워크를 형성하고 있다. 그들끼리는 국적의 구분이 없으며 대단히 견고한 동포애로 똘똘 뭉쳐 있고 긴밀하게 연결되어 있다. 그래서 뉴욕, 런던, 모스크바 등 세계 어느 곳에 살더라도 전 세계에 흩어져 있는 유대인에게 언제든 유익한 사업 정보를 제공한다.

사교 범위가 넓으면 그만큼 성공의 기회도 많아진다. 비즈니스에서 성공하고 싶다면 반드시 인맥 네트워크를 형성해서 잘 관리해야 한다. 흔히 말하는 '행운'은 실제로 대부분 훌륭한 인맥을 타고 온다. 자신의 스타일, 생각, 재능을 잘 아는 사람이 주변에 있다면 행운은 반드시 언젠가는 찾아온다.

성품이 좋아야 재물이 생긴다

"순수하고 소박하게 생활하고, 도덕심이 투철하고, 천성이 낙천적인 사람에게는 의사나 약이 필요 없다."

《탈무드》에 나오는 이 말처럼 유대인은 참을성이 있고, 성품이 온화하고, 자기 분수에 만족하면 신체 밸런스가 안정되어 어떤 병도 걸리지 않는다고 여긴다.

참을성을 기르려면 성품이 좋아야 하는데 이는 사업가에게 대단히 중요한 덕목이다. 이와 관련한 재미있는 이야기가 있다. 정치력이 돋보이는 한 입후보자가 정치가로서 성공하는 비결과 표심을 얻는 법을 배우러 정계 요인을 찾아갔다.

정계 요인은 입후보자에게 한 가지 조건을 제시했다.

"내 말을 한 번 끊을 때마다 벌금으로 5달러를 내야 합니다."

"알겠습니다. 그렇게 하죠."

정계 요인은 입후보자를 빤히 보며 물었다.

"언제 시작할까요?"

"지금요. 바로 시작하셔도 됩니다."

"알겠습니다. 첫 번째 비결은 자신을 헐뜯거나 모욕하는 말을 들었을 때 절대로 화를 내면 안 됩니다. 항상 이 점을 명심하십시오."

"네, 자신 있습니다. 남들이 저한테 어떤 말을 해도 화내지 않겠습니다. 남의 말에는 아예 신경도 안 쓸 겁니다."

"좋습니다. 제 경험상 이게 첫 번째 비결입니다. 하지만 솔직히 말해서 난 당신처럼 부도덕한 양아치가 당선되는 게 싫어서……."

"아니, 선생님, 어떻게 그런 말씀을……."

"방금 제 말을 끊었으니 5달러 내세요."

"아차! 가르침을 주시려는 거였군요. 그렇죠?"

"맞습니다. 그렇지만 제 생각이 그런 건 사실이라……."

"어떻게 또 그렇게 말씀하시는지……."

"5달러입니다."

"아이쿠! 이번에도 가르침이었군요. 선생님은 10달러를 참 쉽게 버시네요."

입후보자는 약이 바싹 오른 듯이 말했다.

"그렇죠. 벌써 10달러입니다. 우선 벌금부터 내셔야 대화를 이어갈 수 있습니다. 모두가 알다시피 당신은 신용도 없고 남의 돈을 잘 떼먹는 걸로 유명하니……."

"거참, 성미가 아주 고약하십니다."

"5달러 추가되었습니다."

"이런! 제가 또! 전 성질을 죽이는 연습부터 해야겠습니다."

"좋은 생각입니다. 일단 좀 전까지 제가 했던 말은 전부 없던 걸로 하겠습니다. 물론 당신에 대한 제 생각은 여전히 변함없지만, 어쨌든 전 당신이 존경받을 만한 인물이라고 생각합니다. 천한 가정에서 태어난 사람이 아버지까지 악명이 그렇게 높은데도……."

"참 악질이시군요!"

"5달러 더 내셔야겠습니다."

젊은 정치인은 극기 자세를 배우기 위해 비싼 수업료를 지불했다.

이어서 정계 요인이 말했다.

"이렇게 인내하는 태도는 고작 5달러가 아닌 그 이상의 큰 가치가 있습니다. 자신을 모욕하는 언사에 발끈하거나 성을 낼 때마다 한 표씩 잃게 된다는 사실을 잊지 말고 새겨 두십시오. 당신한테 그 한 표는 돈보다 훨씬 가치가 높은 것이니까요."

이 이야기는 사업가라면 반드시 거울로 삼아야 할 내용이다.

사업가가 쉽게 화를 내면 자금줄이 끊어져서 곤경에 처한다. 반면 자신을 제어할 줄 아는 태도가 몸에 배면 마음이 평온하고 재물이 늘어나며 격렬한 충돌을 피하게 된다.

석유 사업으로 부를 축적한 사업가 록펠러John Davison Rockefeller의 일화 중에도 이 같은 사례가 있다.

하루는 웬 불청객 한 명이 별안간 록펠러의 사무실로 쳐들어와서 그의 책상 앞에 서더니 주먹으로 책상을 치며 다짜고짜 "록펠러, 이 몹쓸 인간아!" 하고 소리치고 분노했다. 그러고는 몇 분 동안 그 자리에 서서 욕을 마구 퍼부었다. 사무실의 직원들은 모두 이 광경을 보고 분개하며 록펠러가 불청객을 향해 책을 집어 던지거나 경비원을 불러서 그를 내쫓을 거라고 예상했다. 그러나 뜻밖에도 록펠러는 하던 일을 멈추고 온화한 시선으로 불청객을 바라보기만 할 뿐 아무런 대응도 하지 않았다. 오히려 불청객이 난폭하게 굴수록 록펠러의 태도는 더욱 온화해 보였다.

불청객은 록펠러가 반응하지 않자 어리둥절하다가 차츰 안정을 되찾았다. 화를 퍼부을 때 상대방이 반격하지 않으면 더 이상 화를 내기가 머쓱해지기 때문이다. 그래서 불청객은 잠시 숨을 골랐다. 불청객은 록펠러를 만나러 오기 전에 그와 언쟁을 할 준비를 단단히 했다. 또 록펠러가 반격하면 어떻게 다시 반박할지도 미리 생각해 두었다. 하지만 록펠러는 아무 일도 없는 듯이 평소처럼 자기 일을 하며 그에게 대응하지 않았다. 록펠러가 입도 벙긋하지 않자 불청객은 어쩔 줄을 몰랐다. 결국 불청객은 록펠러의 책상을 또 몇 번 두들겼다. 록펠러가 여전히 반응하지 않자 그는 김이 빠져서 그냥 사무실을 떠났다.

남의 마음을 읽을 줄 알면 이득이 생긴다

사람들과 교제할 때는 상대방의 마음을 읽어서 가능한 한 그 사람의 절실한 바람을 들어줄 수 있어야 한다. 그렇게만 한다면 부를 이룰 수 있을 것이다.

미국 교통회사 볼드윈Baldwin의 총재인 포클랜드Falkland는 집안의 도움 없이 자수성가한 유대인이다. 평사원이었던 그의 젊은 시절에 사장은 오피스 빌딩을 지을 목적으로 위치와 여러 조건이 딱 적합한 곳에 부지를 매입했다. 그러나 사장에게는 골칫거리가 하나 있었다. 매입한 부지에 약 100여 가구의 주민들이 거주하고 있어서 그들을 이주시켜야 했기 때문이다. 그곳에서 몇십 년을 살아서 익숙한 주민들에게 갑자기 다른 곳으로 이사를 가라고 하자 주민들은 현실을 쉽사리 받아들이지 못했다. 그래서 많은 주민이 볼드윈 회사의 결정에 저항하기 위해 한마음으로 뭉치자는 한 노부인의 호소에 응했다. 사장은 주민들의 반응에 그야말로 속수무책이었다.

주민들을 이주시킬 방법을 찾지 못한 사장은 결국 어쩔 수 없이 법으로 해결하기로 했다. 그러나 포클랜드는 이 문제를 법으로 해결하면 거액의 비용을 부담해야 할 뿐만 아니라 소송 때문에 주민들의 이주 시기가 지연되어 오히려 손해라고 판단했다. 주민이 자발적으로 이주하도록 최대한 설득하는 방법이 최선이라고 생각한 그는 이 문제의 중심에 있는 노부인에게 접근하기로 했다.

포클랜드는 사장에게 자신의 생각을 전했다. 사장은 그가 정말로 잘 설득할 수 있을지 반신반의했지만 일단은 그를 믿고 맡기기로 결정했다.

포클랜드는 어느 날 노부인이 계단에 앉아서 한가롭게 바람을 쐬는 모습을 발견하고는 그녀에게 다가갔다. 그러고는 마치 근심에 빠진 사람처럼 그녀 앞에서 서성거렸다. 노부인은 깊은 수심에 잠긴 젊은이의 모습을 보고 먼저 말을 건넸다.

"이봐, 젊은이, 무슨 일이요? 걱정거리라도 있소?"

포클랜드는 노부인의 물음에 대답하지 않고 화제를 노부인에게로 옮겨 무척 안타까운 듯이 말했다.

"어르신, 종일 여기 앉아서 무료하게 시간을 보내시는 모습을 보니 너무 안타깝네요. 듣자하니 요즘 이 동네에서 이주 문제로 주민들 마음이 다 뒤숭숭하다던데 제가 한 가지 제안을 할까요? 주민들이 편안하게 살 곳을 찾도록 어르신께서 능력을 발휘해 보시면 어떨까요? 어르신께서 주민들을 설득하면 주민들이 어르신을 더 신뢰하고 존경할 것 같아요. 또 어르신이 무료한 시간을 때우기에도 그만이죠."

포클랜드의 제안은 주변 사람에게 존경과 칭찬을 받기를 좋아하는 노부인의 마음을 정확히 꿰뚫었다. 이에 노부인은 사방을 돌아다니며 이주할 곳을 알아보았고 적당한 곳을 찾아 주민들에게 소개해 주었다.

이렇게 하여 볼드윈 회사의 골칫거리는 자연스럽게 해결되었고 이주에 드는 비용도 절반이나 아꼈다.

또 한 사례가 더 있다. 유대인 카셀Cassel은 남의 마음을 읽는 데 일가견이 있었으며, 그런 능력을 이용하여 일에서 성공을 거두었다. '홀리필드의 귀'라는 이름의 초콜릿을 들어본 적이 있을 것이다. 물어뜯긴 귀 모양의 초콜릿으로 카셀이 고안해낸 것이다. 1998년, 최고의 복서 타이슨Mike Tyson과 홀리필드Evander Holyfield의 시합에서 타이슨이 홀리필드의 귀를 물어뜯어서 현장에 있던 관중들을 아연실색하게 만든 사건이 있었다. 당시 이 일은 방송을 통해 전 세계에 알려져서 모르는 사람이 없었다. 카셀은 이 장면을 보다가 문득 참신한 아이디어가 생각났다. 그가 다니던 회사에서 물어뜯긴 귀 모양의 초콜릿으로 만들어 상품화하는 것이었다. 그의 이런 독특한 발상은 빠른 시간 안에 많은 소비자들의 관심을 끌었고, 그로 말미암아 회사는 엄청난 매출액을 달성했다.

카셀은 자신의 이런 비범한 비즈니스 통찰력 덕분에 거액의 연봉을 받는 직원이 되었다.

“모험심과 담대함”

유대인은 예로부터 모험심이 강하기로 유명하다.

무슨 일을 하든지 항상 성공과 실패라는 두 가지 가능성이 존재한다. 성공할 확률이 낮은 일인데도 기어코 하겠다면 그 일은 곧 모험이 된다. 일을 시작하기 전에는 대부분 성공하거나 실패할 확률이 얼마나 될지 미리 알기 어려우므로 역시 모험이라고 할 수 있다.

돈을 벌 기회가 왔을 때 적극적으로 행동하지 않고 망설이는 사람은 부자가 되기 어렵다. 걱정이 많고 소심하거나 모험하지 않는 사람은 영원히 아무것도 성취하지 못한다. 기회는 한 번 놓치면 다시 오지 않으며, 과감히 모험하고 담대하게 맞서야 크게 성공할 기회가 찾아오는 법이다.

앞서 언급했던 유대인 사업가 아먼드 해머는 그의 인생 최대의 성공을 리비아에서 이뤘다. 그 성공은 해머 본인에게도 옥시덴탈 석유회사

[Occidental Petroleum Corporation] 사장과 직원들에게도 감탄을 자아낼 만큼 대단한 일이었다.

당시는 리비아의 국가 재정 수입이 많지 않을 때였다. 리비아가 이탈리아에게 점령당했던 시기에 무솔리니Benito Mussolini는 약 1,000만 달러를 들여서 석유를 채굴하려고 노력했지만 아무런 소득이 없었다. 석유회사 에쏘ESSO는 몇 백만 달러의 비용을 투자했는데도 별 성과를 거두지 못해서 철수하려고 준비하다가 마지막으로 탐지했던 유정에서 석유를 뽑아냈다. 또 석유회사 셸Shell은 약 5,000만 달러를 지출하여 유정을 찾았지만 사업적 가치가 전혀 없는 것이었다. 옥시덴탈 석유회사가 리비아에 진출했을 때, 조차지 양도에 관한 2차 협상이 리비아 정부의 주도로 진행되고 있었다. 석유 사업으로 임대하는 지역은 대부분 원래 몇몇 대기업이 버려두었던 리비아의 조차지였다. 석유회사는 리비아의 법률에 따라 조차지에서 최대한 빠른 시간 안에 유정을 발굴해야 하고, 만약 석유를 채굴하지 못하면 조차지의 일부를 리비아 정부에 돌려주어야 했다. 2차 협상 내용에는 이미 발굴했으나 말라 버린 유정 몇 곳도 포함되었지만 산유 지역에 인접한 사막도 많았다. 조차지 입찰에는 아홉 개 나라에서 온 40여 개의 회사가 참여했다. 입찰에 참여한 회사 중에는 경제 상황이 빈 깡통과 다를 바 없는 곳도 있었다. 그런 회사는 조차지를 낙찰 받아서 다른 사람에게 전대할 계획으로 입찰에 참여했다. 또 자금이 풍족하진 않지만 석유 사업 경력이 있는 회사들도 있었다.

해머는 자신감이 넘쳤지만 입찰에 성공할 수 있을지는 여전히 미지수였다. 리비아 국왕과 그가 사적으로 친한 사이라도 결과를 장담하기는 어려웠다. 그는 석유 사업 분야에서 경험이 부족하고 석유 사업의 거두들과 실력 차도 커서 경쟁 자체가 불리했다. 그렇지만 입찰의 성패는 아무도 장담할 수 없는 일이었다.

해머 회사의 중역들은 비행기를 타고 서둘러 리비아에 도착하여 네 곳의 조차지에 입찰했다. 그들의 입찰 방식은 좀 독특했다. 입찰서를 양가죽을 사용하여 증서처럼 꾸민 다음 돌돌 말아서 리비아 국기에 사용된 빨간색, 초록색, 검은색 세 가지 색깔의 리본으로 묶었다. 해머는 입찰서 본문에 한 가지 조항을 추가했다. 세액 공제 전 총이익의 5퍼센트를 리비아의 농업 발전을 위해서 투자하겠다는 내용이었다. 또 국왕과 왕비의 출생지인 쿠프라Al Kufrah 인근 사막의 오아시스에서 수원을 찾고, 수원을 발굴한 뒤에는 리비아 정부와 연합하여 산소 공장을 건설할 계획을 세웠다.

그리하여 마침내 해머가 바라던 대로 두 곳의 조차지가 낙찰되었다. 경쟁 업체에게는 상당히 놀랄 만한 결과였다. 이 두 곳의 조차지는 모두 다른 회사가 거액의 자금을 투자하고도 소득이 전혀 없어서 방치된 곳이었다.

그러나 얼마 지나지 않아서 해머는 이 두 조차지 때문에 골머리를 앓게 되었다. 처음에 세 군데 유정에서 시추했는데 모두 석유가 한 방울도 나지 않는 메마른 땅이었다. 시추 비용만 거의 436만 달러 이상 들었고, 그 외에 지진 탐지 비용을 약 300만 달러나 썼지만 헛수고였다. 유정을 발굴하지 못하자 회사 중역들의 창끝은 해머를 향했다. 그들은 해머가 미련한 짓을 했다고 비난했다.

하지만 해머는 자신의 선택이 옳았음을 직감으로 알았다. 주주와 창업자 사이의 의견이 엇갈리던 몇 주 사이에 첫 번째 유정에서 석유가 터져 나왔고 뒤이어 다른 여덟 개의 유정에서도 석유가 나왔다. 석유가 터지자 회사 사람들은 기쁨을 주체하지 못했다. 게다가 원유의 품질이 보기 드물게 고급이었으며 일일 생산량은 10만 배럴이나 되었다. 이보다 더 중요한 사실은 유전이 수에즈 운하의 서쪽에 위치하여 운송이 편리하다는 점이었다. 해머는 또 다른 한 곳의 조차지에서 최신 탐지 공법을 이용하여 일일 생산량이 7.3만 배럴인 리비아에서 가장 큰 유정을 발굴했다. 뒤이어 2억 달러 이상을 투자하여 100만 배럴을 운송할 수 있는 송유관을 매설했다. 당시 옥시덴탈 석유회사의 순자산가치가 겨우 700만 달러였으니 해머가 얼마나 과감한 투자를 했는지 알 수 있는 대목이다. 그런 뒤에 해머는 또 대기업 몇 곳을 파격적으로 흡수하여 1969년에 리비아가 석유 국유화를 단행하기 전까지 엄청난 성과를 거두었다. 이렇게 하여 옥시덴탈 석유회사는 세계 석유 업계의 8위로 훌쩍 뛰어올랐다.

이처럼 해머는 놀랄 만큼 강한 담력과 패기를 지닌 덕분에 사업에서 어마어마한 성공을 이루었고, 대모험가라고 부르기에 손색이 없었다.

실수와 우연도 활용한다

유대인은 실수도 기회라고 여기고 그것을 십분 이용하여 자신의 발전을 꾀한다. 유대인 사업가 중에서 실수를 기회로 삼은 사례는 무척 많다. 문젯거리처럼 보이는 일은 뜻밖에도 항상 기회로 작용한다. 다시 말해 어떤 중요한 문제를 해결하는 자체가 성공적으로 부를 이룰 수 있는 좋은 기회다.

"어리석은 자는 기회를 놓치고, 현명한 자는 기회를 잡는다. 약자는 기회를 기다리고, 강자는 기회를 만든다."

"비관적인 사람은 기회 이면의 문제만 보고, 낙관적인 사람은 문제 이면의 기회를 본다."

이 두 문장은 《탈무드》에 나오는 명언이다. 낙관적인 사람은 눈앞의 문제도 보지만 문제 속의 기회도 볼 줄 안다는 뜻이다.

유대인 섬유 공장에서 직원들이 실수로 모직물에 흰 점이 생긴 불량품을 몇 필이나 생산했다. 이는 심각한 문제였기에 규정에 따라 옷감을 출하하지 않고 폐기시킬 수밖에 없었다.

공장 사장이 불량품을 소각하려고 들고 가자 한 직원이 사장의 사무실로 따라가서 자기가 그것들을 싼값에 사고 싶다고 했다. 사장은 두말하지 않고 그러라고 했다. 직원은 불량 옷감에 '눈꽃' 모직물이라는 꽤 예쁜 이름을 붙여서 정상 모직물보다 훨씬 비싼 가격에 내다팔았다. 사람들은 새로운 패턴의 모직물에 관심을 보였고, 그 결과 장사를 시작한 지 몇 분 만에 금방 옷감이 동났다. 그 이후로 눈꽃 모직물은 유행 패션 아이템이 되었고 그 직원은 '불량' 모직물을 전문으로 생산하는 공장을 차려서 부자가 되었다.

프랑스의 유명한 탄산수 페리에Perrier는 프랑스 전역에서 인기가 있음은 물론이고 미국과 일본 등지에도 수출되었다. 그러나 1989년에 발생한 뜻밖의 사건으로 페리에 회사는 심각한 타격을 입었다.

그해 2월, 미국 식품 안전 관리 부서에서 페리에 샘플을 조사한 결과, 일부 페리에 속에서 기준치의 두 배나 초과하는 벤젠이 검출되었다. 장기간 음용하면 건강에 해로울 뿐만 아니라 암이 발병할 수도 있을 만큼 많은 양이었다. 이 소식이 전 세계로 퍼져나가자 페리에의 판매량은 급격히 떨어졌다. 회사는 이 문제에 어떻게 대처했을까? 불합격 제품을 전량 회수하고 공식 사과문을 신문에 실었을까? 이 정도로는 페리에 회사의 명성을 회복하기에 불충분했다. 아예 페리에 재고 전량을 깔끔하게 폐기하는 편이 훨씬 낫겠다고 판단했다.

그래서 페리에 회사는 기자회견을 열어서 기자단에게 공언했다. 세계 각지에 판매한 1억 6,000만 병의 탄산수를 전부 폐기하고 새로운 제품을 생산하여 보상할 것을 약속했다. 회사 측의 발언에 기자들은 놀라움을 금치 못했고 기자회견장은 갑자기 소란해졌다. 탄산수 1억 6,000만 병의 가치는 약 2억 여 프랑에 달하는데, 불합격 판정을 받은 탄산수 몇 십 병 때문에 전량을 폐기하는 것이 과연 옳은 일인지 의문이 들었던 것이다.

회사 측은 1억 6,000만 병을 폐기하면 당장 2억 여 프랑이나 손해를 입지만 그렇게 처리하는 것이 회사의 신뢰와 명성을 회복하는 길이라고 믿었다. 언론에서는 페리에 회사의 이 같은 결단을 하나같이 전면에 보도하며 대대적으로 떠벌렸다. 뉴스는 순식간에 미국을 비롯한 전 세계로 전해졌으며, 페리에 회사는 고객에게 책임을 다하고 고객의 입장에서 생각하는 회사라는 명성을 드높였다. 만약 당시에 페리에 회사가 약 2억 여 프랑의 가치가 있는 탄산수 1억 6,000만 병을 폐기하지 않고 그 돈으로 페리에 광고를 찍었다면 아마 이처럼 세계를 뒤흔드는 효과를 얻지도 못하고 고객에게 감동을 주지도 못했을 것이다.

페리에 회사의 이 같은 과감한 대처는 분명 보기 드문 사례에 속하므로 세계 각지의 언론매체에서 큰 관심을 보이는 게 당연했다. 페리에 탄산수의 신제품이 출시된 날, 파리의 거의 모든 언론매체에서는 이 뉴스를 대서특필했고, 전면에 페리에 신제품 광고를 실은 신문도 무척 많았다. TV 광고도 상당히 독창적이었다. TV 화면에 익히 아는 조롱박 모양의 초록색 유리병이 부각되고 마치 눈물 같은 탄산수 물방울이 그 안에서 미끄러지듯 떨어졌다. 그리고 울적해 보이는 소녀가 우는 화면과 함께 그녀를 달래는 아버지의 목소리가 내레이션으로 흘렀다.

"울지 마. 모두가 너를 좋아한단다."

소녀가 대답했다.

"울지 않아요. 기뻐서 그런 거예요."

페리에 회사는 예상치 못한 타격을 입었음에도 전혀 기세가 꺾이지 않았다. 위기 속에서 빛나는 지혜를 발휘했고 현명한 대책으로 고비를 넘김으로써 오히려 인지도가 훨씬 높아졌다.

유대인은 앞의 사례처럼 실수를 발전하는 기회로 만들기도 했지만 우연한 기회를 이용하여 부를 축적하는 재주도 탁월했다.

미국의 여성 잡지 〈레이디스 홈 저널(Ladies' Home Journal)〉의 편집인을 지냈던 에드워드 보크Edward Bok는 어려서부터 잡지를 창간하겠다는 확고한 목표가 있었다. 목표가 워낙 명확했기에 그는 자신에게 주어진 모든 기회를 소중히 여겼다. 한번은 길을 가다가 한 남자가 궐련의 포장을 뜯어서 그 안에서 종이 한 장을 꺼내 바닥에 버리는 광경을 목격했다. 보크는 곧장 그 종이를 집어 들었다. 종이에는 유명한 여배우의 사진이 인쇄되어 있고 그 아래에 '이 종이는 전체 사진의 한 조각입니다.'라고 쓰여 있었다. 보크는 그 종이를 뒤집어 보았다. 뒷면은 백지였다.

보크는 그 종이가 곧 기회가 될 수 있으리라는 직감이 들었고 그 기회를 놓치지 않기 위해 머리를 굴렸다. 한 면에만 인물 사진이 인쇄된 종이의 뒷면에 그 인물의 간단한 히스토리를 넣으면 종이의 가치가 확 올라갈 것 같았다. 그래서 그길로 그 궐련의 포장 재료를 인쇄하는 회사로 찾아가서 자신의 아이디어를 사장에게 설명했다. 사장은 그의 아이디어에 이렇게 답했다.

"미국 유명인 100명의 히스토리를 각각 100자씩 써 오면 한 편당 10달러를 드리겠습니다."

이렇게 쓰기 시작한 유명인 히스토리는 그의 최초 저작물이 되었다. 시간이 갈수록 청탁을 받는 원고의 양은 점점 늘어났고 그는 일이 너무 바빠져서 어쩔 수 없이 일을 보조할 사람이 필요했다. 그래서 그의 남동생에게 원고 한 편당 5달러를 주기로 하고 일을 맡겼다. 그로부터 얼마 지나지 않아서 보크는 또 신문 기자 다섯 명을 또 채용했다. 그렇게 부지런하고 치열하게 일에 집중한 그는 마침내 유명한 편집인이 되었다.

우연한 기회는 때때로 이렇게 우리를 성공의 길로 안내한다.

사소한 것도 소홀히 하지 않는다

미국인 잭이 휴가를 보내러 이스라엘로 여행을 갔다. 이른 아침에 호텔에 도착하여 문을 열고 들어서자 호텔의 여직원이 미소를 가득 띤 얼굴로 그를 반겼다.

"잭 선생님, 좋은 아침입니다!"

잭은 직원의 인사에 깜짝 놀랐다. 호텔 직원이 자신의 이름을 알고 불러 줄 것이라고 전혀 예상하지 못했기 때문이다. 놀라는 그를 보고 직원이 설명했다.

"잭 선생님, 저희 직원은 모두 각자가 담당하는 층에 묵는 손님들의 성함을 모두 기억하고 있답니다."

잭은 직원의 말을 듣고 말로 표현할 수 없이 기뻤다.

아침 식사 시간이 되자 직원은 잭을 식당까지 안내해 주었다. 식당의 직원도 주문한 요리를 내오면서 그의 이름을 정중하게 불러 주었다. 테이블에 차려진 음식을 본 잭은 굉장히 독특한 것을 발견하고는 옆에 서 있던 직원에게 물었다.

"여기 이 빨간 건 뭐죠?"

직원은 음식을 가까이 들여다보더니 뒤로 한 발 물러서서 그의 물음에 대답했다. 잭이 또 다른 질문을 하자 그녀는 위를 한 번 올려다보더니 또 뒤로 한 발 물러서서 대답했다. 잭은 그녀의 행동이 낯설어서 이유를 물어보았다. 그녀는 손님의 음식에 침이 튀는 것을 방지하기 위해서 뒤로 한 걸음 물러서서 이야기한다고 했다. 미국에서 온 여행객 잭은 이렇게 세심한 이스라엘 사람들의 서비스에 매우 만족했다.

잭이 호텔을 떠나려고 체크아웃을 할 때도 호텔 직원은 세심하게 그를 응대했다.

"잭 선생님, 다음에 또 저희 호텔에 방문해 주세요. 저희 서비스에 만족하셨기를 바랍니다."

그로부터 한참이 지난 어느 날, 잭은 이스라엘 호텔에서 온 한 장의 카드를 받았다. 카드에는 이렇게 적혀 있었다.

'친애하는 잭 선생님, 잘 지내십니까? 저희 호텔의 전 직원은 선생님을 늘 그리워하고 있습니다. 다음에 또 이스라엘을 방문하시면 잊지 마시고 꼭 저희 호텔을 다시 찾아주십시오.'

그리고 카드 하단에 한 문장이 더 있었다.

'생신 축하드립니다.'

카드를 받은 날은 잭의 생일이었다.

이처럼 섬세하고 수준 높은 서비스는 잭의 마음을 단숨에 사로잡았다. 사소한 것 하나까지 소홀하지 않아야 하는 이유는 사소한 것 하나가 전체에 미치는 영향이 크기 때문이다. 의사가 환자를 치료할 때 신체 기관을 속속들이 알아야 하는 것처럼 말이다. 계량화 공정을 아주 정밀하게 해야 품질이 보증되는 것과 같은 이치다.

제 2 장

유대인의 창의성

"비즈니스에 성역은 없다"

유대인은 '비즈니스에 성역은 없다'고 늘 말하는데, 이는 유대인이 '다면적인 사고'로 경영에서 지혜를 발휘하고 있음을 반영하는 말이다.

시간과 지식도 상품으로 판매하는 유대인에게는 국적도 당연히 상품이 될 수 있으며, 돈만 있으면 국적도 살 수 있다고 본다. 물론 국적을 사는 데에는 특별한 이유가 있다. 주로 사업상 장애가 되는 것을 제거하여 더 많은 돈을 벌기 위해서다. 유대인 사업가 로젠스타인Rosenstein은 국적을 돈으로 사서 부자가 된 대표적인 인물이다. 그는 리히텐슈타인 출신이 아니지만 돈으로 국적을 샀기에 그의 국적은 리히텐슈타인이다. 그런데 왜 하필이면 리히텐슈타인 국적을 샀을까?

리히텐슈타인은 오스트리아와 스위스의 경계에 위치해 있으며 전체 면적이 160제곱킬로미터이고 인구가 약 3만 6,000명(2012년 기준)인 작은 나라다. 이 작은 나라에는 다른 나라와 다른 특별한 점이 있다. 즉

내국인에게 징수하는 세금 액수가 적은 편이다. 이런 특징 때문에 리히텐슈타인은 외국 사업가들에게 지대한 관심을 받고 있다. 리히텐슈타인의 국적을 취득하면 빈부에 관계없이 세금을 매년 약 1만 3,000(한화 약 1,600만 원) 스위스 프랑만 납부하면 된다고 한다.

이런 까닭에 세계 각지의 부자들이 리히텐슈타인의 국적을 취득하여 세금 납부액을 줄이고 싶어 했다. 리히텐슈타인의 국적을 산 로젠스타인은 미국 뉴욕에는 사무실만 마련해 두고 리히텐슈타인에 회사의 본사를 차렸다. 대부분의 돈을 미국에서 벌었지만 미국에서 부과하는 갖가지 항목의 세금은 낼 필요가 없었다. 납부할 세액을 줄임으로써 훨씬 많은 이득을 챙긴 것이다.

제2차 세계대전이 끝난 후, 유명 기업인 스와로브스키는 전쟁 기간 동안 독일 나치당의 명령으로 군용 망원경 등 군수 물자를 생산했다는 이유로 프랑스군에게 회사가 넘어갈 위기에 처했다. 당시 로젠스타인의 국적은 미국이었다. 그는 스와로브스키 회사가 처한 상황을 접하고는 곧장 다니엘 스와로브스키Daniel Swarovski와 교섭을 시도했다.

"회사를 내놓지 않아도 되도록 제가 프랑스군 장교와 협상해 보겠습니다. 그 대신 조건이 한 가지 있습니다. 협상이 성공하면 귀사의 판매권을 제게 주십시오. 그러면 저는 죽을 때까지 수수료로 판매액의 10퍼센트만 받겠습니다. 어떠십니까?"

다니엘은 로젠스타인이 제시한 영악한 조건을 듣고는 화가 머리끝까지 치밀었지만 이해관계를 따져서 어쩔 수 없이 그의 조건을 받아들였다.

로젠스타인은 미국이라는 강국의 권력을 십분 발휘하여 프랑스군을 뒤흔들 작정이었다. 그는 스와로브스키와의 교섭이 끝나자 당장 프랑스군 사령부로 가서 정중하게 협상을 시작했다.

"저는 미국인이고 로젠스타인이라고 합니다. 스와로브스키 회사는 오늘자로 저의 사유 재산이 되었으므로 프랑스군이 접수할 수 없습니다."

프랑스군 측은 로젠스타인의 말대로 스와로브스키를 접수할 계획을 철회할 수밖에 없었다. 프랑스 입장에서는 미국인의 회사를 접수할 정당한 이유가 없었을 뿐만 아니라 프랑스는 미국에 적수가 되지 않는 상대였기 때문이다.

그 이후에 로젠스타인은 돈을 한 푼도 쓰지 않고 스와로브스키 대리점을 개설하여 판매액의 10퍼센트를 꼬박 꼬박 가져갔다.

국적은 로젠스타인이 부자가 되는 과정에서 상당히 큰 기여를 했다. 본래의 국적이 강국인 미국이었기에 부자의 싹을 틔울 수 있었고, 돈으로 산 리히텐슈타인 국적 덕분에 거액의 과세를 피하여 더 많은 돈을 모을 수 있었다.

유대인은 이처럼 국적도 돈벌이 수단으로 삼을 만큼 영리하며 비즈니스 대상과 분야에 성역을 두지 않았다.

《탈무드》에서는 술을 대단히 저평가하고 있으며, '돈은 술을 사는 수단으로 쓰면 안 되고 장사하는 수단으로 써야 한다'고 가르치고 있다. 유대인은 '마귀가 바쁘면 술주정꾼을 대신 보낸다'라는 말이 있을 정도로 지나친 음주를 나쁘게 생각하지만 돈을 벌기 위해 술을 팔았다.

유대 민족은 세계의 권력 범위에서 벗어나 독자적으로 하느님과 율법에만 의지하여 살아왔다. 그런 까닭에 제2차 세계대전 이후 동서양의 양대 진영끼리의 대립인 '냉전'이 치열했던 시기에도 소련의 유대인과 미국의 유대인은 냉전의 영향을 받지 않았다. 그들은 오로지 비즈니스에만 몰두했고 그 결과로 풍성한 수익을 거두었다.

유대인은 비즈니스에 성역이 없다고 믿기에 갖가지 선인의 가르침 중에서 이성적이지 못한 것에는 되도록 영향을 받지 않으려고 한다. 이런 비즈니스 노하우는 사업가라면 꼭 배워야 할 점이다.

높은 마진으로 큰 이익을 남긴다

고급 상품은 모두 사치품을 마음껏 누리기 위해 돈을 긁어모으는 부자들을 위한 것이다. 호화주택, 명차, 고급 취미생활, 사치스러운 파티 등이 유행하는 현상은 곧 세상이 부자들의 주머니를 공략하기 시작했음을 의미한다.

어떻게 하면 부자들의 돈을 벌어들일 수 있을까?

유대인의 상법에 따르면 가난한 사람이 부자의 돈을 벌어들이기 위해서는 신세 한탄만 하지 말고 부자의 세상으로 비집고 들어갈 방법을 짜내야 한다고 한다. 다시 말해 가난 때문에 생긴 근심을 버리고 부자들의 마인드를 배우고 그들의 사고방식에 따라 생각하는 태도를 지니라는 뜻이다.

유대인 사업가는 부자들의 뭉칫돈을 벌어들이기 위해 박리다매 전략은 쓰지 않는다. 박리다매 경쟁은 결국 자신의 목에 올가미를 씌우는 어리석은 짓이라고 여긴다. 저가로 판매하는 전략을 고려하기 전에 조금이라도 더 많은 이익을 남길 방법은 왜 고민하지 않을까? 모두가 낮은 가격으로 경쟁하느라 점점 가격을 내리면 업체는 차츰 경영을 지속하기 어려운 상황에 처할 것이다. 더구나 제한된 시장에서 소비자의 소비 수준을 따라가지 못하면 가격을 아무리 내려도 살아남기 힘들다.

어느 유대인 회사에서 사장이 직원들에게 두툼한 자료 한 무더기를 건넸다.

"이 자료들을 가지고 소비자의 마음을 얻으세요. 소비자에게 우리 제품이 최고라는 걸 믿게 해야 합니다."

자료를 받아든 직원들은 자료 하단에 적힌 제품 가격을 보고 화들짝 놀랐다.

"가격이 너무 높은데 살 사람이 있을까요?"

유대인 사장은 비싼 가격에 물건을 팔아야 하는 여러 가지 이유를 직원들에게 자신감 넘치는 말투로 설명했다.

그렇게 해서 정확한 통계 수치가 기록된 각양각색의 자료와 팸플릿이 각 지역에 있는 경영자들의 사무실로 전달되었다. 사장은 가격을 너무 낮게 책정하면 제품에 대한 자신감이 부족해 보일 수 있다고 여겼다.

"우리 제품은 절대 염가로 팔지 않습니다."

이 말은 사장의 사업 신조였다.

미국의 부자 조지프 윌슨Joseph Wilson이 부친에게 사업을 물려받을 당시 부친의 회사 제록스Xerox는 규모가 작았고 잡화를 취급하고 있었다. 그런 가운데 윌슨은 우연한 기회에 사업 기회를 포착했고 건식 복사기 '제록스 914'를 개발하여 출시했다. 결과는 대성공이었다.

처음에는 시장을 개척할 목적으로 마진을 남기지 않고 원가로 판매하기로 결정했다. 그러나 당시 자신의 변호사로부터 미국에서는 덤핑 판매가 법으로 금지되어 있다는 사실을 접한 그는 꽤 오랫동안 고민에 빠졌다. 그러다가 마침내 복사기 한 대 가격을 2만 9,500달러로 책정했다. 복사기의 원가는 겨우 2,400달러인데 판매가는 무려 원가의 열 두 배가 넘게 높인 것이다. 그 가격으로 제록스 914 복사기를 출시하자 수년째 제품에 관심을 갖는 사람이 없었다.

그 기간 동안 제록스 회사는 7,500만 달러나 되는 거액의 손해를 봤으니 당시 회사 상황은 충분히 짐작하고도 남을 법했다. 그렇게 회사 사정이 어려운데도 윌슨은 기존의 습식 복사기가 언젠가는 반드시 건식 복사기로 대체될 것이라는 믿음을 버리지 않았다.

그로부터 14년 뒤, 마침내 파산 직전의 이 회사에 기적이 일어났다. 건식 복사기의 성능이 안정화되자 고급 제품을 선호하는 소비자들이 관심을 보이기 시작했고 건식 복사기는 순식간에 인기 상품이 되었다. 세계 여러 나라에서도 제록스 복사기를 주문했다. 1960년에만 제록스 회사의 총 매출액이 최고 3,500만 달러에 달했고 시장 점유율은 15퍼센트를 달성했다.

매출액이 빠른 속도로 상승하면서 1년 뒤에는 무려 5억 5,000만 달러를 기록했고, 그해에 제록스 회사는 미국의 '500대 기업 랭킹'에 이름을 올렸다. 회사를 성공시키고자 했던 윌슨의 꿈이 마침내 실현된 것이다.

유대인 사업가는 높은 마진을 붙여서 제품을 판매하기도 하지만 동종업계 종사자끼리 박리다매로 경쟁하는 것을 피하기 위해 저가의 제품은 취급하지 않고 값비싼 고급 제품만 취급하기도 한다. 그런 까닭에 세계적으로 다이아몬드 같은 보석과 귀금속 액세서리를 취급하는 사업가는 대다수가 유대인이다. 또 금융업도 이런 자본집약적 산업에 속하므로 미국 월 스트리트 금융 시장의 거물들도 대부분 유대인이다.

높은 마진으로 상품을 판매하는 유대인의 전략은 부자를 겨냥한 것이다. 값비싼 귀금속과 다이아몬드를 포함한 갖가지 보석은 돈이 많은 사람만 살 수 있다. 또 돈이 많은 사람은 자신의 신분을 중시하므로 액세서리 가격을 놓고 쩨쩨하게 따지지 않는다. 그러나 상품의 가격이 지나치게 싸면 오히려 상품을 의심한다. '싼 게 비지떡'이라는 속담이 머릿속에 깊이 박혀 있기 때문이다. 유대인 사업가는 소비자의 이런 심리를 이용하여 높은 마진을 붙여서 파는 전략을 펼쳤다. 보석과 귀금속 액세서리가 아닌 다른 상품을 판매하더라도 항상 고가 전략을 유지했다. 스트라우스가 설립한 메이시스 백화점에서 판매하는 상품의 가격은 일반 상점에서 판매하는 같은 제품보다 50퍼센트 정도 더 비쌌는데도 메이시스 백화점의 인기는 시들지 않았다. 1993년에는 백화점의 총매출액이 미국 전역의 대형 백화점 100곳 중에서 26위를 차지했지만 순이익은 5억 4,400만 달러로 4위를 기록했다.

신분을 중시하고 부자를 우러러보는 심리는 동서양을 막론하고 어디에나 다 있어서 부유층에서 유행하는 물건은 금세 중하층 사회에서도 유행을 타기 시작한다. 하층민과 부유층 사이에 낀 중산층은 부유층으로 신분이 상승하기를 늘 희망하므로, 체면이나 허영심을 충족시키기 위해 부자들의 삶에 시선을 집중하고 그들처럼 유행하는 고가의 상품을 구입한다. 하층민은 생활수준이 낮아서 고가의 상품을 구입할 수 없는데도 부자를 동경하는 심리 때문에 어떻게 해서든 방법을 찾아서 고가품을 산다. 이렇게 연쇄 반응이 일어나면 고가의 상품도 사회에서 유행을 일으킬 수 있다. 한 마디로 높은 마진을 붙여 판매한 유대인의 전략은 결과적으로 사회 전체를 목표 고객으로 삼은 아주 영리한 상술이었다.

고가정책이 먹히는 이유

상품을 박리다매하거나 마진을 많이 붙여 파는 것은 일종의 상술이다. 요즘은 사람들이 유명 브랜드의 독특한 상품을 선호하므로 이런 명품은 가격을 중심으로 판매 전략을 짠다. 보통 명품은 고가정책을 지향한다. 그래야만 명품의 가치가 빛나고 독보적인 우위를 유지할 수 있으며, 당연히 고수익도 올릴 수 있다.

유대인 사업가 룰Llull은 미국 뉴욕의 42번가에 옷가게를 열었는데 점포가 크지 않고 장사도 잘 되는 편은 아니었다. 한번은 그가 톱 디자이너를 특별히 초빙하여 세계에서 가장 유행하는 스타일인 데님 패션을 처음으로 선보였다. 룰은 새로 출시한 제품에 심혈을 기울였고 그로써 불경기를 극복할 수 있기를 바랐다. 자금 6만 달러를 투자하여 처음에 1,000벌을 생산했고 원가는 한 벌에 56달러였다. 그는 가능한 한 빠른 시간 안에 시장을 개척하기 위해 저가 정책을 펴기로 했다. 최신 유행 스타일의 옷을 저가로 판매하면 당연히 한몫을 잡을 수 있을 거라는 생각에서 한 벌 가격을 80달러로 정했다. 이 가격은 패션업계 상품 중에서 비교적 낮은 편에 속했다.

룰은 직접 마케팅 전선에 나섰다. 고객을 끌기 위해 보름 동안 매장에서 대대적인 판촉 활동을 벌였지만 찾아오는 손님은 그리 많지 않았다. 마음이 급해진 룰은 고민 끝에 가격을 10달러 인하하기로 결정하고 또 보름 동안 목청을 높여가며 호객 행위를 했지만 고객은 여전히 늘지 않았다. 그는 손님이 찾지 않는 이유가 가격 때문이라고 판단하고 10달러를 더 인하했다. 가격을 이미 낮출 대로 충분히 낮췄는데도 판매 상황은 달라지지 않았다. 그래서 결국은 생산 원가도 포기하고 아예 헐값으로 팔아치울 작정으로 한 벌에 50달러로 가격을 매겼다. 그야말로 창고 정리 가격을 내걸었는데도 대부분 구경만 하고 그냥 가는 바람에 상황은 오히려 더 안 좋아졌다.

처절하게 절망한 룰은 더 이상 자신이 직접 나서지 않고 직원을 시켰다. '세계 최신 유행 스타일의 데님 패션이 40달러!'라는 광고판을 만들어서 가게 앞에 내걸도록 지시했다. 그러고는 상품이 팔리거나 말거나 모두 하늘의 뜻이라고 여겼다. 그런데 뜻밖에도 광고판을 내걸자마자 고객들이 잇달아 가게 안으로 들어와서는 눈을 반짝이며 옷을 고르기 시작했다. 가게 한편에 서 있던 룰은 갑자기 어안이 벙벙해져서 멍하니 계속 서 있기만 했다. 알고 보니 직원이 실수로 '40'에 '0'을 하나 더 붙이는 바람에 40달러가 400달러로 둔갑했던 것이다. 무려 10배나 비싼 가격표를 붙였는데 그 가격이 오히려 고객을 끌어들였고, 큰 노력 없이 순식간에 옷이 몇 벌씩 팔려나갔다. 그 이후로 판매 상황은 점점 좋아졌고 사업도 번창했다. 그렇게 한 달이 지나자 처음 생산한 1,000벌이 몽땅 팔렸고, 밑천이 거의 바닥이 났던 룰은 눈 깜짝할 사이에 큰돈을 벌어들였다.

룰이 출시한 데님을 구매한 고객은 주로 최신 유행을 좇는 젊은이들이었다. 젊은이의 구매 심리를 자극하는 것은 고품질, 고가, 유행 상품이다. 젊은이는 최신 스타일의 패션과 자존심을 세워줄 스타일링을 선호하며, 그렇게 차려입음으로써 자신의 허영심을 최대한 충족시킨다. 룰의 데님 패션이 참신한 디자인을 뽐내는 상품인데도 가격을 너무 낮게 책정한 건 판단 착오였다. 고객들은 저렴한 상품은 품질이 나쁘다고 오해하고 싸구려를 걸치면 체면이 구겨진다고 여겨서 저가 상품을 사지 않았던 것이다. 그러나 가격을 열 배나 올리자 고객은 고가니까 당연히 훌륭한 상품이라고 생각하여 사려고 몰려든 것이다.

"창의적인 고객 응대법"

손님이 물건을 살지 말지 결정하기 전에 판매사원이 구입을 부추기면 손님은 대개 거절할 핑계를 댄다.

"아직 고민 중이에요. 좀 더 생각해 볼게요."

"한 바퀴 더 돌아봐야겠어요."

"또 어떤 게 있는지 일단 마켓을 한번 둘러보려고요."

유대인 장사꾼은 이런 말이 고객의 거절 의사인 것처럼 들려도 속뜻은 '이건 꼭 사야 해'라는 고객의 의지로 본다. 그래서 한 가닥 희망도 포기하지 않고 애써 고객이 당장 물건을 구입하지 않는 이유를 알아냄으로써 물건을 판매할 돌파구를 찾는다.

언어처리기를 판매하는 한 사업가는 고객이 "다시 생각해 볼게요." 라고 말하자 이렇게 응대했다.

"아, 알겠습니다. 이 기계가 계산기처럼 정확한 값을 출력하지 못할까 봐 염려하시는군요. 만약 그 문제만 해결된다면 구입하실 거죠?"

고객이 이 이유에 동의하자 사업가는 한 발 더 나가서 고객을 설득했다.

"소프트웨어를 개선하면 계산기처럼 오차가 없을 겁니다."

이 사업가는 "만약……하면 구입하실 거죠?"하는 식의 가정법 화법으로 구입을 망설이는 고객이 더는 다른 이유를 대지 못하게 차단했다. 고객은 사업가가 가정하여 묻는 말에 동의함으로써 구입을 망설이는 이유가 단 한 가지뿐임을 인정한 셈이 되었다.

이렇게 "만약……하면 구입하실 거죠?"하는 가정법 화법의 장점은 고객의 우려를 잠재우는 것이다. 고객은 우려가 사라지면 가정의 상황이 진짜처럼 받아들여져서 제품을 구입할 마음이 생기기 때문이다. 예를 들어 보험 영업사원이 보험 가입을 거절당했을 때 이렇게 물어보는 것이다.

"나중에 일자리를 잃었을 때도 보험료를 납부해야 해서 가입하지 않으시려는 거죠?"

그러면 고객은 진지하게 대답한다.

"네. 바로 그 이유예요."

"하지만 그럴 때 보험료 납부를 면제받을 방법이 있으면 가입하실 수 있죠? 그 문제만 아니면 가능하시잖아요. 그렇죠?"

"그렇죠."

"걱정 마세요. 몇 달러만 더 내면 직장을 잃었을 때 보험료 납부를 면제받을 수 있는 특약에 가입할 수 있거든요. 이게 바로 고객님이 원하는 상품이에요. 이미 납부한 보험료로 직장을 상실한 기간 동안의 보험료까지 충당하는 거예요."

영업사원은 이렇게 부연설명하며 고객이 빠져나갈 구멍을 내주지 않는다.

그러면 아마 고객은 이렇게 대응할 것이다.

"지금도 보험료를 감당할 능력이 안돼요."

고객의 상황을 대충 알아차린 영업사원은 다시 묻는다.

"왜 저와 약속을 잡으셨는지 이유를 말씀해 주실 수 있어요? 만약에 정말로 보험료를 납부할 형편이 안 되면 왜 저더러 고객님을 방문하러 오라고 하셨죠? 가입을 망설이시는 진짜 이유가 뭔가요?"

고객은 하는 수 없이 솔직히 말한다.

"아내와 상의를 좀 하려고요."

"맞아요, 요즘 남자들은 다 그래서 주관대로 살고 싶은 로망을 꿈꿔요. 저도 자기 생각이 분명한 분과 상담할 수 있다면 참 좋을 텐데 말이죠."

이렇게 고객을 응원하면 고객은 자신의 처지에 공감하는 영업사원에게 마음을 연다.

까다로운 고객을 붙잡는다

"고객은 마케팅 활동이나 상품의 어떤 면에 대해 충분히 이의를 제기할 수 있습니다. 경험상 고객이 아무런 이의를 제기하지 않고서 거래가 성사되는 경우는 극히 드물죠. 단언하건대 상품에 의심을 품는 사람이 그 상품을 삽니다."

이는 유대인 사업가 프롬Fromm이 한 말이다.

제품을 영업하다 보면 제품에 이의를 제기하는 고객이 있기 마련이다. 이렇게 이의를 제기하는 것은 곧 그 제품에 관심이 있다는 표현이므로 세일즈맨이라면 이 점을 반드시 명심해야 한다. 고객은 제품에 관심이 있으면 그 제품에 관해 진지하게 고심하고 많은 의견을 제시한다. 고객이 제품에 무관심하고 전혀 이의를 제기하지 않으면 대부분은 그 고객이 제품을 구입할 의사가 전혀 없음을 의미한다.

프롬이 과거에 차를 구입한 일화를 소개하겠다.

자동차 전시장에 들른 프롬은 사방을 휘 둘러보더니 한 자동차 앞으로 뚜벅뚜벅 걸어가서 그 자동차를 뚫어지게 살폈다. 그때 영업사원이 느릿한 걸음으로 그에게로 다가갔다.

“안녕하세요, 고객님. 이 신 모델이 마음에 드시나 봐요.”

“네. 좋아 보이는군요. 얼마죠?”

“14만 달러입니다.”

“아, 꽤 괜찮네요. 일단 아내와 상의해서 결정이 나면 이걸로 사겠습니다.”

프롬은 뒤이어 중고차 판매점으로 발길을 옮겨서 300달러짜리 낡은 소형차 한 대를 구경했다. 그러고는 집으로 돌아가서 아내에게 말했다.

“300달러짜리 중고차를 한 대 봤는데 아주 괜찮았어. 아들놈이 분명히 좋아할 거야.”

아내가 대답했다.

“당신 마음에 들면 사.”

다음 날 아침, 프롬은 300달러를 가지고 중고차 판매점으로 유유히 들어갔다.

“안녕하세요, 고객님. 뭘 도와드릴까요?”

"아, 저기 저 낡은 소형차는 얼마입니까?"

"가격표는 차에 붙어 있어요."

"알아요. 제 말은 얼마나 싸게 팔 수 있는지 물어보는 겁니다."

"정말로 꼭 사고 싶으시다면 250달러까지 가능합니다."

"여기 보면 타이어가 좀 마모됐는데요?"

"별로 마모되지도 않았는데요."

"어쨌든 완벽하진 않잖아요. 전면에 긁힌 자국도 있던데 그건 어떻게 할 거죠?"

프롬이 이러쿵저러쿵 까다롭게 군 이유는 단순히 가격을 최대한 깎기 위해서였다.

고객과의 거래는 고객이 제품을 구입하기로 마음먹은 뒤에야 비로소 시작된다. 예컨대 명품 시계를 사려는 고객은 맨 처음 매장을 방문해서는 눈을 사로잡는 각양각색의 제품에 정신이 팔려서 시계의 디자인과 전체적인 느낌만 본다. 그러나 제품을 정말 사기로 마음먹었을 때는 제품에 긁힌 자국이나 흠집이 없는지 눈을 부릅뜨고 꼼꼼하게 살핀다. 이미 마음의 결정을 내린 상태이므로 완벽한 제품을 가져가고 싶은 것이다. 그러므로 보는 제품마다 마음에 든다고 말하는 고객은 정말로 살 마음이 없을 수도 있음을 의심하고 대해야 한다.

어떤 고객은 제품을 사려고 이미 마음을 먹었으면서도 가능하면 자신에게 가장 유리한 조건을 이끌어 내려고 흥정한다. 이런 고객은 상당히 까다롭다.

집시의 전통 중에 '럭키머니'라는 것이 있다. 집시들은 거래할 때 가격을 최대한 깎기 위해 상대방과 쉴 새 없이 논쟁하며 갖은 궁리를 다 한다. 그렇게 진행되던 가격 협상은 그들에게 시달리다 지쳐서 포기한 상대방이 최저 가격을 제시하면 그제야 끝난다. 협상이 끝나면 집시들은 상대방에게 5달러짜리 지폐를 한 장 내미는데 이 돈이 바로 '럭키머니'다. 럭키머니에는 거래 과정에서 자신들이 얻은 행운을 상대방에게 전해준다는 의미가 있다. 만약 상대방이 이 돈을 거절해도 집시한테 손해될 일은 없다. 집시들은 이미 상대방과의 거래를 통해 만족스러운 결과를 얻었기 때문이다. 그러나 상대방이 럭키머니를 받으면 그 돈은 그저 보너스일 뿐이다.

구매하는 측도 영리를 중시하는 사람은 집시들처럼 거래한다. 구매상이 판매상과 협상을 진행하기로 약속했을 때, 대개는 구매상이 지정한 장소로 판매상이 찾아간다. 판매상이 구매상의 사무실 앞에 도착하여 노크를 하면 약 10초 뒤에 "들어오세요."라는 소리가 안에서 새어나온다. 판매상이 문을 열고 사무실로 들어가면 구매상측 대표는 고개를 들고 의아한 표정으로 그를 쳐다본다.

"죄송합니다만 저와 사전에 약속을 하셨습니까?"

"네. 신제품 홍보 건으로 뵙기로 했습니다."

"아, 그랬었죠. 참, 가격은 어떻게 됩니까?"

"이미 제안서와 견적서를 드렸습니다."

"저한테 줬다고요? 전 못 봤는데 아마 어딘가에 두고 깜빡 잊었나 봅니다. 견적가가 얼마인지 다시 말씀해 주실 수 있습니까?"

"네. 모두 7만 7,000달러입니다."

"오, 그렇게 비싸면 저희 사장님께 여쭤봐야 하는데 사장님이 지금 바쁘셔서 방해할 수가 없어요. 그리고 말씀드려도 아마 사장님이 분명 받아들이지 않으실 것 같습니다. 이렇게 하죠. 가격을 7만 달러로 맞춰 주실 수 있다면 제가 모험하는 셈치고 지금 당장 계약서에 사인하겠습니다."

이런 상황에 처했을 때 판매상은 어떻게 해야 할까? 구매상의 제안은 어쩌면 괜한 허세를 부린 것일 수도 있지만 아닐 수도 있다. 만약 그 제안이 구매상의 허세가 아닌 진심일 경우에 판매상이 수락하지 않으면 거래는 아마 무산될 것이다. 이럴 때 판매상은 자신에게 유리한 상황을 만들어야 한다. 구매상이 일부러 딴청을 피우거나 견적서에 기재된 사항을 부정할 수도 있으므로 그런 상황을 대비할 필요가 있다. 그러기 위해서는 구매상에게 건넨 견적서와 그 외 자료의 복사본을 항상 지니고 있어야 하며 상담한 내용을 정확하게 기록해 두어야 한다.

판매상이 어쩔 수 없이 그 제안을 받아들이면 이미 구입하기로 결정한 구매상은 상당히 까다롭게 굴 것이다. 따라서 판매상은 구매상에게 휘둘리지 않도록 단단히 대비해야 하며, 거래를 진행할 때마다 그 거래를 얼마나 성사시키고 싶은지 잘 판단해야 한다.

상대방의 마음을 움직인다

"자기 입장을 버리고 상대방의 입장에서 대화하면 환영받는 사람이 됩니다. 상대방의 마음을 움직이는 말로 공감을 얻으면 고객이 당신을 신뢰하고 당신이 하는 모든 말을 열린 마음으로 받아들일 겁니다."

한 유대인 사업가가 한 이 말처럼 유대인은 다른 사람의 입장을 충분히 이해해야 사업에서도 성공한다고 믿고 있다.

만약 당신이 거래처와 상담할 때 상대방의 입장을 배려하면 양측 사이에 서로 공감대가 형성되어 상대방은 당신의 의견을 기꺼이 받아들인다.

일본에서 청주 회사를 운영하는 유대인 가슨Garson은 신제품이 개발되자 시장 확장에 나섰다. 한창 마케팅 활동을 벌이던 중 우연히 체인점 10곳을 소유한 가메다를 알게 되었고, 잠재적인 큰 고객인 그에게 신제품 청주를 팔 계획을 세웠다. 가슨은 가메다를 만나러 여러 차례 찾아갔지만 번번이 허탕을 치고 돌아왔다. 가메다가 냉대하진 않았으나 늘 의사를 분명히 하지 않았기 때문이다.

하루는 가슨이 또다시 가메다를 찾아갔다. 가메다의 사무실로 들어서면서 그를 향해 인사를 하려는데 가메다가 갑자기 책상을 힘껏 치며 소리를 질렀다.

"또 왔습니까? 내가 바쁘다고 말했잖습니까! 당신한테 낭비할 시간이 없어요. 어서 가세요. 자꾸 날 귀찮게 하지 말라고요!"

일반 사람들은 대개 이런 상황을 접하면 기분이 나빠서 말다툼을 하거나 아예 쌩 돌아서서 나가버리지만 가슨은 그러지 않았다. 분명 그에게 언짢은 일이 있어서 그런 행동을 취했을 거라는 생각에 잠시 가만히 있다가 격앙된 말투로 물었다.

"가메다 씨, 왜 그러십니까? 제가 올 때마다 뵈면 항상 기분이 안 좋으시던데 무슨 언짢은 일이라도 있으십니까? 같이 앉아서 이야기라도 좀 나눌까요?"

가슨의 말에 가메다는 노기를 거두고 이내 평정을 되찾았다. 가슨은 차분해진 가메다의 표정을 보며 부드럽게 말했다.

"언짢은 일이 있으신 게 분명한 것 같군요. 무슨 일인지 저한테 말씀해 보세요."

가메다도 부드러운 목소리로 대답했다.

"맞아요. 요즘 아주 골치 아픈 일이 있어요. 뭐냐고요? 아시다시피 제가 식당 체인 사업을 하잖습니까. 올해 하반기에 체인점 세 곳을 오픈할 계획을 세우고 모든 준비를 마쳤는데, 세 매니저가 전부 제 경쟁업자한테 더 많은 연봉을 제안 받고 그쪽으로 자리를 옮겼지 뭡니까. 내가 그 친구들을 교육시키느라 들인 돈과 노력이 얼만데 화가 안 날 수가 있겠습니까? 정말 열받아 죽겠습니다."

가슨은 가메다의 이야기를 듣고 그의 어깨를 두드리며 위로했다.

"가메다 씨, 저한테도 그런 일이 있었습니다. 우리 회사에서 최근에 신제품을 출시하지 않았습니까. 그래서 이미 몇 달 전에 간신히 신입 영업사원 열 몇 명을 채용했고, 매일 엄청난 시간을 투자해서 교육시켰죠. 판로를 개척해 보려고요. 그런데 채용한 지 겨우 삼 개월 만에 대여섯 명만 남고 다 회사를 나가 버린 겁니다."

가슨과 가메다는 이렇게 몇 분 동안 각자의 억울한 사연을 서로 주고받으며 인재난도 심각하고 직원을 인재로 양성하기도 어려운 상황을 서로 토로했다. 그러다가 마지막으로 가슨이 자리에서 일어서며 가메다의 어깨를 가볍게 두드리며 말했다.

"자, 가메다 씨, 우리 이제 이 일은 잊어버립시다. 마침 제 차에 신제품 청주가 한 상자 있는데 갖다 드리겠습니다. 맛이 어떨지 모르겠지만 일단 한번 드셔 보십시오. 그리고 2주 뒤에 우리 두 사람 다 골치 아픈 문제가 해결되면 그때 제가 또 찾아오겠습니다."

가메다는 가슨의 말에 맞장구쳤다.

"그럽시다. 그럼 일단 청주부터 가져다주시죠."

가슨이 가메다에게 청주를 건넨 뒤에 두 사람은 손을 흔들며 다음을 기약했다. 이 일화의 결말은 모두가 예상하다시피 가메다가 가슨의 큰 고객이 되었다는 사실이다. 가슨이 가메다와 이야기를 나누는 동안 신제품을 전혀 언급하지 않았는데 어떻게 거래를 성사시켰을까? 비결은 간단하다. 가슨은 가메다와 함께 있을 때 대부분의 시간을 잡담하는 데 썼다. 그 과정에서 가메다의 동정심을 자극하여 공감대를 형성했고 자연스럽게 거래로 이어져서 성과를 거둔 것이다.

유대인은 모르는 두 사람이 처음 만났을 때 공감대를 형성하는 것만큼 중요한 일은 없으며, 양측 사이에 공감대가 먼저 형성되어야 서로 간의 소통도 순조롭다고 여긴다.

고객을 자기편으로 만든다

유대인은 제품을 판매할 때 제품과 관련된 사항을 고객에게 단계적으로 제시하고 고객이 그 점을 하나하나 직접 결정하도록 함으로써 고객이 제품을 구입하지 않을 수 없게 만든다.

유대인 사업가 그레빌Greville과 그의 고객이 나눈 대화로 그가 자동차의 옵션 구성품을 어떻게 판매했는지 알아보자.

그레빌: "어떤 색을 좋아하십니까?"

고객: "파란색이요."

그레빌: "선루프는 안 필요하십니까? 고급 승용차에는 종종 선루프를 추가하죠. 특히 여름에는 꼭 필요한데 어떠십니까?"

고객: "그렇긴 한데 너무 비싸잖아요."

그레빌: "아니요. 생각보다 쌉니다."

고객: "그래요?"

그레빌: "좌석을 뒤쪽으로 여기까지 밀어서 앉아 보십시오. 어떠세요? 편하시죠?"

고객: "괜찮네요. 그런데 좌석 높이가 낮은 것 같아요. 조금만 더 높이면 좋겠어요."

그레빌: "좌석 높이를 조절하는 건 쉽습니다. 또 어디를 개선하면 좋을까요?"

그레빌의 이 같은 영업 스타일은 모든 영업사원에게 추천할 만한 좋은 방법이다. 그레빌처럼 고객에게 하나씩 단계적으로 제품을 소개하면 영업사원 입장에서는 고객을 자기편으로 끌어당길 수 있고 고객 입장에서는 제품 구입 여부를 당장 결정하지 않고 생각해 볼 여유도 생긴다. 예컨대 예화에 나온 선루프와 좌석의 높낮이 문제처럼 고객이 영업사원의 설명에 부정적인 반응을 보여도 거래에는 전혀 문제되지 않는다. 부정적인 반응은 고객이 제품에서 원하는 사양을 밝힌 것뿐이기 때문이다. 영업사원과 고객의 생각이 달라도 그 점을 고객의 요구에 맞게 개선하면 거래는 성사된다.

자극적인 말을 적절히 활용한다

유대인은 영업을 하다가 고객에게 거절당하면 자극적인 말로 고객의 주의를 환기시키거나 흥미를 끌어 영업 목적을 달성하기도 한다.

스컬리Scully는 생명보험 영업을 처음으로 시작했을 때 젊고 혈기가 왕성해서 뜻밖의 일이 발생하면 무척 조급해했다.

한번은 그가 도도하기 짝이 없는 예비 고객을 방문하러 갔을 때였다.

예비 고객은 성미가 워낙 완고해서 스컬리가 세 번째 방문을 했는데도 여전히 그를 냉대하며 거들떠보지 않았다.

스컬리는 그런 예비 고객의 태도에 짜증이 나서 말을 빨리 하기 시작하면서 그의 관심을 확 끄는 자극적인 말 한마디를 툭 던졌다.

"참 냉정하시네요."

계속 스컬리에게 등을 보이고 있던 예비 고객은 스컬리의 말에 바로 몸을 홱 돌리고는 화가 나서 잔뜩 찌푸린 표정으로 물었다.

"뭐라고요? 지금 나더러 성의가 없다고 했어요? 그럼 당신은 그런 나를 왜 찾아왔어요?"

스컬리가 씩 웃으며 말했다.

"화내지 마세요. 그냥 농담이에요."

"화난 거 아닙니다. 그렇지만 그쪽이 저를 분명히 욕했잖아요."

"에이, 제가 어떻게 욕을 할 수 있겠어요. 고객님이 계속 저한테 등을 돌리고 외면하니까 냉정하시다고 농담 한 번 했을 뿐인걸요."

"하하, 임기응변이 참 대단하시네요."

"칭찬 감사합니다."

스컬리는 적절한 시점에 거만한 예비 고객을 자극하여 그의 관심을 끌었고 유머로 분위기를 전환했다. 그러고는 자신이 대화의 주도권을 쥐고 순조롭게 다음 단계로 넘어갔다.

영업하다 보면 이처럼 사람을 건성으로 대하거나 지나치게 고집스러운 고객을 종종 만난다. 그럴 때 자극 요법을 쓰면 관계 개선에 효과가 있다.

때로는 우회적인 말로 고객을 자극할 수도 있다.

"캔필드 씨, 정말 직원들을 전혀 배려하지 않는군요. 보험에 가입하면 당신이 직원들을 아끼고 보호하는 마음도 표현할 수 있고 직원들에게 좋은 이미지로 어필할 수도 있을 텐데 거부하시다니, 참 실망스럽네요. 정말로 직원들이 말하는 그런 사람이 되려는 건가요?"

이렇게 말하면 고객을 자극하는 목적도 달성하고 고객과 사이가 틀어지거나 고객이 화나서 자리를 박차고 나가게 되는 상황도 면할 수 있다.

거절의 대답을 최대한 지연시킨다

유대인 사업가가 상대방에게 거절 의사를 밝히는 요령은 대답을 미루거나 핑계를 대는 것이다. 그들이 대답을 미루거나 핑계를 대는 방법에는 두 가지가 있다.

한 가지는 다른 사람의 거절 의사를 핑계로 대는 방법이다.

판매원인 쿠쟁Cousin이 근무하는 상점으로 한 고객이 에어컨을 사러 들어왔다. 고객은 상점 안에 진열된 에어컨을 쭉 둘러보고는 불만스러운 표정으로 쿠쟁에게 물었다.

"제품 창고를 구경할 수 있을까요?"

쿠쟁은 고객에게 "안 됩니다."라고 솔직하게 대답할 수 없어서 웃으며 핑계를 댔다.

"며칠 전에 사장님께서 창고에 고객이 드나들지 못하도록 금지하셨어요."

고객은 기분이 나빴지만 쿠쟁에게 무조건 안 된다는 대답을 들은 것보다는 덜 거북했다.

다른 한 가지 방법은 시간을 지연시키는 것이다.

한 상점에서 영화 〈쥬라기 공원〉에 나오는 공룡 모형 세트를 판매하고 있었다. 점원 사디sadi의 친구 돔Dom은 이 소식을 접하고 사디의 상점으로 가서 자신도 아들을 위해 한 세트를 사고 싶다고 했다. 사디는 돔에게 줄을 선 고객을 보라고 눈짓하며 말했다.

"오늘은 안 되겠어. 다음에 사. 내가 연락할게."

서로간의 생각이 엇갈릴 때 이처럼 즉답하지 않고 시간을 지연시키면 상대방이 불쾌해하지 않고 자연스럽게 수긍한다. 만약 당장 반대 의견을 내비치면 상대방은 기분이 상해서 반대 의견을 받아들이려 하지 않고 도리어 자신의 의견을 더욱 강하게 주장한다.

한 컨설팅 회사는 줄곧 고객을 위해 '즉각 검증, 즉각 응답'의 전략을 고수했지만 도리어 고객의 원성을 샀다. 고객은 일정 기간을 두고 조사를 진행하길 바랐던 것이다. 그래서 회사의 방침을 고객의 요구에 따라 바꾸었더니 더 효율적이었고 고객도 매우 만족했다.

사람은 감정이 차분할 때라도 남에게 자신과 반대되는 의견을 들으면 기분이 썩 유쾌하지 않다. 하물며 화가 나 있거나 불만이 있을 때는 더 말할 필요도 없다. 그러므로 상대방과 반대되는 의견이 있을 때는 일단 자기 의견을 접어두고 먼저 상대방의 기분을 살펴서 감정이 안정된 뒤에 자기 의견을 내야 상대방이 긍정적으로 받아들인다.

이를테면 이렇게 시간을 지연한다.

"제가 준비한 자료가 부족해서 고객님 질문에 충분한 답을 못하겠습니다. 제가 아주 자세하고 완벽한 답을 주기를 바라시는 것 같은데, 그러려면 시간이 더 필요합니다."

시간을 지연시키는 것이 상대방의 요구에 답하기를 피하는 수단은 결코 아니다. 그저 시간을 좀 더 벌려는 의도일 뿐이다. 그러므로 그 시간 동안 어떤 답을 할지 더 깊이 고민해야 한다.

유대인은 고객이 이의를 제기하면 종종 처리를 미루는 방식으로 고객의 이의에 응답하지 않는다. 또 보통 고객의 이견을 들으면 곧바로 답하지 않고 일정 시간을 끌다가 답을 준다. 예를 들면 아래의 몇 가지 상황에서 유대인처럼 일처리를 지연시키는 전략을 쓸 수 있다.

첫째, 고객에게 만족스러운 답을 줄 수 없거나 자료가 불충분해서 설득력 있는 답을 할 수 없을 경우에 즉답할 수 없는 상황을 설명하고 시간을 번다. 그런 뒤에 만족스러운 답을 찾아서 적절한 때에 답을 준다. 이처럼 처리 시간을 지연시키면 고객은 자신의 이견이 매우 신중하게 받아들여졌다고 여기며 상대방을 신뢰하게 된다.

둘째, 시간을 끎으로써 고객의 부정적인 감정을 완화시킬 수 있거나 오히려 고객이 해답을 제안할 수 있다고 예측될 때는 고객의 이견에 즉답하지 않아도 된다.

셋째, 고객의 이견에 즉답하면 마케팅 활동에 지장이 생기거나 마케팅 계획 전반에 영향을 미칠 때는 가능한 한 즉답하지 않는 것이 좋다. 섣불리 즉답했다가는 고객이 꼬치꼬치 캐물어서 고객에게 끌려가는 상황에 빠지고 기존의 마케팅 계획도 엉망진창이 되므로 필요한 만큼 시간을 끌어야 한다.

넷째, 고객의 이견이 핵심을 벗어난 문제거나 차후에 설명할 계획이 있는 사항일 때는 고객과의 상담 상황을 바탕으로 나중에 정식으로 그 문제를 다룰 때 답을 주면 된다.

고객의 이견을 지연하여 처리하고자 할 때는 우선 지연해도 되는지 상황을 정확히 파악하여야 하며, 지연하기로 결정한 이상은 주저하지 말고 자신 있게 처리해야 한다. 그렇게 하지 않으면 고객의 오해를 사고 고객에게 신뢰를 잃는다.

"비즈니스 협상에서 성공하는 기술"

"때로는 침묵이 어떤 말보다 효과적이다. 침묵은 힘이며, 유창한 말솜씨가 협상의 전부는 아니다. 임기응변하고, 현실감각을 갖추고, 역발상을 이용하면 최고의 장사꾼이 될 수 있다." –《탈무드》

협상가는 다른 사람과 대화할 때 지루하다고 느끼면 묵묵히 테이블 위의 신문을 집어 들고 뒤적거린다. 이런 행동은 상대방의 말이 신문보다 재미없다는 뜻을 간접적으로 알리기 위한 것이며, 상대방에게 말을 중단하라는 분명한 메시지기도 하다.

협상의 목적은 이익을 얻기 위한 것이므로 쌍방이 원하는 바가 다르면 각자의 이익을 앞세워 날카로운 언쟁이 벌어진다. 언쟁이 시작되었다면 자신의 목적을 위해서 절대 뒤로 물러나서는 안 되며 반드시 앞으로만 나아가야 한다. 또한 자신의 입장과 자기가 세운 원칙을 반드시 고수해야 한다. 협상 중에는 침묵도 반격의 무기다. 상대방의 제안이 마음에 들지 않거나 상대방이 불합리한 요구를 할 때 가장 좋은 대처 방법은 그 자리에서 말문을 닫는 것이다.

엘알ELAL 이스라엘 항공을 대표하는 유대인 세 사람이 미국의 한 회사와 협상을 벌였다. 회의는 아침 8시에 시작하여 두 시간 반 동안 진행되었다. 미국 측 대표는 다량의 자료를 준비하여 이스라엘 측 대표의 기를 죽이는 작전을 펼쳤다. 도표로 설명하고, 컴퓨터로 자동 계산하고, 스크린을 보여주는 등 다양한 데이터 자료로 이스라엘 항공이 제시한 오퍼에 대응했다. 그러나 회의가 진행되는 동안 이스라엘 측은 한마디도 하지 않고 묵묵히 자리만 지켰다.

마침내 회의가 끝났다. 미국 측은 프레젠테이션에 사용한 기기들의 전원을 끄고 실내등을 켜며 자신감에 찬 표정으로 이스라엘 측에 물었다.

"어떠십니까?"

이스라엘 대표 중 한 사람이 미소를 지으며 대답했다.

"이해가 안 되는군요."

미국 측 대표의 안색이 순식간에 창백해졌다.

"그게 무슨 말씀이십니까? 어느 부분이 이해가 안 되십니까?"

다른 이스라엘 대표 한 사람도 웃으며 말했다.

"다 모르겠어요."

미국 측 대표는 놀라고 당황했다.

"이해가 안 되는 부분이 어디부터입니까?"

이스라엘 대표 중 나머지 한 사람도 다른 두 사람과 똑같은 표정으로 느릿느릿 대답했다.

"회의실 등을 끈 순간부터요."

미국 측 대표는 순간 머리가 터질 듯해서 벽에 비스듬히 기대고 숨을 몰아쉬며 물었다.

"그러면 제가 뭘 어떻게 하면 되겠습니까?"

이스라엘 측 대표 세 사람이 동시에 대답했다.

"다시 한 번 더 설명해 주십시오."

미국 측 대표는 뇌가 폭발할 것만 같았다. 이런 혼란스러운 상황에서 장장 두 시간 반 동안 했던 프레젠테이션을 다시 반복할 기력도 없었다. 그러나 미국 측은 어떤 희생이 따르더라도 협상을 타결하는 데에만 집중하기로 했다.

유대인 세 사람은 어쩌면 정말로 이해하지 못했을 수도 있지만 그랬을 가능성은 매우 희박하다. "이해가 안 됩니다."라는 말의 진정한 속뜻은 '나는 당신의 생각에 동의하지 않습니다.'라고 봐야 한다.

심리학자의 말에 따르면, 사람은 주위 상황에 따라 타인의 말을 받아들이고 이해하는 정도가 다르며 심리적 부담감도 다르다고 한다. 특수한 상황에서는 심리적으로 부담을 느끼기 때문에 말이 잘 나오지 않을 때도 있지만 어떤 말은 술술 잘 나오기도 한다. 그러므로 무슨 말을 하고 어떻게 말하든지 간에 반드시 주위 상황을 먼저 살펴야 하며, 말할 상황이나 때가 적절하지 않으면 오히려 침묵하는 것이 가장 좋은 대처법이다.

앞의 협상이 체결되기까지 가장 중요한 역할을 한 것은 "말을 잘하는 사람은 말을 잘 듣는 사람만 못하다."라는 격언이다. 이 격언을 따라 먼저 상대방의 말을 신중히 들으며 핵심을 정확히 파악한 다음에 입을 열면 상대방의 기를 죽일 수 있다.

어떤 사람이 이따금씩 일부러 하는 '굼뜬' 행동을 두고 모두 미련한 태도라고 할 수는 없다. '굼뜬' 행동 뒤에는 대단한 영리함이 감춰져 있기 때문이다. 그래서 정말로 똑똑한 사람은 일부러 어리숙하게 행동하는 스킬을 사용하기도 한다. 이를테면 비즈니스 현장에서 굼뜨게 행동하며 상대방의 말은 많이 듣고 자기 말은 적게 하거나 아예 하지 않는 것이다. 굼뜨게 행동하는 목적은 오로지 이익을 최대한 많이 얻기 위해서다. 말을 적게 하고 무의미한 논쟁을 하지 않으면 상대방이 자신의 의중을 절대 파악하지 못한다. 그 사이에 상대방의 속내를 탐색하면 협상의 주도권을 쥘 수 있다.

'양자택일'의 법칙

"고객님, 이 두 가지 스타일은 전부 신제품인데 어떤 게 더 마음에 드세요?"

"사모님, 물건은 언제 보내드리는 게 좋을까요? 내일이나 모레는 어떠세요?"

이 말들은 아주 단순해 보이지만 실은 '양자택일(兩者擇一)'이라는 아주 심오한 법칙이 내포되어 있다.

'휠러의 비결'이라고도 부르는 '양자택일'의 법칙은 세일즈 트레이너인 유대인 엘머 휠러Elmer Wheeler가 최초로 제시했다. 그가 강의 중에 수강생에게 전했던 말을 옮겨 보겠다.

"고객과 만날 시간을 약속할 때는 '양자택일'의 법칙이 아주 요긴합니다. 즉 약속 시간을 두 가지 선택지로 제시하여 고객이 둘 중 하나를 선택하도록 하는 겁니다. 그리고 고객에게 만날 시간이 되느냐고 묻지 않고 반드시 언제 시간이 되느냐고 물어야 합니다. 이를테면 '고객님, 오늘 오후와 내일 오전 중에 언제가 괜찮으십니까?'하고 묻는 식이죠. 이렇게 물었을 때 고객이 둘 다 불가능하다고 대답해도 절대 포기하면 안 됩니다. 이어서 '그럼 내일 오후나 모레 오전은 어떠십니까?' 하고 또 물어야 합니다. 상대방이 약속 시간을 직접 정할 때까지 두 가지 선택지 중에서 선택하도록 하는 방식으로 계속 질문해야 합니다. 이렇게 묻다 보면 가끔은 '내일 전화로 다시 약속 시간을 정합시다. 지금은 좀 바빠서요.'라고 대답하는 고객도 있습니다. 고객의 입에서 이런 말이 나오면 다음 날도 약속을 정할 수 없다는 의미로 받아들여야 합니다. 그렇기 때문에 고객이 다음 날 다시 이야기하자고 할 때는 절대로 동의하면 안 되고, 그 대신 이렇게 말하세요. '바쁘신 거야 잘 알죠. 저도 고객님의 시간을 낭비하고 싶지 않아서 이러는 거예요. 지금 약속 시간을 정하면 내일 또 전화해서 고객님을 번거롭게 하지 않아도 되니까 고객님의 시간이 더 절약된답니다.' 경험상 이런 방식으로 고객을 응대하면 거의 대다수는 곧바로 약속 시간을 정합니다."

자동차 영업사원 샘Sam은 휠러의 강의를 듣고 깊이 공감하여 그 이후로 줄곧 휠러가 알려준 방식으로 자동차를 판매했다. 휠러의 강의를 듣기 전에는 항상 "고객님, 3,000달러만 지불하면 이 차를 구입하실 수 있는데 어떠세요?" 하는 식으로 영업했다. 결과는 매번 고객의 답을 듣지 못했다.

샘은 휠러에게 '양자택일'의 법칙을 배우고 나서 자동차를 잘 판매하는 방법을 깨달았다. 그가 '양자택일'의 법칙을 어떻게 영업에 활용했는지 고객과 나눈 짤막한 대화로 살펴보겠다.

샘: "어떤 색을 좋아하십니까? 검은색이나 흰색 중에서요."

고객: "흰색을 좋아해요."

샘: "4도어와 2도어 중에 어떤 걸 선호하십니까?"

고객: "음, 4도어가 좋겠네요."

샘: "착색유리와 투명유리 중에는 뭐가 나을까요?"

고객: "아무래도 착색유리가 낫겠죠."

샘: "자동차 하부에 코팅은 하시겠습니까?"

고객: "당연히 해야죠."

샘: "납품 시간은 언제로 정할까요? 10월 1일 오전 8시에서 12시 사이나 오후 3시에서 6시 사이 중에서 언제가 편하십니까?"

고객: "오후 3시에서 6시 사이가 적당하겠네요."

샘은 이처럼 고객을 응대할 때 둘 중 하나를 선택하도록 유도하면 고객이 선택권을 갖고 자유롭게 선택할 수 있는 장점이 있다고 했다. 고객이 둘 중 하나를 선택하는 행위는 곧 거래를 이행하겠다는 의미이므로 고객이 선택하기만 하면 거래는 이후 절차에 따라 성사된다.

고객이 샘의 모든 질문에 대답하면 샘은 주문서를 고객에게 내밀며 이렇게 말한다.

"고객님, 여기에 서명하시면 이 차는 바로 고객님 소유가 됩니다."

샘의 질문은 모두 고객이 구체적으로 어떤 디자인을 선택할지는 결정하지 않았지만 이미 차를 구입하기로 마음먹었다는 가정 하에 던진 것이다.

'양자택일'의 법칙으로 영업할 때 각별히 주의해야 할 점은, 질문할 때 '구입'이라는 말을 되도록 하지 않는 것이다. 그래야만 고객이 자신의 의사를 적극적으로 반영하여 온전히 자신의 선택으로 구입했다고 느낄 수 있다. 또한 양자택일의 법칙이니 만큼 고객에게 제시하는 선택지는 두 개가 가장 적당하며 너무 많이 제시하지 않도록 한다. 선택지가 많으면 고객은 결정하는 데 상당히 어려움을 겪는다. 자칫하다가는 노력이 물거품이 될 수도 있으니 주의가 필요하다.

역발상으로 문제를 해결한다

비즈니스 과정에서 난관에 봉착하여 일반적인 방법으로 해결할 수 없을 때는 파격적인 역발상으로 뜻밖의 성과를 거둘 수 있다.

미국의 한 사업가 커리척Currychuck은 한때 소상인에 불과했지만 그 장사를 기반으로 사업을 일으켜서 성공했다. 어느 해에 그는 가진 돈 전부로 일본 상품을 대량으로 매입하여 미국에서 판매할 준비를 마쳤다. 그런데 상품을 들여온 지 이틀 만에 아직 판매를 시작하지도 않았는데 일본이 진주만을 공격한 사건이 발생했다. 이에 미국인은 일본 제품을 배척했고 커리척도 궁지에 몰렸다. 난처해진 커리척은 종일 의자에 앉아서 산더미처럼 쌓인 재고를 쳐다보며 한숨만 푹푹 쉬었다. 당시 그에게는 하루가 일 년 같았다.

그렇게 세월만 보내고 있던 커리척은 어느 날 문득 자신의 친한 친구 바넬라Vanella가 생각났다. 유대인 바넬라도 미국으로 이민을 와서 큰 성공을 거둔 사업가였다. 그래서 바넬라에게 사업 수완을 한 수 배우기로 결심하고 그를 찾아갔다.

커리척이 자신의 고민거리를 다 털어놓고 나니 바넬라가 웃으며 이야기를 시작했다.

"이봐, 친구, 내 얘기 좀 들어봐. 어제 아내랑 같이 책을 사러 서점에

갔거든. 자네도 알다시피 아내가 비만이라서 《살을 빼는 법》이라는 책을 사려고 점원에게 물었더니 점원이 그 책은 없고 《살을 찌우는 법》이라는 책은 있다는 거야. 아내가 불쾌해서 '지금 날 놀리는 거예요?' 했더니 점원이 '아니에요, 그럴 리가요. 이 책에서 알려주는 방법과 반대로 하면 살이 빠질 거 같아서 권해 드렸어요.'라고 하더라고. 점원 친구 중에 아내보다 훨씬 뚱뚱한 사람이 있는데 그 사람도 《살을 빼는 법》을 사러 왔다가 재고가 없어서 《살을 찌우는 법》을 추천받았는데 두 달 만에 10킬로그램이나 감량했다며 아내도 그 책으로 도전해 보라고 하더군. 그래서 아내가 신나서 《살을 찌우는 법》을 샀어."

"알았어. 자네 말이 무슨 뜻인지 이해했어. 그럼 구체적으로 내가 어떻게 하면 좋을까?"

"자네 가게에 오는 손님들한테 이렇게 말해 봐. '미국 동포 여러분, 일본 제품을 구입하는 것이 곧 애국하는 지름길입니다. 왜냐고요? 지금 우리는 일본과 싸우고 있으니 국산을 구입하지 않고 일본 제품을 구입하면 나라를 위해 자원을 대량으로 아끼는 셈이 됩니다. 자원을 아껴서 군수품으로 전용하면 미국의 국력이 훨씬 강해질 겁니다.' 하고 말이야. 이렇게 하면 상황이 완전히 달라질 거야. 한번 시도해 보게, 친구."

커리척은 고객에게 바넬라가 시킨 대로 말했다. 그랬더니 정말로 기적이 일어났다. 일본 제품을 사러 오는 미국인이 줄을 이었고 마침내 모든 재고가 소진되었다. 파산을 눈앞에 두고 있던 커리척은 배척 대상인 일본 제품을 인기 제품으로 변신시킨 덕분에 본전을 한 푼도 까먹지 않았고 도리어 상당한 이윤을 남겼다.

이처럼 원래 하고 싶은 말과 반대로 말하는 것도 파격적인 문제해결법 중 하나다. 이를테면 부정적인 의미를 긍정적인 말로 하거나 긍정적인 의미를 부정적인 말로 하는 식으로 속마음과는 완전히 상반된 말을 하는 것이다. 이런 방식으로 문제에 접근하면 고객은 역발상을 통해 그 안에서 해답을 찾을 수 있다.

금연을 권장하는 한 공익광고에서 흡연의 장점을 네 가지로 열거한 사례도 이 같은 역발상의 한 예에 속한다. 광고에서 제시한 흡연의 장점은 옷감을 아낄 수 있고, 모기를 퇴치할 수 있고, 도둑을 예방할 수 있고, 영원히 청춘을 유지할 수 있다는 것이다. 흡연하면 폐병에 걸려서 등이 굽고 체격이 왜소해지므로 옷을 만들 때 옷감이 덜 들고, 몸에서 담배 냄새가 진하게 나면 견디지 못한 모기들이 멀리 달아나고, 기관지염을 앓느라 밤새 기침 소리를 내면 도둑이 겁먹어서 감히 들어오지 못하고, 늙기도 전에 세상과 등지면 세상에 자신의 젊은 모습을 마지막으로 남길 수 있다고 자세한 설명도 덧붙였다.

사실 이 네 가지는 흡연의 장점이 아니라 해로운 점이다. 이처럼 건강에 해를 끼치는 흡연의 심각성을 역발상으로 유머러스하게 표현하여 사람들이 웃으며 숨은 의미를 깨닫게 함으로써 광고 효과를 확실히 보았다.

먼저 자신을 낮추고 상대방을 설득한다

비즈니스 협상에서 교착상태에 빠지는 것은 양측의 입장이 달라서 팽팽히 맞선 결과인 경우가 많다.

협상 과정에서 양측 사이의 갈등이 심화되면 애초에 내세웠던 각자의 실익보다는 체면을 지키기 위해서 한 치도 양보하지 않고 상대방이 입장을 철회하기만을 요구하며 완강히 버틴다. 그래서 결국 협상은 힘겨루기 한 판으로 변질되어 교착상태에 빠지고 만다.

협상할 때 양측이 각자의 입장에만 지나치게 몰입하면 양측의 이익을 조정하는 데 최선을 다할 수 없을 뿐만 아니라 자칫하다가는 협상이 결렬될 수도 있다. 더욱이 협상 테이블을 이탈하는 위협적인 태도를 보이면 협상이 체결될 확률은 점점 낮아진다. 이렇게 협상이 지연되면 양쪽 모두, 또는 한쪽이 협상에 흥미를 잃고 자신감도 떨어져서 결국 실패로 끝난다.

이런 교착상태를 돌파하려면 교착상태에 빠진 원인을 양측이 모두 냉정하게 분석해야 한다. 특히 각자가 어떤 원인을 제공했는지 분석이 필요하다. 각자의 입장에서 어떤 점이 합당치 않았는지 점검하고 나아가 상대방이 왜 양보하지 않으려고 하는지 그 원인도 분석한다.

때로는 너그러운 자세도 필요하다. 자기 쪽에서 견지하던 입장을 먼저 자발적으로 일정 부분 포기하는 것이다. 그러면 상대방이 호의적으로 나오므로 양측의 이익에 부합하는 방향으로 협상이 진행될 수 있다.

자신의 입장을 자진해서 먼저 꺾는 것은 소심함을 드러내는 태도가 아니라 일종의 교묘한 심리 전술이다. 자신을 낮출 줄 아는 용기를 지닌 사람은 성공에 성큼 다가간다. 반면 자신을 낮추지 못하는 용기 없는 사람은 평소에 제아무리 패기만만했더라도 실제로는 속빈 강정일 뿐이다.

협상 중에 교착상태에 빠질 것 같은 징조가 보이면 곧바로 먼저 나서서 "저희 쪽의 방안을 관철하려는 입장을 고수하고 있지만 그쪽에서 제시한 방안도 일리가 있다고 봅니다." 하고 말하는 것이 좋다. 그러면 이 말을 들은 상대방도 논쟁을 그만두고 겸손하게 "저희도 그쪽 방안이 마음에 듭니다."하고 답할 것이다.

이때 기회를 틈타 "이렇게 된 이상 결론이 나지 않는 논쟁을 계속할 필요가 있을까요? 새로운 방안을 함께 결정하는 게 낫겠죠?"라며 적극적으로 제안하면 상대방도 딱히 반대하지 못한다. 그렇게 되면 새로운 방안에 이쪽에서 고수하던 견해를 상대방 측의 견해보다 훨씬 많이 포함시킬 수 있다.

먼저 자신을 낮춘 뒤에 상대방을 설득하는 방법을 쓰면 교착 국면을 완화시키고 훈훈한 분위기를 조성하여 최상의 결말에 이를 수 있다.

한번은 미국 철강 회사가 이스라엘 철강 회사에 기술 자료 한 상자를 우편으로 보냈다. 명세서에는 모두 여섯 부라고 분명히 기재되어 있었지만 상자를 열어서 확인하니 한 부가 없었다. 이스라엘 측에서 먼저 입장을 내놓았다.

"상자를 개봉할 때 많은 사람이 현장에서 같이 참관했고 개봉 후에도 여러 차례나 다시 확인했지만 확실히 한 부가 모자라서 의견을 제출한 것입니다."

미국 측도 자신들의 입장을 고수했다.

"저희도 귀사에 자료를 보낼 때 상자에 담고 몇 번이나 점검했기 때문에 누락됐을 리가 없습니다."

양측은 이렇게 한 치의 양보도 없이 각자의 주장만 제기하며 대치했다.

그 이후에 양측이 다시 협상 테이블에 앉았을 때 이스라엘 측은 먼저 자신을 낮춘 뒤에 상대방을 설득하는 방법을 써서 이렇게 말했다.

"자료가 누락된 이유가 백퍼센트 그쪽의 실수 때문이라고 생각하지는 않습니다. 아마 저희 쪽에서도 확인할 때 착오가 있었을 겁니다."

강경하던 미국 측의 태도가 이스라엘 측의 발언으로 약간 누그러지자 이스라엘 측의 협상 대표가 그 기회를 놓치지 않고 냉큼 한마디 덧붙였다.

"자, 여기 앉아서 같이 신중하게 분석해 보시죠."

미국 측 대표는 제안을 기꺼이 받아들였다. 그래서 양측은 자료가 분실되었을 가능성을 같이 논의했다. 이스라엘 측 대표가 말했다.

"자료가 분실되었다면 그 가능성은 세 가지로 추측됩니다. 귀사에서 포장할 때 누락되었을 수도 있고, 운송 도중에 없어졌을 수도 있고, 우리 측에서 상자를 개봉한 뒤에 분실되었을 수도 있습니다. 만약 운송 중에 없어졌다면 나무 상자에 분명히 파손된 부분이 있을 겁니다. 하지만 상자에는 파손된 곳이 전혀 없으니 이 가능성은 배제해야 합니다. 저희 측에서 개봉한 뒤에 분실되었다면 상자 겉면에 찍힌 순중량이 자료 다섯 부의 중량보다 훨씬 무거울 텐데 확인한 결과 두 중량의 차이가 없습니다. 그러니까 이 가능성도 배제하겠습니다. 이렇게 두 가지 가능성을 제외하면 귀사에서 자료를 누락했을 가능성 한 가지만 남으니 그것이 원인이라고 단정할 수 있겠죠."

미국 측은 이스라엘 측의 분석 결과에 한 마디도 반박하지 못했다. 인정할 수밖에 없는 결과였기에 회사로 연락하여 포장 시에 누락된 사실이 있는지 확인하도록 지시했다. 그 뒤에 미국 철강 회사는 이스라엘 측으로 누락된 자료 한 부를 다시 보냈다.

"효과적인 심리전략을 구사한다"

소비자는 대부분 이미지와 감성에 따라 제품 구입을 결정하고 이미지로 한 기업을 판단하는 경향이 있다. 흔히 말하는 '느낌'대로 반응한다. 글로벌 비즈니스도 주로 이미지, 평판, 브랜드를 바탕으로 거래가 성사된다. 따라서 유명인의 이미지를 이용하여 제품을 홍보하는 것은 일종의 비즈니스 노하우다.

한 유대인 출판업자에게는 책 재고가 산더미처럼 쌓여 있었다. 하지만 그는 판매를 포기하지 않고 몇 날 며칠을 궁리한 끝에 마침내 좋은 아이디어를 생각해냈다. 대통령에게 책 한 권을 보내고 책을 읽은 감상을 요청하기로 한 것이다. 국정을 돌보느라 바쁜 대통령은 그에게 내줄 시간이 전혀 없었기에 "참 좋은 책이군요." 하며 건성으로 인사만 전하고 말았다.

별 의미 없이 건넨 이 한마디에 출판업자는 마치 대단한 칭찬이라도 들은 양 동네방네 광고하며 “여기 대통령께서 좋아하는 책을 팔고 있습니다.”하고 떠벌렸다. 어느새 책은 모두 다 팔려나갔다.

그로부터 얼마간의 시간이 흐른 뒤에 출판업자는 새로 나온 책이 또 팔리지 않자 전처럼 대통령에게 책을 보냈다. 대통령은 지난 경험을 거울삼아 이번에는 아예 책을 거들떠보지도 않고 “이 책은 아주 별로입니다.”라고 전했다. 대통령의 말을 전해들은 출판업자는 머리를 굴려서 이번에는 “여기 대통령께서 싫어하는 책을 팔고 있습니다.”라고 광고했다. 그러자 많은 사람이 호기심으로 너도나도 책을 사 간 덕분에 또 한 권도 남김없이 다 팔았다.

다시 얼마쯤 지났을 때 출판업자는 대통령에게 다른 책 한 권을 또 보냈다. 대통령은 출판업자에게 자신을 이용할 여지를 다시는 주지 않으려고 아예 책을 한쪽에 방치해 두고 아무런 반응도 하지 않았다. 그런데 출판업자가 또 “여기에 대통령께서 평가를 내리지 못한 책을 팔고 있습니다. 사실 분들은 빨리빨리 오세요.”라며 대대적으로 광고했다. 뜻밖에도 책은 또 날개 돋친 듯이 팔려나갔다.

상점이나 기업은 명성과 좋은 이미지를 얻기 전에는 영업 실적을 높이기가 무척 어렵다. 게다가 제품의 브랜드 가치를 형성하려면 꽤 긴 시간이 걸린다. 그래서 자신의 명성을 드높이기 위한 최상의 방법으로 유명인을 이용하는데, 이것이 바로 ‘유명인 효과’다.

미국 음반과 영화 업계의 거물로 유명한 데이비드 게펜David Geffen은 어린 시절에 어머니가 운영하는 소규모의 브래지어 공장으로 생계를 유지하며 가난하게 보냈다. 이런 환경적인 이유로 어려서부터 사업에 관심이 많았고, 자라면서 자신의 지혜와 모험정신을 밑거름으로 사업을 벌이기로 마음먹었다.

다년간 분주히 발로 뛴 그는 마침내 레코드 산업에 눈을 떴고 큰돈을 벌 수 있는 사업이라고 판단하여 노력을 쏟아 부으려고 했지만 자본금이 없었다. 그래서 어떻게 했을까?

그는 온종일 연예계를 배회하며 해결책을 찾다가 우연한 기회에 로라 니로Laura Nyro라는 가수를 알게 되었다. 로라 니로는 목소리로 이미 많은 사람의 인정을 받았음에도 무슨 이유 때문인지 두각을 나타내지 못하고 대중의 인기도 얻지 못해서 생활이 넉넉지 않았다. 게펜은 그녀에게 적극적으로 동업을 제안했고 튜나Tuna 뮤직이라는 회사를 공동으로 창업했다. 그가 제안한 창업 조건은 로라 니로를 잘 포장해서 홍보하는 업무를 회사가 전담하고 로라 니로의 노래 저작권을 회사가 갖는 것이었다.

그렇게 동업 합의서에 서명하면서부터 게펜은 사업 수완을 발휘하기 시작했다. 그는 로라 니로의 노래를 바브라 스트라이샌드처럼 당시에 잘 나가던 스타 가수의 음반에 끼워서 제작하고, 제작한 음반은 곳곳을 다니며 홍보했다. 그 결과 로라 니로의 몸값은 크게 높아졌고 게펜도 로라 니로의 유명세를 이용해 상당한 돈을 벌었다.

그러나 게펜은 1969년에 튜나 뮤직을 팔기로 결정하고, 매각 대금으로 받은 현금 450만 달러 중에서 절반을 로라 니로에게 주었다.

자금력이 생긴 게펜은 새로운 사업에 착수하여 일 년 뒤에 독자적으로 어사일럼 레코드Asylum Records를 설립했다. 음반 사업에 재도전한 그는 무명의 가수들을 대거 발굴하고 공들여 홍보한 끝에 그들을 인기 스타로 만들었다.

게펜은 이렇게 여러 가수를 스타로 만들고 나서 1972년에는 어사일럼 레코드를 워너 뮤직Warner Music에 700만 달러를 받고 팔았다. 그 이후로 그는 음반 업계에서 한동안 자취를 감췄다.

그러다가 1980년에 다시 마음을 단단히 먹고 게펜 레코드Geffen Records를 설립했지만 회사는 연이어서 실패를 맛았다. 하지만 행운은 여전히 그의 편이었다. 1990년, 게펜의 소속 아티스트였던 밴드 '건스 앤 로지스(Guns N' Roses)'가 인기 가도를 달리면서 게펜의 영향력도 덩달아 커져서 독립적인 대형 음반 회사의 사장으로 성공했다.

심리전으로 상대방을 설득한다

유대인은 항상 심리전으로 상대방을 설득한다.

미국에서 베스트셀러 제작자로 이름난 유대인 출판업자 브라운Brown은 《심리전》이라는 제목의 책을 출간하기로 계획하고 한 심리학자에게 원고를 부탁했다. 그는 책을 집필해 본 적이 없고 출판 분야의 경험도 전혀 없어서 책 한 권을 쓰기가 여간 부담스럽지 않았다. 그러나 브라운은 그의 사정은 아랑곳하지 않고 대수롭지 않게 말했다.

"어떠세요? 제목이 괜찮죠? 집필은 바로 시작하시면 돼요. 한 권을 300페이지 정도로 하고, 하루에 5페이지만 쓰시면 되겠네요."

심리학자는 브라운의 말을 듣고 나니 이상하게도 마음이 훨씬 가벼워졌다. 하루에 5페이지씩을 쓰는 건 그리 어렵지 않겠다는 생각이 든 것이다. 그러나 실제로 책을 쓰기 시작하고 나서야 하루에 5페이지씩을 쓰는 게 무척 어려운 일이었음을 깨달았다. 하지만 이미 약속한 이상 반드시 집필을 끝내야 했다.

심리학자는 자신이 심리 전문가인데도 뜻밖에 브라운의 말에 현혹되고 말았다. 한마디로 그는 상대방에게 '심리전'을 펼친 것이다. 우리는 이런 심리전을 일상생활 속에서 폭넓게 활용할 수 있다.

사실 브라운도 비즈니스 여행에서 심리전의 효과를 자신이 직접 깨닫고 활용하기 시작했다.

어느 날 브라운은 비행기를 탔다가 착륙 직전에 별안간 공항 활주로가 붐벼서 약 한 시간 정도 착륙이 지연될 것이라는 안내방송을 들었다.

이 소식이 전해지자 기내는 아수라장이 되었다. 사람들의 소란한 소리와 원성이 멈추지 않았다. 하지만 다른 방도가 없었기에 승객들은 차츰 상황에 적응하기 시작했다.

그렇게 몇 분이 지난 뒤에 승무원들이 다시 안내했다. 예상했던 착륙 시간이 30분 정도 앞당겨졌다는 소식이었다. 승객들은 소식을 듣고 안도의 한숨을 쉬었다.

그리고 5분 뒤에 다시 안내 방송이 나왔는데 5분 이내에 착륙할 수 있다고 했다. 그 순간 승객들은 모두가 박수치며 서로 축하했다. 결과만 보면 착륙 시간이 지연된 상황인데도 승객들은 오히려 기뻐하고 안도했다.

브라운은 이런 아이러니한 상황을 지켜보면서 사람들의 심리를 파악하고는 그 이후로 비즈니스 협상에서 심리전을 활용하기 시작했다. 그래서 협상할 때마다 먼저 아주 가혹한 조건을 제시하여 상대방이 고민에 빠지게 만들었고 상대방에게 부담감과 실망감을 주기도 했다. 그런 다음에 단계적으로 상대방에게 혜택을 주거나 양보하는 태도를 취하여 상대방이 좋은 조건으로 흔쾌히 계약서에 서명하도록 긍정적인 분위기를 조성했다.

심리학자는 이 같은 심리전을 책에서 더욱 자세히 설명했다. 예컨대 구매자가 제품 구입량을 늘리지도 않으면서 판매자에게 가격을 더 깎아 달라고 하면 판매자는 구매자의 요구를 받아들이기 어렵다. 이럴 때 구매자가 심리전으로 가격을 깎으려면 우선 품질, 포장, 운송 조건, 납기일, 지불방식 등 모든 조항에서 조건을 까다롭게 제시하여 판매자에게 '괴로움'을 안겨 주어야 한다. 그런 다음에 협상 과정에서 구매자가 여러 면에서 상당히 '희생'하는 태도를 취해서 판매자가 자신에게 유리한 쪽으로 가격이 흥정되고 있다고 느끼게 한다. 구매자가 이렇게 '관대'하게 나오면 판매자는 대체로 불만하지 않고 구매자가 요구한 가격으로 합의한다. 판매자는 왜 이렇게 갑자기 태도를 바꿀까? 거기에는 아주 중요한 이유가 한 가지 있다. 바로 판매자의 착각 때문이다. 다시 말해 판매자는 구매자의 희생으로 이미 적지 않은 이득을 챙겼다고 착각한 나머지 구매자에게 가격을 조금 양보해도 자신에게 손해가 되지 않는다고 여겨서 태도를 바꾸는 것이다. 세일즈맨이라면 이런 심리전을 시도해 보길 권한다.

고객의 즉각적인 행동을 이끌어낸다

"사람은 누구나 최상의 제품을 갖기를 바라며 행여 그것을 사지 못할까 봐 염려되어 당장 구입하려고 기를 쓴다. 만약 그것을 살 기회가 내일도 있다는 걸 미리 안다면 지금 당장 구입할 때 느끼는 짜릿함은 아마 경험하지 못할 것이다."

유대인 사업가들이 종종 하는 이 말을 다시 설명하자면, 고객이 자기가 원하는 제품을 오늘이 아니라도 다음에 살 수 있다는 걸 알고, 또 판매자가 고객에게 오늘 반드시 사야 하는 설득력 있는 이유를 제시하지 않으면, 고객은 그 제품을 당장 구입하지 않는다는 뜻이다. 유대인은 이런 심리를 이용하여 판매 전략을 짰다. 예를 들면 고객에게 "오늘 못 사면 좋은 기회를 놓치는 거예요."라고 말하는 것이다. 이런 말을 들으면 어떤 고객은 머뭇거리다가도 좋은 기회를 놓칠까 봐 냉큼 지갑을 연다. 그러나 어떤 고객은 그 자리에서 바로 구입하지 않았다가 나중에 후회하고는 다음에 기회가 생기면 그때는 주저하지 않고 구입한다.

사람에게는 기대하는 심리가 있어서 항상 잠재의식 속에서 더 나은 물건이 있을 거라는 기대를 멈추지 않는다.

우리는 주변에서 "아직은 때가 아니야.", "아직은 만족스럽지 않아."와 같은 말을 종종 듣는다. 일단 상대방의 입에서 "아직은……"이라는 말이 나오면 그 사람이 어떤 결정을 당장 내리기를 기대하기는 어렵다.

'단 한 번'이라는 말과 '다음에 또'라는 말이 각각 주는 느낌은 완전히 상반된다. 상대방에게 '단 한 번'이라고 말하면 상대방은 갑자기 용기가 불쑥 솟아서 평소와 달리 대담하게 행동한다. 사람들은 '마지막'이나 '단 한 번'인 상황을 유난히 겁내므로 상대방에게 이 말을 들으면 어떤 반발도 하지 않고 바로 몸을 움직인다.

예컨대 "지금 사지 않으면 아마 내일은 이렇게 싼 가격에 못 살 겁니다."라는 말은 미루지 말고 빨리 사야 돈을 절약할 수 있음을 고객에게 넌지시 알리는 메시지다. 오늘의 100달러와 내일의 100달러는 가치가 다르기 때문이다. 대개는 이런 말을 들으면 절호의 기회도 잡고 손해도 입지 않으려고 당장 움직인다. 특히 더 나은 물건이나 때를 기대하며 구입을 미루던 고객은 이 말 한마디에 크게 흔들린다.

유대인은 '더 나은 것'에 대한 기대가 있으면 무의식적으로 과감하게 행동하지 못하게 된다고 보았다. 이런 기대 심리가 있는 사람은 일정 시간 안에 빨리 결정을 내리도록 옆에서 계속 부추기면 기대를 버리기도 한다.

할인 판매는 보통 시간제한이 있다. 게다가 이 한정된 시간은 길지도 않다. 이를테면 오후 한 시부터 한 시 반까지 30분만 할인된 가격으로 판매하는 식이다. 이처럼 시간제한을 둔 할인 판매는 고객의 심리를 이용한 판매 전략이다. 소비자가 한정된 시간 안에 '이번뿐이야'라는 생각으로 과감하게 상품을 구입하도록 유도하는 것이다.

할인 판매할 때는 시간 외에 수량도 제한할 수 있다. "특가로 판매하는 가죽 제품은 수량이 한정되어 있어서 재고가 소진되면 언제 또 입고될지 몰라요."와 같은 말로 고객에게 제품을 구입할 좋은 기회임을 자꾸 상기시킨다. 쇼핑하기에 좋은 기회란 재고량이 넉넉하지 않을 때나 특가와 기타 혜택 등이 제공되는 경우다. 하지만 이런 좋은 기회는 반드시 실재해야 하며 절대 소비자를 기만해서는 안 된다.

소비자의 입장에서는 '수량이 한정된 제품'을 사지 않으면 손해 보는 것 같은 기분이 든다. 하지만 만약 같은 제품을 다른 곳에서도 살 수 있다면 소비자는 기회가 '또' 있다는 생각이 들어서 구입하려는 의지가 약해진다.

그러므로 제품을 판매하려면 소비자에게 '단 한 번'이나 '마지막' 기회임을 의식 속에 계속 심어주어야 한다. 그래야만 소비자는 굉장히 싼 가격으로 제품을 구입했다고 여기며 만족해한다.

사람들의 잠재의식 속에는 이런 심리 외에 소유욕도 있다. 소비자의 소유욕을 마케팅에 이용한 예로는 최근에 제품의 종류를 다양화하고 종류별로 한정된 수량만 생산하는 고급 손목시계 판매 전략이다. 요즘은 값이 싸면서 성능이 좋은 시계가 흔하다. 하지만 기꺼이 큰돈을 치르고 '흔치 않은 귀한' 물건을 소유하고 싶은 소비자도 있으므로 그들의 요구를 만족시킬 수 있는 값비싼 고급 손목시계도 시장에 내놓아야 한다. 이런 소비자를 대상으로 수량을 한정하는 판매 전략을 쓰면 그들은 가격이 얼마든 개의치 않고 흔쾌히 제품을 구입한다.

대다수의 소비자는 구입 여부를 계속 갈등하다가 사거나 사지 않거나 둘 중 하나로 결론을 내지만 무엇을 사야 할지 몰라서 내내 망설이는 소비자도 있다. 이렇게 우유부단한 고객은 판매자가 대신 결정을 내려주어야 한다.

무(無)에서 유(有)를 창조한다

1984년, 크리스마스를 앞두고 미국의 수많은 도시에서는 살을 에는 듯 차가운 바람이 부는데도 사람들이 밤새 완구점 앞에서 장사진을 쳤다. 사람들은 줄을 서면서 키가 약 40cm 정도 되는 '양배추 인형[Cabbage Patch Kids]'을 입양하는 행복을 소망했다.

사람들은 왜 완구점에서 인형을 '입양'하려고 했을까?

양배추 인형은 외모가 독특하고 매력이 넘치는 장난감으로 유대인 자비에르 로버트Xavier Roberts가 개발한 것이다. 로버트는 일정 기간 동안 시장 조사를 진행한 결과, 유럽과 미국의 완구 시장에서는 기존의 전자 게임기와 두뇌발달 완구가 정서교감 완구로 대체되고 있음을 발견했다. 그래서 바로 결단을 내리고 개성을 뚜렷하게 살린 완구 양배추 인형을 탄생시켰다.

양배추 인형은 기존의 인형과 달리 컴퓨터 기술을 이용하여 디자인했으며, 헤어스타일, 머리 색깔, 생김새, 양말, 신발, 옷, 액세서리 등을 모두 각양각색으로 만들어서 개성이 있는 상품을 원하는 사람들의 요구를 충족시켰다.

양배추 인형의 성공에는 사회적 원인이 깊이 작용했다. 부모의 이혼으로 마음에 상처를 입은 아이들과 배우자와 이혼하고 자녀 양육권을 상실한 이들에게 양배추 인형은 마음을 기댈 수 있는 대상이었다. 허전한 마음을 달래주는 양배추 인형은 아이들에게도 사랑을 많이 받았지만 성인 여성들에게도 인기가 좋았다.

로버트는 사람들의 이런 심리를 이용해 소비자를 사로잡으려고 아주 기발한 아이디어를 생각해냈다. 사람들이 양배추 인형을 생명이 있는 아기처럼 인식하도록 스토리를 만들어서 '입양'하는 방식으로 인형을 구입하도록 마케팅 전략을 세운 것이다.

양배추 인형의 판매사 콜레코Coleco는 생산한 모든 인형에 각각 이름 및 손자국과 발자국이 인쇄된 출생증명서를 동봉했고, 인형의 엉덩이에는 인형을 탄생시킨 '아버지' 격인 로버트의 이름을 찍어 특별함을 더했다. 고객은 인형을 입양할 때 '양자와 양부모' 관계가 성립되었음을 증명하는 '입양증명서'에 서명하는 절차를 거쳤다.

로버트는 고객의 심리와 요구를 철저히 분석하여, 양배추 인형을 입양하는 고객은 인형을 진짜 아기로 여기며 마음을 기대므로 인형과 관련된 용품을 사는 것도 당연한 일로 보고 있음을 파악했다. 그래서 그는 또 한 번 창의적인 결정을 내렸다. 양배추 인형 관련 용품을 인형과 세트로 구성하여 파는 방법을 구상하여 인형의 이불, 기저귀, 유모차 및 갖가지 장난감을 세트에 포함시켰다.

이런 색다른 아이디어 덕분에 콜레코 사의 매출액은 큰 폭으로 증가했다.

그 이후로 얼마 지나지 않아서 양배추 인형의 판로는 영국, 일본, 중국, 홍콩 등 해외 여러 나라로 확장되었다. 이에 로버트는 양배추 인형을 세계 곳곳으로 전파하고 완구 시장의 선두 자리를 지키기 위해 다양한 피부색과 특징을 지닌 양배추 인형도 생산했다.

이처럼 '무'에서 '유'를 창조하는 상상력으로 탄생시킨 양배추 인형은 콜레코 사의 돈줄이 되었고 그 덕분에 콜레코 사는 승승장구했다.

남의 힘을 빌린다

무슨 일이든지 혼자 힘으로는 아무리 최선을 다해도 완벽히 해내기 어렵다. 개인이건 단체건 스스로의 힘이 부족할 때는, 특히 요즘처럼 과학기술과 지식이 요구되는 사회에서는 제아무리 걸출한 인물이나 단체라고 해도 반드시 다른 사람의 힘을 빌려야 난관을 뛰어넘을 수 있다.

미국의 콘티넨털 그레인 컴퍼니Continental Grain Company의 첫 CEO인 유대인 미셸 프리보그Michel Fribourg는 작은 식품점을 세계 최대의 곡물 거래가 이루어지는 다국적 기업으로 성장시켰다. 그 성공 비결로는 상당히 높은 보수를 주고 학식과 능력을 갖춘 전문경영인을 기용한 것과 자금을 아낌없이 투자하여 세계 최신의 통신 설비를 갖춘 점을 꼽을 수 있다. 그런 환경에서 정보가 빠르게 유통되고 직원들의 기술이 탁월하니 경쟁능력에서 월등히 앞설 수밖에 없었다. 미셸 프리보그는 업계에서 우위를 차지하기 위해 거액을 지불해야 했지만 그렇게 들인 인력과 기술로 벌어들인 돈은 그가 투자한 금액보다 훨씬 많았다.

유대인 선박왕 다니엘 루트비히Daniel Ludwig도 타인의 힘을 빌려서 위업을 이룬 인물이다.

루트비히의 첫 사업은 달랑 배 한 척에서 출발했다. 그는 사람을 써서 아주 오래 전에 바다 밑바닥에 가라앉은 디젤 기동선을 건져 올리고는 4개월 동안 그 배를 수리했다. 수리된 배는 다른 사람에게 임대하여 월 50달러씩 이윤을 남겼다. 루트비히는 수입이 생겨서 기쁘기도 했지만 수입을 빌미로 아버지한테 돈을 빌릴 수 있다는 점도 만족스러웠다. 한 푼도 없는 사람이 창업하려면 대출이 얼마나 중요한 창구인지 잘 알았기 때문이다.

하지만 사업 초기에는 빚 때문에 무척 애를 먹었고 파산 위기도 수시로 찾아왔다. 그는 희망이 있는 새로운 경지로 나아가기 위한 참신한 생각도 전혀 하지 못했다. 시간이 흘러 그가 30세에 접어들었을 때, 어느 날 문득 그에게 영감이 떠올랐다. 보통 크기의 낡은 화물선 한 척을 사서 유조선으로 개조하면 돈을 많이 벌 수 있을 것 같았다. 하지만 계획을 추진하기에는 수중에 자금이 별로 없어서 뉴욕에 있는 은행 몇 곳의 문을 두드렸다. 대출을 받아서 일을 벌여 보려고 은행을 찾았지만 가는 곳마다 거절당했다. 이유는 담보물이 없었기 때문이었다. 루트비히는 번번이 거절당하면서도 전혀 낙담하지 않았다. 그 대신 통상적이지 않은 방법을 쓰기로 했다. 그에게 낡은 유조선 한 척이 있었는데 운항이 불가능한 정도는 아니어서 아주 싼 가격으로 석유회사에 임대했다. 그런 뒤에 은행 지점장을 찾아가서 석유회사에 임대한 유조선 한 척이 있으니 매달 임대료를 받으면 대출 원금과 이자를 갚을 수 있다고 알렸다. 그렇게 여러 차례 노력한 끝에 뉴욕의 체이스 은행Chase Bank으로부터 대출 승인을 받았다.

루트비히에게 담보물은 없었지만 석유회사의 장래가 유망하고 수익도 많아서 사고만 나지 않으면 임대료가 꼬박꼬박 들어올 것이라는 판단 하에 대출이 가능했다. 게다가 루트비히가 석유회사에서 받을 임대료는 마침 은행 대출 원금과 이자를 갚을 수 있는 금액이었다. 그는 이런 기발한 아이디어를 생각해 낸 덕분에 마침내 부자의 길로 가는 첫 문을 열 수 있게 되었다.

은행 대출금을 받아든 그는 애초에 사려고 했던 화물선 한 척을 구입하여 계획대로 배를 개조했다. 어느덧 낡은 화물선은 성능이 우수한 유조선으로 탈바꿈되었다. 그는 개조한 유조선을 기존의 사업과 같은 방식으로 다른 사람에게 임대하고 임대료로 받은 돈을 담보로 또 은행에서 대출을 받고 대출금으로 배를 샀다. 이렇게 대출금으로 배를 사고 임대하여 임대료를 담보로 또 대출을 받는 방식을 계속 반복하는 사이에 배의 수량은 점점 늘어났다. 그리고 빚을 한 건 청산할 때마다 임대했던 배는 돌려받았다. 대출금이 하나씩 청산되면서 임대했던 배들은 모두 차례로 온전히 그의 것이 되었다.

사업가에게는 특히 정계 요인의 힘도 무시할 수 없는 도움이다.

유대인 사업가 중에는 정계 요인과 친분이 있는 사람이 적지 않은데 록펠러도 그중 한 사람이다.

1890년, 오하이오 주 검찰청장인 왓슨Watson은 록펠러의 석유회사 스탠더드 오일Standard Oil이 독점금지법[Antitrust Law]을 위반했다고 고발했다. 이에 양측은 서로 물러서지 않고 미국 전역에서 가장 능력 있는 변호사를 선임했다. 왓슨은 소송을 위한 만반의 준비를 마치고 사생결단의 각오로 나섰다.

록펠러는 왓슨과 달리 오히려 시간이 갈수록 침착했다. 그의 오랜 친구인 마크 한나Mark Hanna가 소송에 관여하기 시작했기 때문이다. 마크는 미국 의학계에서 가장 권위 있는 인물이며 상원의원이었다. 이런 그가 록펠러 측에 서서 입장을 분명히 한 것이다.

당시 대통령은 공화당의 벤저민 해리슨Benjamin Harrison이었고 마크도 공화당 소속이었다. 마크는 왓슨에게 편지 한 통을 보냈다.

'당의 입장에서 말씀드립니다. 귀하께서 고발하신 기업은 사회 여론이 질타하는 조직 자본이 결코 아니며, 국민에게 큰 도움이 되는 석유회사입니다. 또한 록펠러 씨는 공화당의 당원이자 이 석유회사의 수장으로서 지금껏 회사가 자유 경쟁에 뛰어들도록 이끌어오고 있습니다. 이래도 귀하의 고발이 합당한지 묻고 싶습니다.'

마크가 개입하자 경제 문제는 이내 정치 문제로 변했고, 왓슨은 곧장 고소를 철회했다.

사례에서 보듯이 유대인에게는 남의 힘을 빌리는 것도 사업하는 요령이다. 요약하면 남의 도움과 자신의 능력을 결합하여 최고의 성과를 거두는 것이 바로 성공의 지름길이며, 자신보다 똑똑한 사람에게 도움을 청할 줄 알아야 실패하지 않는다.

78 대 22의 법칙

"세상의 돈은 유대인의 주머니 속에 있다."라는 말이 있다. 세계 인구에서 유대인이 차지하는 비율은 매우 낮지만 유대인 중에는 재력가가 상당히 많다. 세계 비즈니스계와 금융계에서 유대인은 모두 독보적인 위치를 차지하고 있으며 백만장자와 억만장자도 적지 않다. 유대인 중에 거부가 많은 이유는 그들이 똑똑했기 때문만은 아니다. 그들의 성공 중심에는 마법 같은 78 대 22의 법칙이 있었다.

유대인에게 78 대 22의 법칙은 조화와 균형을 이룬 우주의 법칙이다. 유대인 사업가들은 세상의 모든 존재를 뛰어넘는 만고불변의 '절대진리'인 이 법칙에 따라 많은 부를 축적했다.

간단한 예로 이 법칙을 설명해 보겠다. 세상에는 돈을 빌리는 사람과 돈을 빌려주는 사람 중에 누가 더 많을까, 라고 묻는다면 보통 사람들은 대부분 "당연히 돈을 빌리는 사람이 많겠죠. 당연한 걸 뭘 물어요." 라고 대답한다. 그러나 경험이 풍부한 유대인은 이렇게 대답하지 않고 딱 잘라서 "돈을 빌려주는 사람이 절대적으로 많습니다."라고 대답할 것이다. 유대인의 대답이 정답이다. 은행은 말하자면 대출기관이므로 다수에게서 빌린 돈을 다시 소수의 사람에게 빌려주는 과정에서 수익을 남긴다. 유대인의 말에 따르면 돈을 빌려주는 사람과 돈을 빌리는 사람의 비율이 78 대 22이며, 은행은 이 비율을 잘 이용하면 영원히 손해를 보지 않을 것이라고 한다.

세상에는 평범한 사람보다 부자의 수가 훨씬 적지만 부자는 세상 돈의 대부분을 소유하고 있다. 다시 말해 비율로 따지자면 일반 사람이 소유한 돈은 22퍼센트이고 부자가 소유한 돈은 78퍼센트다. 그러므로 사업을 하려면 78퍼센트의 돈을 소유한 22퍼센트의 부자를 타깃으로 삼아야 한다. 일반적으로 사업 수익의 78퍼센트는 22퍼센트의 고객에게서 나온다. 기업가라면 이런 데이터를 근거로 고객의 구성을 진지하게 연구하고 신중하게 분석해야 한다. 즉 모든 고객에게 노력을 공평하게 쏟으면 안 되며, 22퍼센트의 주요 고객에게 전체 노력의 78퍼센트를 투입해야 한다.

공교롭게도 공기 중의 기체도 질소 78퍼센트, 산소 21퍼센트의 비율로 구성되어 있다.

투자 영역에서도 78 대 22의 법칙은 유효하다. 투자로 돈을 벌지 못하고 있다면 78 대 22의 법칙에 부합하지 않았기 때문이므로 즉시 투자를 멈춰야 한다.

고리대금으로 돈을 벌어 집안을 일으키는 것도 유대인의 사업 수완이다. 유대인은 회사를 빨리 성장시키기 위해 자금이 급한 기업에게 높은 이자를 받고 돈을 빌려줬다. 대부업으로 남긴 고액의 수익은 종종 그들의 사업체에서 벌어들이는 돈보다 훨씬 많았고 위험성도 적었다. 이 또한 78 대 22의 법칙을 따른 사례다. 유대인은 또 세계 각국의 경제가 꾸준히 발전하는 양상을 예의주시하며 더 많은 자금이 필요한 프로젝트로 고리대를 분산하여 놓았지만 수요를 맞추지 못했다. 그래서 분산되었던 돈을 다시 끌어 모아서 정식으로 금융기관을 설립하고, 투자 금액이 많으면서 회수율도 높은 프로젝트에 집중했다. 그러자 현지 정부의 경제 난제도 해결되고 기업의 요구도 만족시켰으며 더불어 자신의 이익도 두둑이 챙겼다.

제 3 장

유대인의 진취성

"역경에 대처하는 자세"

사람은 누구나 갖가지 고통과 시련을 겪게 마련이다. 운이 좋아서 사업이 순조로울 때는 돈을 많이 벌지만 운이 기울기 시작하면 삶은 고달파진다. 역경에 처했을 때 강인하지 못한 사람은 피할 수 없는 운명으로 받아들이고 체념하며 시련이 빨리 끝나기만을 기다린다.

어떤 이는 역경을 인생의 도전으로 여겨서 압박감에 시달리면서도 능력을 충분히 발휘하고 자신의 잠재력도 발견하며 자기 가치를 높인다. 역경과 맞서기 위해 태어난 것 같은 사람도 있다. 그런 사람들은 삶이 순탄할 때는 기운을 내지 않다가 역경이 닥치면 정신을 바짝 차리고 마치 다른 사람이 된 듯한 모습을 보인다.

100명을 두 그룹으로 나누어 다음과 같은 실험이 진행되었다. 첫 번째 그룹에게는 편안하고 쾌적한 환경이 제공되었다. 대형 세단으로 사람들을 맞이하고 보냈으며, 카드 게임과 골프할 시간도 주고 서양식 요리도 대접했다. 한마디로 그룹의 피험자들이 원하는 것은 모두 제공하여 만족감을 주었다. 두 번째 그룹에게는 하는 일마다 장애를 만나는 상황을 주었다. 그렇게 6개월을 보낸 뒤에 피험자의 상태를 확인하니 첫 번째 그룹은 종일 피로를 심하게 느끼며 졸음을 호소했다. 반면 두 번째 그룹은 투혼을 불태우는 사람들처럼 실험자에게 여러 좋은 의견을 많이 제안했다.

역경은 어쩌면 성공으로 가는 꼭 필요한 하나의 관문일지도 모른다. 역경을 견뎌낸 사람에게는 사회에서 두각을 나타내고 성공하는 길이 열리기 때문이다.

증권계의 거물 유대인 조셉Joseph은 빈민가 출신으로, 어린 시절에 가난하고 힘들게 자라면서 온갖 고생을 다 겪었다. 하지만 그에게는 고난을 참고 견디기만 하면 성공할 수 있다는 강한 믿음이 있었다.

조셉은 여덟 살 때 큰 화재가 나서 집이 다 타버리는 바람에 하루아침에 거지 신세가 되었고 형제들은 모두 입양되었다. 조셉은 원래 한 노부부에게 입양될 예정이었는데 꿈결에 놀라서 깨어 엄마와 떨어지지 않겠다고 떼를 쓰는 바람에 입양되지 않았다.

그는 어머니 곁에 남아서 뉴욕으로 갔고 그곳에서 신문물을 접하며 세상에 눈을 떴다. 그러나 그 세상을 맘껏 누리기도 전에 어머니의 손에 이끌려 완전히 딴 세상 속으로 들어갔다. 거기는 바로 브루클린의 지저분한 빈민가였다. 그의 고난은 이후에도 계속되었다. 어머니가 불행하게도 화상을 입어서 병원으로 이송되었는데 어머니가 입원한 병실은 시끌시끌한 다인실이었다. 조셉은 그때 돈이 없으면 평생 남에게 무시당하는 현실을 보았다. 그래서 돈 때문에 고통 받는 삶을 더는 살지 않겠다고 속으로 굳게 다짐했다.

조셉은 돈을 벌려고 일자리를 찾아서 돌아다니다가 뉴욕 증권거래소로 들어섰다. 그 바닥에서는 하룻밤 사이에도 부자가 될 수 있다고 했다. 그는 자신이 반드시 증권가에서 새로운 세상을 개척하겠다고 결심했다.

몇 년 후, 그는 한 축음기 회사에서 기거하면서 갖은 고생을 다한 뒤에 마침내 실력 있는 증권 중개인으로 성장했다. 열일곱 살이던 1917년에는 가진 돈 255달러로 사업을 시작했다. 처음에는 일이 술술 잘 풀려서 16만 8,000달러나 벌었다. 그러나 매입해 두었던 철강회사의 주식의 가격이 전쟁이 끝나면서 순식간에 폭락하는 바람에 겨우 4,000달러만 남는 불운이 닥쳤다. 그는 이런 뜻밖의 일을 겪고 나서 부는 영원하지 않으며, 평생 부자로 살려면 지혜가 필요하고 항상 위기의식을 가져야 한다는 점을 절실히 깨달았다. 그리고 마침내 그는 타고난 주식거래 능력을 바탕으로 증권계의 거물이 되었다.

억만장자가 된 조셉은 고달프고 험난했던 지난날을 결코 잊지 않았다. 장기간 그와 협력했던 파트너도 마음에 간직하고 그를 낳고 길러준 어머니도 뇌리에 새겼다. 그의 이런 위기의식은 그가 사업을 진행하는 동안 내내 버팀목이 되었다.

능동적으로 부지런한 사람이 된다

유대인은 근면과 성공을 바늘과 실의 관계로 본다. 일반적으로 말해서 부지런하면 성공하지만 게으르면 능력이 비범한 인재라도 나락으로 떨어질 수 있다. 부지런한 사람이 무조건 성공한다고 단정할 수는 없지만 근면은 성공으로 가는 가장 기본적인 조건임에는 틀림이 없다.

유대인의 머릿속에는 성공하려면 반드시 고생이 뒤따른다는 생각이 박혀 있다. 성경에도 이런 말이 있다.

“눈물을 흘리며 씨를 뿌리는 자는 기쁨으로 거두리로다.”

“울며 씨를 뿌리러 나가는 자는 반드시 기쁨으로 그 곡식 단을 가지고 돌아오리로다.”

유대인은 부지런함과 게으름은 타고나는 것이 아니라고 여겼다. 천성이 부지런하거나 게으른 사람도 없진 않다. 그러나 대부분은 후천적으로 부지런해지거나 게을러지며, 어린 시절의 가정환경과 가정교육도 근면성에 영향을 크게 미친다고 보았다. 근면성은 능동적인 것과 피동적인 것 두 종류가 있다.

외압 때문에 어쩔 수 없이 부지런한 사람은 외압이 없어지면 근면성도 사라진다. 이런 피동적인 근면성은 결국 자신에게는 전혀 도움이 되지 않는 것이다. 능동적으로 부지런한 사람은 부지런함으로써 자신에게 이익이 되는 것이 반드시 있으므로 서서히 발전한다. 그래서 시간이 지나면 마침내 스스로 완벽한 모습을 갖추게 된다. 이와 관련한 일화가 있다.

로마의 황제 하드리아누스Hadrianus는 한 노인이 무화과나무를 심느라 애쓰는 모습을 목격하고 그에게 다가가서 물었다.

“열매를 볼 수 있을 거라고 기대하시오?”

노인이 대답했다.

“열매를 보기 전에 제가 죽으면 제 아이들이 열매를 볼 수 있겠지요. 어쩌면 하느님이 절 살려주실 수도 있고요.”

황제가 다시 말을 받았다.

"만약 하느님이 살려줘서 열매를 보게 된다면 내게도 알려주시오."

시간은 빠르게 흘러 노인이 생을 마감하기 전에 나무에 열매가 맺혔고, 노인은 무화과를 바구니에 가득 담아 황제를 만나러 갔다.

"저는 일전에 폐하를 뵌 무화과나무를 심던 노인이고, 이 무화과들은 제 노동의 성과물입니다."

황제는 사람을 불러서 금으로 만든 의자를 가지고 오라고 했다. 그리고 의자에 노인을 앉게 한 뒤에 바구니를 황금으로 가득 채웠다. 대신들이 의아한 표정으로 물었다.

"어찌하여 저런 늙은 유대인에게 이런 영예를 누리게 하십니까?"

황제가 반문했다.

"조물주도 부지런한 저 노인에게 영예를 누리게 하는데 나는 그리하면 안 된단 말이오?"

노인의 이웃에 사는 한 아낙네는 노인이 황제에게 황금을 받았다는 소식을 듣고는 남편에게 냉큼 말을 전했다.

"황제께서 무화과를 좋아하신다고 하는데 우리도 무화과를 진상하면 황금을 받을 수 있겠지요?"

남편은 아내의 말에 귀가 솔깃하여 바구니에 무화과를 가득 채워 들고 황궁으로 가서 금으로 바꿔 달라고 했다.

신하가 황제에게 이 사실을 알리자 황제가 대노하여 명령했다.

"그 자를 황궁 문 앞에 세워두고 황궁을 드나드는 사람들이 그 자의 얼굴에 무화과를 하나씩 던질 수 있게 하라."

이 불쌍한 남자는 황혼 무렵이 되어서야 시퍼렇게 멍들고 퉁퉁 부은 몸으로 집에 돌아갔다.

"이게 다 당신 때문이야."

남자는 아내에게 버럭 소리를 지르며 화풀이했다.

유대인에게 게으름은 세상에서 가장 사치스러운 짓이며, 유혹의 온상, 질병의 요람, 덕행의 무덤이다. 유대인의 말에 따르면, 부지런한 사람은 머리가 맑고, 몸이 건강하고, 마음이 아름답고, 일에서 성공한다고 한다. 재능이 있는 사람이 부지런하면 더욱 발전하고 평범한 사람이 부지런하면 부족한 점이 채워진다. 똑똑한데 게으른 사람은 있겠지만 훌륭한 인물이 게으른 경우는 거의 보지 못했을 것이다.

과거에 실패한 경험이 있다면 자신이 부지런하지 않고 매사에 전심전력을 다하지 않아서 목표를 이루지 못한 건 아닌지 살펴볼 필요가 있다. 최선을 다하지 않아서 실패한 사람이 무척 많기 때문이다. 주위에 실패한 사람들도 한번 보라. 그들은 행동이 산만하고 동시에 여러 가지 일을 하느라 효율적으로 목표에 다가가지 못한다. 이런 사람들은 아무리 머리가 좋아도 평생을 평범하게 살아가고 크게 성공하기 어렵다.

남들보다 성공하고 싶다면 당연히 매사에 전력투구해야 한다. 자신의 역량을 모두 쏟아 부어 목표를 하나씩 공략하고 문제를 단계적으로 해결해 나가야 원대한 목표를 이룰 수 있다.

외국어에 능통하면 장점이 많다

성경에는 하늘로 올라가려는 인간의 어리석은 행동을 하느님이 교묘한 방법으로 저지한 이야기가 나온다. 바로 바벨탑 이야기다. 이것은 민족 간 융화에 장애가 되는 것이 바로 언어의 차이임을 보여주고 있다.

유대인은 일찍부터 언어의 중요성을 알았고 돈을 벌려면 필수적으로 다양한 언어에 능통해야 한다고 여겼다. 그래서 유대인은 대부분 한두 가지 이상의 외국어를 능숙하게 사용하고 외국인과 협상할 때도 통역을 거치지 않는다. 이런 점 또한 유대인의 성공과 관련하여 널리 알려진 비결 중 하나다.

유대 민족의 지혜가 집약된 《탈무드》에서도 다양한 언어 사용의 중요성을 다루고 있다. 《탈무드》의 내용은 본문과 주석 두 부분으로 나뉘는데, 주석 부분이 히브리어 외에 바빌로니아어, 북아프리카어, 터키어, 폴란드어, 독일어, 프랑스어, 스페인어, 이탈리아어, 러시아어, 일어, 영어, 중국어 등으로 번역되어 있어서 《탈무드》가 세계 각지로 널리 전파될 수 있었다.

요즘처럼 개방된 사회에서는 시시각각으로 외국과 접촉해야 하므로 외국어에 능숙하지 못하면 세계 문화와 경제 교류의 장에서 소외된다.

늙은 쥐와 어린 쥐, 두 마리가 있었다. 하루는 심심하고 할 일이 없어서 같이 밖으로 놀러 나갔다. 바깥세상은 무척이나 아름답고 정말로 흥미진진했다. 하지만 집으로 돌아오는 길에 고양이를 만나고 말았다. 쥐들은 뒷걸음질을 칠 수밖에 없었다. 도망가던 쥐들은 결국 막다른 골목에서 고양이에게 가로막혔다. 늙은 쥐가 절망스럽게 말했다.

"이제 우린 죽은 목숨이야. 내가 어디서 죽었는지 우리 가족이 알 수 없다는 게 안타까울 뿐이지."

어린 쥐는 전혀 두려워하지 않고 오히려 늙은 쥐를 위로했다.

"걱정하지 마세요. 저한테 방법이 있거든요. 우린 죽지 않아요!"

늙은 쥐는 어린 쥐의 말이 못미더웠다.

"정말로 방법이 있어? 우릴 쳐다보는 저 고양이의 눈빛을 좀 봐. 우린 죽을 게 뻔해."

어린 쥐가 대답했다.

"마음놓으시라니까요. 우린 안 죽어요. 못 믿겠으면 그냥 눈을 감고 잠깐만 기다리세요. 우리 가족들 중에서는 제가 가장 똑똑하니까 한번 믿어 보시라고요."

늙은 쥐는 반신반의하며 눈을 꼭 감고 기다렸다. 잠시 뒤에 어딘가에서 개 짖는 소리가 들렸다. 깜짝 놀라서 눈을 번쩍 떠 보니 개는 보이지 않고 어린 쥐가 빙그레 웃고 있는 모습이 눈에 들어왔다. 고양이도 온데간데없었다.

늙은 쥐가 어리둥절하여 어린 쥐에게 영문을 물었다. 어린 쥐는 늙은 쥐를 향해 웃으며 말했다.

"방금 개 짖는 소리 들으셨죠? 고양이가 그 소리를 듣고는 냅다 도망쳐버렸어요. 외국어가 이렇게 중요한 거라고요."

우스갯소리지만 이 짧은 이야기 안에는 외국어의 중요성이 담겨 있다.

외국어에 능통한 유대인은 물 만난 고기처럼 빼어난 외국어 실력을 자랑하며 세계 각지를 자유롭게 오간다. 유대인과 왕래할 때 가장 놀라운 점은 그들이 판단을 매우 빠르고 정확하게 한다는 것이다. 그들이 원래 보통 두 가지 이상의 외국어를 구사할 줄 알기 때문이다. 유대인은 외국인과 교류할 때 한 문제를 자국 언어와 문화로 사고하는 동시에 외국 언어와 문화로도 사고한다. 이는 곧 그들이 다양한 시각과 태도로 문제를 분석함을 의미한다. 그래서 상황 판단이 정확하고 빠를 뿐만 아니라 깊이도 있다.

유대인은 영어 단어 중에서 'nibbler'라는 단어를 좋아한다고 한다. 이 단어는 동사 'nibble'의 명사형이다. 'nibble'은 물고기가 낚시 바늘에 낀 미끼를 조금씩 뜯어먹는 동작을 가리킨다. 똑똑한 물고기는 낚시 바늘에 걸리지 않고 미끼만 빼먹지만 아둔한 물고기는 미끼를 먹기도 전에 바늘에 걸려 낚인다. 유대인은 이렇게 미끼만 먹고 도망가는 물고기를 'nibbler'라고 부르며, 장사를 하려면 이 물고기처럼 영리해야 한다고 여긴다. 외국어를 모르고 외국의 상황과 문화에 익숙하지 않으면 아둔한 물고기처럼 거래 중에 쉽게 '낚시'를 당한다.

과학과 예술 분야에 종사하는 유대인에게는 더더욱 외국어 능력이 중요하다. 그들은 언어의 장벽을 넘어서 인류의 다양한 문명의 자양분을 흡수하여야만 자신의 재능을 더욱 발전시킬 수 있다고 생각한다. 독일에서 태어나고 자란 유대인 아인슈타인이 훌륭한 과학자가 될 수 있었던 것은 그가 여러 언어에 능통했던 점과 어느 정도 관련이 있다. 아인슈타인은 독일어와 유대 민족의 언어인 히브리어 외에 영어 구사력도 출중했다. 독일 출신 유대인 볼프강 프랭켈Wolfgang Fraenkel은 음악가와 법관으로 유명하다. 음악과 법률은 무관한 학문인데도 프랭켈은 두 분야에서 모두 성공하여 대중을 감복시켰다. 그는 베를린에서 약 10년 동안 법관으로 지내며 독일에서 영향력을 지닌 인물로 자리매김했다. 미국으로 이주한 뒤에는 유창한 영어 덕분에 할리우드에 초빙되어 역사 영화 전문 작곡가로 활동했다. 이처럼 외국어는 단순히 생계 수단에 그치지 않고 성공의 발판이 된다.

기회를 기다리지 않고 창출한다

기회는 시간을 낭비하고 게으름을 피우는 사람에게 찾아가지 않고, 항상 너무 바빠서 자신의 성취를 돌볼 틈도 없는 사람에게 찾아가는 듯하다. 논리적으로 따지자면 기회는 당연히 시간이 풍족한 사람에게 주어져야 할 것 같지만 사실 기회는 꿈과 계획이 뚜렷한 사람을 위해 마련된 것이다. 우리는 기회가 마치 살아서 움직이듯이 기회를 바라는 사람에게 제 발로 간다고 생각하지만 실제는 이와 정반대다. 기회는 생각이며, 기회가 무엇인지 확실히 아는 사람의 마음속에만 존재한다.

실패한 사람들은 항상 "내겐 기회가 없었어!"하고 변명한다. 그들은 자신의 실패를 다른 사람의 인정을 받지 못한 탓으로 돌리고 좋은 일자리는 늘 발 빠른 사람이 먼저 채간다고 여긴다. 의지가 강인한 사람은 절대 이런 변명을 늘어놓지 않는다. 그들은 기회를 가만히 기다리지 않고 지인들에게 도움을 부탁하지도 않고 오로지 자신의 노력으로 기회를 창출한다. 자신을 구제할 수 있는 사람은 오직 단 한 사람 자신뿐임을 누구보다 잘 알고 있다.

알렉산더 대왕이 전쟁에서 승리하자 어떤 이가 다음 기회를 기다렸다가 다른 도시도 공격할 것이냐고 그에게 물었다. 알렉산더 대왕은 이 물음에 노발대발했다.

"기회라니요? 기회는 우리가 만드는 것입니다."

알렉산더 대왕이 위대한 군주가 된 이유는 이처럼 기회를 끊임없이 창출했기 때문이며, 기회를 스스로 부단히 만들어 내는 사람만이 뚜렷한 업적을 남길 수 있다.

헨리 키신저Henry Alfred Kissinger는 원래 나치의 박해를 받는 유대인 난민이었다. 고등학교 때에는 돈이 없어서 일찍부터 칫솔 공장을 다니며 고학했고 이등병으로 군복무도 했다. 그는 어려운 환경 속에서도 자신의 노력으로 하버드 대학의 교수가 되고, 미국 국무 장관을 역임하고, 노벨 평화상도 수상하여 '초인'이라고 불렸다.

성공한 사람들은 모두 실력을 갖추었다. 그러나 그 실력은 다 노력과 맞바꾼 것이다. 누구에게나 기회는 대단히 중요하고 기회가 없으면 출중한 재능이 있어도 성공을 보장받기 어렵다. 하지만 기회가 많아도 실력이 없으면 자신의 기회로 삼지 못한다.

성공한 유대인은 사업을 발전시키는 데 결정적인 역할을 하는 것이 기회이며, 기회는 마치 아름답지만 성미가 고약한 천사 같다고 한다. 기회가 곁에 왔는데도 무심해서 알아차리지 못하면 기회는 순식간에 사라져 버린다. 뒤늦게 기회가 왔었음을 알고 땅을 치며 한탄해도 기회는 종적을 감추고 다시 돌아오지 않는다.

비즈니스 세계에서는 기회를 잡는 것이 곧 성공을 결정짓는다고 할 정도로 중요하므로 부자가 될 기회가 왔다면 만분의 일의 가능성이라도 무조건 잡아야 한다.

비즈니스계의 거물인 월튼Walton의 성공 스토리를 함께 보자.

한번은 월튼이 기차를 타고 뉴욕을 가야 하는데 기차표를 미리 예매하지 못했다. 당시는 크리스마스이브를 앞둔 때여서 뉴욕으로 가는 사람이 무척 많았기에 표를 구하기가 여간 어렵지 않았다. 월튼의 아내는 기차역에 전화를 걸어 뉴욕행 기차표가 남았는지 물었다. 돌아온 대답은 모든 기차표가 전부 매진되었다는 소식이었다. 가능하다면 짐을 가지고 역으로 가서 환불하는 표라도 구할 수 있을지 운에 맡겨보려고 다시 물었다. 역무원은 어쩌면 만분의 일의 가능성은 있을 거라고 말했다.

이에 월튼은 짐 가방을 챙겨들고 서둘러 기차역으로 가서 행운을 기다리기로 했다. 아내가 걱정스럽게 월튼에게 물었다.

"여보, 표를 환불하는 사람이 없으면 어쩌죠?"

월튼은 차분하게 대답했다.

"괜찮아요. 산책하러 나온 셈 치면 되지."

월튼은 기차역에 도착해서 한참을 기다렸지만 승객들은 속속 플랫폼으로 향했고 환불하는 사람은 전혀 없었다. 하지만 남들처럼 곧장 돌아가지 않고 끈기 있게 계속 기다렸다. 기차가 출발할 시간이 대략 5분 정도 남았을 때 마침내 기다리던 기회가 그에게 왔다. 한 여성이 황급히 다가와서 환불을 요청한 것이다. 여성은 딸이 아파서 어쩔 수 없이 다음 차편을 이용해야 한다고 했다.

월튼은 그 표를 사서 뉴욕행 기차에 올랐다. 뉴욕에 도착한 그는 호텔로 가서 샤워를 한 뒤에 침대에 누워서 아내에게 전화를 걸었다.

"여보, 마지막까지 기회를 포기하지 않았더니 이렇게 뉴욕까지 왔구려."

한동안 지방이 불경기라서 문을 닫는 상점과 공장이 속출한 시기가 있었다. 그때 어쩔 수 없이 산더미처럼 쌓인 재고를 헐값에 팔아치우느라 양말 50켤레 가격을 1달러까지 내리기도 했다.

당시 월튼은 한 방직공장의 젊은 기능사였다. 그는 불황이 오히려 기회라는 생각이 들었다. 그래서 저축해 둔 돈으로 헐값에 나온 물건들을 사들였다. 사람들은 그가 멍청한 짓을 한다며 비웃었다. 월튼은 사람들의 비웃음에도 아랑곳하지 않고 꿋꿋이 덤핑하는 물건들을 대량으로 매수했고 큰 화물 창고를 임대하여 구입한 물건들을 보관했다.

월튼의 아내도 싼값에 대량으로 물건을 구입하는 게 별 이득이 되지 않는다고 충고했다. 월튼 부부가 수년간 저축한 돈이 그다지 많지 않은 데다가 자녀 양육비를 마련해 두어야 했기 때문이다. 만약 쓸데없는 짓을 했다가 본전을 날리면 곤경에 처할 수도 있었다.

월튼은 아내의 충고에도 그저 빙긋이 웃기만 하다가 아내를 달랬다.

"두 달만 기다리면 헐값으로 사들인 이 물건들이 우리에게 행운을 가져다 줄 거요."

월튼의 예언은 전혀 실현되지 않을 듯했다. 십여 일이 지나도록 덤핑하는 공장의 물건들도 사가는 사람이 없었다. 그래서 시장 물가를 안정시키기 위해 공장주들은 물건을 모두 차에 싣고 가서 불에 태웠다. 아내는 다른 사람들이 물건을 태우는 광경을 보고 몹시 초조해져서 월튼에게 불평했다. 월튼은 아내의 불평에 어떤 변명도 덧붙이지 않았다.

불황이 지속되자 급기야 미국 정부는 비상조치를 내려서 지역 물가를 안정시키고 공장들이 영업을 재개하도록 대대적으로 지원했다. 그러나 이미 너무 많은 제품을 소각해서 재고 부족 현상이 일어나자 물가가 천정부지로 오르기 시작했다. 월튼은 이때다 싶어서 창고에 보관 중이던 물건들을 당장 시장에 방출했다. 큰돈도 벌 수 있고 시장 물가를 안정시켜서 폭등을 멈출 수 있을 것 같았다.

월튼이 이런 결정을 내리자 아내는 또 물가가 계속 오르고 있으니 성급하게 행동하지 말라고 타일렀다. 월튼이 침착하게 말했다.

"지금 다 처분하지 않고 시간을 끌다가는 나중에 분명히 후회한다니까."

과연 월튼의 말대로 재고는 남김없이 다 팔려나갔고 물가도 다시 하락세로 돌아섰다. 월튼의 아내는 그의 선경지명에 감탄했다.

월튼은 벌어들인 돈을 투자하여 백화점을 여섯 곳에 오픈했고 사업은 점점 번창했다. 그리하여 월튼은 비즈니스계에서 막중한 영향력을 지닌 거물이 되었다.

월튼은 눈앞의 기회를 재빠른 판단으로 포착했기에 성공가도를 달릴 수 있었다. 만약 기회 앞에서 주저하며 결단을 내리지 못했다면 기회는 소리도 없이 그에게서 멀찍이 달아났을 것이다.

"일을 대하는 태도"

벌목공 한 무리가 덤불을 제거하기 위해 숲으로 들어갔다. 그들은 땀을 뻘뻘 흘리며 고생끝에 간신히 덤불을 싹 다 치우고는 휴식을 취하려고 허리를 쭉 펴다가 옆의 숲을 보고는 깜짝 놀랐다. 옆으로 보이는 숲이 원래 그들이 덤불 제거 작업을 하려던 숲이었다. 이 벌목공들처럼 일할 때 한 곳에만 정신이 팔려서 정작 자기가 해야 할 일을 못하고 딴 일을 하는 사람들이 있다.

정신없이 바빴는데도 마지막에 뜻하지 않게 자기의 목표와는 정반대로 가고 있으면 굉장히 실망스럽다. 이런 경우는 비효율적이고 일을 잘하는 방법을 모르는 사람이 흔히 저지르는 실수다. 결국 그들은 시간과 에너지를 아무 쓸모도 없는 일에 낭비한 셈이다.

어떤 행동을 하려면 반드시 목표가 있어야 하고 목표를 이루기 위한 계획도 필요하다. 아침에 출근해서 업무를 시작하기 전에 그날 해야 할 일이 무엇인지 모른다면 앞의 벌목공처럼 엉뚱한 일에 시간을 낭비하게 된다.

유대인은 처음부터 궁극적인 목표를 마음에 품고 있으면 남들과 다른 세상을 경험할 수 있다고 한다. 목표가 있으면 시야가 한 가지 일에만 국한되지 않고 감정에 치우치기보다 이성적인 판단을 하게 되므로 일처리가 쉬워진다. 이성적으로 판단하는 방식에 익숙해지면 일을 대하는 태도도 좋아진다.

성공한 유대인은 사전에 자신이 어떤 목표를 이뤄야 하는지 분명히 알고, 그 목표에 다다르기 위해서 꼭 필요한 일과 중요하지 않은 일을 구분한다. 그들은 항상 처음부터 최종 목표를 염두에 두므로 매사에 적은 노력으로 큰 성과를 거둔다.

성공한 유대인은 목표를 상당히 구체적으로 세운다. 대부분 작업 '진도표'를 기록하지 않고 '계획표'를 작성하여 복잡한 일은 세분화하여 몇 가지 항목으로 나눈다. 그들은 장거리 달리기를 할 때 심리적 부담을 덜기 위해 전체 구간을 몇 개의 짧은 구간으로 나누고 각 구간마다 표지가 될 만한 사물을 지정하여 그것을 단거리 목표로 삼아 달리는 방법을 활용한다. 단거리 목표는 간단한 보고서여도 좋고 설계도여도 괜찮다. 설령 뒤뜰에 꽃 한 송이를 더 심는 일에 불과한 것이라도 모두 성공으로 가는 길에 남기는 의미 있는 발자국이다.

대다수는 업무 계획을 한 달 주기로 세우지만 주간 계획과 일간 계획으로 나누어 상세하게 세워야 한다. 그리고 매일 업무를 마치기 30분 전에 당일 계획을 얼마나 달성했는지 점검하고 다음 날 계획된 일을 어떻게 할 것인지 미리 생각한다.

한 가지 주의할 점은 일일 계획을 세울 때 반드시 탄력적으로 짜야 한다는 것이다. 즉 자기가 할 수 있는 일의 최대치를 계획하지 말고 80퍼센트만 계획해야 한다. 예상치 못한 일이 일어날 수도 있고 상사가 갑자기 계획에 없던 일을 시킬 수도 있기 때문에 업무상 이런 점을 반드시 고려해야 한다.

만약 최대치의 업무량을 계획했다가 계획대로 완성하지 못하면 다음날로 일이 밀려서 다음 날에 계획된 일에 지장을 주므로 부득이하게 원래 계획이 미뤄진다. 그렇게 되면 당일은 물론이고 당월과 전체 계획까지 영향을 미쳐서 내일이 또 내일이 되는 악순환에 빠진다. 그 상태가 오래 지속되면 계획은 의미가 없어지고 상사에게 야무지지 못한 직원이라는 평가를 받게 된다.

매일 조금씩 더 한다

보수를 받는 만큼만 일하면 주위사람들에게 좋은 평가를 받지 못한다. 그러나 받는 보수 이상의 가치만큼 일하면 업무상 관련된 모든 사람에게 우수한 평가를 받고 더 큰 기대도 한몸에 받는다.

관리자거나 평범한 직원이거나 '매일 조금 더' 일하는 태도를 지니면 경쟁사회에서 돋보일 수밖에 없다. 만약 당신이 그런 태도를 보이면 사장, 의뢰인, 고객은 당신을 주목하고 신뢰하여 더 많은 기회를 당신에게 줄 것이다.

일을 '매일 조금 더' 하는 습관을 왜 길러야 하냐고 묻는다면, 두 가지 중요한 이유를 들 수 있다.

첫째, '매일 조금씩 더' 하지 않는 사람보다 우위를 차지한다. 말하자면 어떤 분야에 종사하더라도 업무 담당자로 특별히 지명을 받아 일을 맡을 기회가 많아진다.

둘째, 오른팔을 강하게 단련하려면 오른팔로 힘든 일을 하는 방법밖에는 없다. 반대로 오른팔을 장기간 사용하지 않고 편안히 두면 오른팔은 결국 약해지고 근육이 위축된다. 일도 이와 마찬가지다.

자신이 맡은 임무보다 조금 더 일하면 자신의 근면성을 장점으로 부각시킬 수 있을 뿐만 아니라 남다른 기량과 능력을 발전시킬 수 있으며, 나아가 생존 능력이 더욱 강해져서 어떤 어려움도 극복할 수 있다.

추가 업무를 떠맡았을 때 원래 자신의 업무가 아니라는 이유로 회피하지 말고 오히려 좋은 기회라고 여기는 것이 좋다.

정식 출근 시간보다 일찍 출근해도 지켜보는 사람이 없다고 생각하겠지만 사장은 눈을 부릅뜨고 주시하고 있다. 회사에 일찍 도착하는 행위에는 자신의 업무를 중요하게 여기고 있다는 의미가 담겨 있다. 매일 조금 일찍 출근하면 그날의 업무를 미리 계획할 수 있고, 다른 직원이 출근해서 당일에 할 일을 생각하고 있을 때 그들보다 먼저 업무를 시작할 수 있다.

성공하고 싶다면 평생 공부한다는 마음가짐이 반드시 필요하다. 전문 지식을 공부해야 함은 물론이고 자신의 지식폭을 꾸준히 넓혀서 자신과 전혀 관련이 없어 보이던 지식이 언젠가 상당히 유용하게 쓰일 때를 대비해야 한다. '매일 조금 더' 일하면 이런 평생 학습의 기회도 생긴다.

자신의 업무가 아닌 일을 하는 것은 곧 기회다. 기회가 왔을 때 사람들이 알아차리지 못하는 이유는 기회가 늘 '문제'로 인식되게 형태를 바꾸어 찾아오기 때문이라고 한다. 고객, 동료, 사장이 자신에게 내미는

난제는 어쩌면 자신을 위해 준비된 매우 소중한 기회일 수도 있다. 뛰어난 직원은 문제가 발생했을 때 회사의 조직구조에 따라 누가 문제를 책임지고 누가 구체적으로 해결한 것인지를 따지지 않고 오로지 그 문제를 해결할 방법만 고민한다.

고객, 동료, 사장이 다른 사람을 부르지 않고 굳이 자신에게 담당 업무 외의 일을 맡기며 도움을 부탁할 때는 적극적으로 나서서 도와야 한다. 자신이 책임자로서 업무를 맡겨야 하는 입장이라고 가정하고 문제를 해결할 방법을 고민해 보면 남에게 업무상 도움을 요청받았을 때 왜 적극적으로 나서야 하는지 이해될 것이다.

매일 조금 더 일하는 것이 보수를 더 받기 위한 행동은 아니지만 결과적으로 많은 이득이 생긴다.

한 유대인이 철물점에서 월급 75달러를 받으며 일하고 있었다. 하루는 고객이 와서 삽, 펜치, 말안장, 쟁반, 물통, 광주리 등 물건을 대량으로 구입했다. 이 고객은 결혼을 며칠 앞두고 있어서 지역 풍습에 따라 생활용품과 일하는 데 필요한 도구를 미리 장만한 것이다. 구입한 물건들을 외발 수레에 한가득 실었더니 노새가 끌기에는 좀 버거워 보였다. 물건 배송은 원래 철물점이 책임지지 않지만 수레가 워낙 무거워서 유대인은 고객을 도우려고 자기가 직접 나섰다.

유대인이 수레를 끌고 가던 중에 실수로 바퀴가 진창에 빠졌는데 아무리 용을 써도 수레는 꿈쩍도 하지 않았다. 때마침 마차를 몰고 길을 지나던 한 선량한 상인이 그 광경을 목격하고 도와주어 수레를 진창에서 빼냈다.

물건을 배송한 뒤에 빈 수레를 힘겹게 밀며 가게로 돌아오니 이미 시간이 꽤 늦었지만 사장은 시키지도 않은 일을 하고 온 그를 전혀 칭찬하지 않았다. 일주일 뒤에 길에서 우연히 만나 도움을 주었던 상인이 유대인을 찾아와서 제안했다.

"일을 참 열심히 하는군요. 열정도 넘치고요. 특히 수레에서 짐을 내릴 때 물품 수량을 꼼꼼하게 확인하는 모습이 아주 마음에 들었어요. 그래서 말인데, 월급 500달러를 줄 테니 나하고 같이 일합시다."

유대인은 상인의 제안을 받아들였다.

유대인은 실제로 자기 업무 외의 추가 업무를 당연하게 한다. 추가 업무를 하는 것이 자신의 성공을 위한 시발점이 아닐 수 있는데도 그런 점은 생각하지 않는다.

유대인은 공식적으로 맡은 일이 아니어도 열심히 하면 일의 결과가 나쁘더라도 책임감 있게 완수했다는 점만으로 훌륭한 사람으로 인정받고 보수와 직책이 덩달아 따라온다고 굳게 믿는다.

작은 일부터 성실하게 해나간다

사람이 하는 모든 일은 사소한 것에서 시작되지만 사소하다고 대충하거나 하찮게 다루면 안 된다. 성공한 인물들도 평범한 사람과 똑같이 사소한 일을 한다. 그러나 다른 점이 있다면 그들은 자기가 하는 일을 단순하고 사소하다고 여기지 않는다는 것이다.

일이 단순하지 않다는 건 어떤 의미일까? 단순한 일도 수차례는 반복해야 잘할 수 있으므로 실제로는 단순하지 않다는 뜻이다. 그러면 쉽지 않다는 건 무슨 뜻일까? 모두가 인정하는 아주 쉬운 일도 진지하게 임해야 잘할 수 있어서 쉽지 않다는 의미다. 이는 평범하지만 대단히 심오한 의미가 있는 말이다.

회사든 개인이든 반복되는 단순한 일상을 꼼꼼하고 프로페셔널하게 꾸리고 평생 착실하게 이어가는 것이 무엇보다 중요하다.

그렇다면 평생 삶을 착실하게 이어간다는 것은 어떤 의미일까? 예를 들어 한 사람의 능력이 강한지 약한지 평가할 때 200킬로그램짜리 바벨을 한 번 들어 올리게 하는 것만으로는 판단할 수 없다. 마음만 먹으면 한번쯤은 들어 올릴 수 있는 사람이 많을 것이다. 하지만 단순한 일을 시종일관 끈기 있게 지속해 나가는 것은 결코 쉽지 않다.

유대인은 좋은 품질을 만들고 좋은 습관을 기르려면 세월이 쌓여야 한다고 한다. 눈부신 성공도 평소 축적한 학습과 훈련의 결과다. 프랑스 사상가 볼테르Voltaire는 "길을 나섰을 때 지치게 하는 것은 먼 곳에 있는 높은 산이 아니라 신발 속의 모래알이다."라고 했다. 유대인은 이 말을 유난히 신뢰한다. 인생길을 갈 때도 신발 속의 모래알을 털어내야 할 때가 자주 있다. 일상생활에서도 우리를 힘들게 하는 건 자질구레한 일들이지 굉장한 도전이 아니다. 아마 이와 비슷한 경험이 있는 사람들이 많을 것이다. 이를테면 갑작스런 재난이 닥쳤을 때 사람들은 불안하고 무서워서 본능적으로 저항하려는 거대한 힘이 생긴다. 반면에 아주 사소하고 하찮은 일로 곤혹스러울 때는 의외로 속수무책일 때가 많다. 일상 속에서 정말로 시시콜콜해서 아예 관심조차 없었던 일이기 때문이다. 하지만 이렇게 보잘것없어 보이는 일은 우리의 에너지를 계속 갉아먹는다. 그러므로 큰일을 이루고 싶다면 일상생활 속의 사소한 일을 잘해야 한다. '천릿길도 한 걸음부터'라는 속담도 있듯이 말이다. 사소한 일은 내팽개치고 큰일에만 매달리면 성공에 다가갈 수 없다.

유대인은 자녀를 교육할 때 유망한 사람이 되려면 주변의 사소한 일부터 잘해야 하고 비록 보잘것없는 일을 했어도 그 일을 하지 않은 사람보다는 훌륭하다고 가르친다. 쉬운 일을 할 줄 알아야 어려운 일을 할 수 있고, 잔일을 잘해야 큰일도 잘할 수 있기 때문이다.

사병은 매일 전술 훈련, 퍼레이드 훈련, 순찰, 총기 닦기 등 사소한 일을 한다. 호텔 직원의 일과도 고객을 미소로 대하기, 고객의 요청에 응답하기, 방 청소, 침대 정리 등 잔일이 대부분이다. 평범한 직장인도 매일 전화 응대, 보고서 작성, 도면 그리기 등 사소한 일을 많이 한다. 이런 일들이 지겹고 쓸모없다고 생각해서 의욕을 잃진 않았는가? 그래서 일을 대강 하거나 태만하진 않았는가? 만약 그랬다면 그런 생각과 행동은 모두 핑계다. 직장에서 사소한 일은 없다는 점을 명심해야 한다. 모든 일을 완벽하게 해내고 싶다면 사소하거나 중하거나 모든 일에 열정과 노력을 바쳐야 한다.

미국 스탠더드 오일 사의 평사원이었던 유대인 존 아치볼드John Archbold는 출장으로 호텔에 묵을 때마다 숙박부에 서명하고 그 밑에 '스탠더드 오일, 배럴당 4달러'라고 적었다. 편지나 영수증에도 자신의 이름을 쓴 뒤에 꼭 이 몇 글자를 덧붙여 적었다. 그래서 동료들은 그를 이름으로 부르지 않고 '배럴당 4달러'라는 별명을 붙여 불렀다.

회사의 사장인 록펠러가 이 이야기를 전해 듣고 무척 감동했다.

"우리 직원이 회사의 명예를 높이려고 이렇게 노력하는데 내가 만나봐야 하지 않겠나."

록펠러는 이렇게 말하며 존 아치볼드를 저녁식사에 초대했다.

훗날 록펠러가 사장직에서 내려왔을 때 그의 뒤를 이어 사장직에 오른 사람은 바로 다름 아닌 존 아치볼드였다. 서명할 때 '스탠더드 오일, 배럴당 4달러'라고 적는 건 아주 사소한 일이다. 엄밀히 말하자면 이 사소한 일은 존 아치볼드의 업무에 속하지 않는다. 하지만 그는 이 사소한 일을 하찮게 여기지 않고 끈기 있게 지속했다. 그를 비웃던 사람들 중에는 그보다 능력과 재능이 뛰어난 인재가 분명 많았을 것이다. 그러나 마지막에 정상에 오른 사람은 존 아치볼드뿐이었다.

의지와 신념을 종일 입에 올리는 사람은 탁상공론만 할 줄 알고 잔혹한 현실과 마주하기를 두려워한다. 또 역경 앞에 뒷걸음질치고 쓸데없는 신경을 쓰느라 늘 망설이며 결단을 내리지 못한다. 이런 사람들은 삶의 바탕인 건강한 마음가짐조차도 지니지 못했기 때문에 평생 성공하지 못한다.

사실 성공하기란 별로 어렵지 않다. 그저 단순한 일을 꾸준히 반복하여 습관을 들이면 된다. 미국 제너럴일렉트릭GE 사의 전 회장 잭 웰치 Jack Welch도 성공의 비결을 묻는 질문에 이렇게 대답했다. "단순하지만 확고한 뜻이 섰을 때 그것을 이루기 위한 노력을 끊임없이 반복하면 생각은 곧 현실이 됩니다."

주변의 모든 일은 해야 할 가치가 충분히 있으며, 자기가 하는 일도 시시하게 여기면 안 된다. 한 걸음씩 정확하고 착실하게 딛고 올라가면 아래로 금방 떨어지지 않는다. 이 또한 일을 잘하고 성공하는 비결이다.

일을 미루지 않는다

인간에게는 방종하고 산만한 본성이 있어서 목표를 견지하지 못하거나 시간 관리를 제대로 하지 않으면 일을 제때에 마치지 못한다. 그래서 일이 지연되면 일의 성과에도 영향을 주고 자신도 태만한 인간이 되고 만다.

함부로 일을 지연시켜서 아까운 시간을 송두리째 날려버리거나 "일단은……"이라는 말로 일을 시작하는 것은 태만한 인간이 되는 시발점이다. 교묘하게 핑계를 대거나 잡일을 하느라 바쁜 척하며 마땅히 할 일을 일부러 피하는 나쁜 습관은 한번 몸에 배면 점점 심해져서 고치기 어렵다. 오늘 할 일을 끝내지 않으면 일이 쌓이고 계속 지연되어 결국 일은 엉망진창이 돼 버린다. 꼭 해야 할 일을 미루면 시간도 낭비되지만 불필요한 스트레스를 받는다.

유대인은 일을 미루는 사람은 성공할 수 없다고 못박았다. 헬스클럽, 술집, 쇼핑몰에서 몇 시간씩 머물 때는 피로를 못 느끼는 사람이 출근할 때는 연일 투덜거리며 기운이 쭉 빠진 모습으로 나타난다. 이런 정신으로 회사에 나오면 업무 스트레스가 심해질 수밖에 없다.

핑곗거리는 잘 찾는 사람이 왜 일은 못하는지 참 아이러니하다. 용케 잔머리를 써서 책임을 회피해도 할 일을 영영 안 할 수는 없는데 말이다. 일이 미뤄지면 못 견디게 괴롭고 마감 기한이 임박하면 업무 스트레스는 점점 심해져서 지칠 대로 지친다.

미루는 습관은 인간의 타성이 초래한 고통이다. 사람은 노력을 들여야 할 때나 선택에 직면했을 때 그 상황에서 벗어날 핑계를 찾아 안식처로 삼으려는 경향이 있다. 순간에 단호하게 타성을 이겨내고 도전에 적극적으로 맞서는 사람이 있는가 하면 타성과의 '격전'에 휘말려서 이리저리로 끌려다니며 허우적거리는 사람도 있다. 단호하지 못하고 갈팡질팡하면 시간은 야금야금 축난다.

온종일 어떤 핑계로 일을 미룰지 궁리하는 사람은 그런 일에 들일 정력과 창의력의 절반만 옳은 일에 써도 의미 있는 성과를 거둘 수 있을 것이다. 지난주나 작년 또는 심지어는 십여 년 전에 해야 했던 일을 내일로 미루는 버릇은 의지를 갉아먹는 나쁜 습관이므로 반드시 뿌리 뽑아야 한다. 그러지 못하면 어떤 성취도 이루기 어렵다.

한 성공한 유대인 사업가의 인생을 뒤흔들었던 일화가 있다. 그가 어린 시절에 겪었던 일이다.

하루는 그가 밖에서 놀다가 큰 나무 밑을 지나는데 갑자기 머리 위로 무언가가 툭 떨어졌다. 손을 올려 잡으니 새둥지였다. 그는 새둥지를 자세히 보지도 않고 곧장 바닥에 내동댕이쳤다. 그런데 바닥에 나동그라진 새둥지 안에서 먹이를 달라고 짹짹거리는 어린 참새가 굴러 나왔다. 그는 참새를 보고 기뻐서 참새를 새둥지에 다시 넣어 들고는 집으로 향했다.

집에 도착해서 문 앞에 서니 어린 동물은 집 안에서 키울 수 없다고 했던 엄마의 말이 생각났다. 그래서 새둥지를 문 뒤쪽에 살그머니 내려놓고 재빨리 집 안으로 들어가서 엄마에게 허락을 구했다. 엄마는 몇 번이나 반대해도 거듭 부탁하는 아들의 말을 뿌리치지 못하고 한참 후에 결국 허락했다. 그는 신이 나서 당장 밖으로 뛰어나갔다. 그런데 뜻밖에도 어린 참새가 보이지 않았다. 고개를 돌리니 멀지 않은 곳에서 검은 고양이 한 마리가 보였고, 고양이의 입가에는 새의 깃털이 묻어 있었다. 그는 이 일로 꽤 오랫동안 괴로워했고 그로 말미암아 큰 교훈을 얻었다. 스스로 옳다고 생각한 일은 우물쭈물하지 말고 과감하게 행동으로 옮겨야 한다는 사실을 깨달은 것이다. 중요한 순간에 용단을 내리지 못하는 사람은 실수할 일도 없겠지만 성공할 일도 없다.

"적극적인 자기 관리법"

일용소비재[FMCG] 회사에 다니는 한 청년은 직장생활을 한 지 이미 2년이 되었지만 내세울 것 하나 없이 그저 그랬다. 직장에서 대우가 썩 좋은 편은 아니었지만 일을 배우고 익히기에 나쁘지 않았고 급여도 그만그만했다. 그런데 얼마 전에 옛 친구들을 만나서 대화를 하다 보니 친구들은 모두 직장에서 꽤 잘나가고 자기보다 처지가 훨씬 나은 것 같았다. 그때부터 그는 자신의 상황이 불만스러웠다. 그래서 사장에게 연봉을 인상해 달라고 어떻게 말할지 고민하거나 직장을 옮길 기회를 엿보기 시작했다.

마침내 그는 사장과 단둘이서 차를 마실 기회를 만들었고, 사장에게 단도직입적으로 연봉을 올려달라고 요구했다. 사장은 웃기만 할 뿐 그의 말에 전혀 귀를 기울이지 않았다. 그는 사장의 반응을 보고 나니 일할 마음이 더는 생기지 않아서 불성실하게 건성으로 일했다. 한 달 뒤에 사장은 그의 업무를 다른 직원에게 맡겼다. 아마도 회사를 나갈 준비를 하라는 뜻 같았다. 눈치가 빠른 그는 곧바로 사직서를 제출했다. 그러나 회사를 그만둔 뒤에 그는 안타깝게도 몇 달 동안 더 나은 일자리를 구하지 못했고, 겨우 채용된 회사의 대우는 오히려 이전 회사만 못했다.

그는 달라진 마음가짐 때문에 그나마 괜찮았던 직장을 잃고 그보다 훨씬 못한 직장에 새로 들어갔다.

한 유대인 청년은 앞의 청년과는 완전히 상반된 경험을 했다.

이 유대인은 무역회사에 들어가서 초고속으로 승진하여 주위의 모든 사람들을 깜짝 놀라게 했다. 하루는 그의 절친한 친구가 호기심에 가득 차서 고속 승진의 비결을 자세히 물었다. 그는 대수롭지 않은 듯이 어깨를 으쓱하며 대답했다.

"그건 뭐 아주 간단해. 처음에 입사했을 때부터 보니까 퇴근 시간에 직원들은 전부 퇴근하는데 사장은 혼자 사무실에 남아서 저녁 늦도록 일하더라고. 게다가 일하는 동안 항상 서류를 가져다 줄 사람이나 중요한 일을 대신 처리해 줄 사람이 필요해 보였어. 그래서 결심했지. 나도 퇴근하지 말고 사무실에 남아 있어야겠다고 말이야. 나더러 퇴근하지 말라고 한 사람은 없었지만 내가 남아 있으면 어떤 일이든 사장에게 도움이 될 수 있을 것 같았거든. 그렇게 꾸준히 사무실에 남아 있었더니 사장은 일이 생기면 습관처럼 나를 부르더라."

두 가지의 다른 마음가짐은 정반대의 결과를 낳았다. 마음가짐이 두 사람의 미래에 결정적인 영향을 미친 것이다.

마음가짐이 부정적이고 피동적인 사람은 비난하고 불평할 줄만 알고 항상 문제를 회피하려고 한다. 그래서 자기가 하는 일이 무엇이며, 일하는 이유와 더 잘하려면 어떻게 해야 하는지에 관해서는 깊이 생각하지 않는다. 그들은 그저 피동적으로 맡은 일만 하며 일을 위해 일한다. 일에 자신의 온 열정과 지혜를 쏟아붓지도 않고 기계적으로 업무를 완수한다. 이런 직원은 업무상 뛰어난 성과를 내지도 못하고 나중에 자기 사업도 일으키지 못한다.

기업 관리가 철저한 회사는 직원이 회사의 주주가 될 기회를 마련한다. 직원이 회사의 주주가 되면 직원은 회사에 더욱 충성심을 보이고 창의력을 발휘하며 더 많은 노력을 기울이기 때문이다. 업무와 회사를 대하는 마음가짐이 긍정적이고 능동적인 직원은 최선을 다해 업무를 완수하며 활기와 창의성이 넘친다. 또한 모두의 신뢰를 받고 사장이 주저 없이 고용하게끔 하며 사장의 유능한 조수가 될 수 있다. 이보다 더 중요한 것은 나중에 자기 사업으로 성공할 수 있게 된다는 점이다.

유대인은 적극적인 마음가짐으로 일하면 값진 보상이 돌아온다는 영원불변의 진리를 믿어 의심치 않는다.

모든 일을 긍정적으로 바라본다

인간에게는 자신을 비하하고 과소평가하는 성향이 있는데 이는 살아가는 데 큰 약점으로 작용한다. 일상생활에서 이런 약점을 지닌 사람을 종종 만난다. 이를테면 신문 광고에서 평소 자기가 소망하던 일자리를 발견했는데도 당장 지원하지 않고 '내가 이 일을 감당할 수 없을지도 모르는데 번거롭게 지원하면 뭐하겠어.'하고 포기하는 것이다.

몇천 년 동안 수많은 철학가들이 '자신을 알아야 한다'고 충고했다.

그런데 많은 사람이 이 말을 '자신의 부정적인 면만 알아야 한다'는 뜻으로 이해했는지 대부분 자신의 결점, 실수, 무능함 등을 스스로 평가한다. 자신의 결점을 아는 것은 좋다. 하지만 그로써 결점을 극복할 방법을 모색하지 않고 결점 자체에만 집중하면 마음이 혼란하고 자신이 무가치하게 느껴진다. 그러므로 어떤 문제에 직면했을 때는 모든 면에서 자신을 정확하게 알고 긍정적인 마음으로 해결해야 한다.

성공한 유대인에게는 그들이 주로 사용하는 셀프컨트롤 방법 네 가지가 있다.

첫째, 그럴듯하고 긍정적이고 유쾌한 말로 자신의 느낌을 묘사한다. 누군가가 "오늘 기분이 어때요?"라고 물을 때 "별로예요."(또는 "피곤해요.", "골치가 아파요.", "오늘이 주말이면 좋겠어요.")라고 대답하면 남들은 완전 엉망이라고 받아들인다. "요즘 어때?"나 "잘 지냈어?"라는 질문을 받았을 때 "아주 좋아. 고마워. 넌 어때?" 하고 대답할 수 있게 연습해야 한다. 이런 대답은 말하기엔 아주 간단하지만 그 영향력은 상당하다. 매순간 즐겁다고 말하면 정말로 즐거워지며 자신이 더욱 가치 있게 변하고 친구도 많이 생긴다.

둘째, 긍정적인 말로 다른 사람을 격려하고 기회가 있을 때마다 칭찬한다. 사람은 누구나 타인에게 인정받고 칭찬받길 바란다. 그러므로 매일 아내나 남편을 응원하고 그들을 칭찬하는 말을 해야 한다. 함께 일하는 동료를 칭찬하는 일도 잊으면 안 된다. 진심이 담긴 칭찬은 성공의 도구이므로 꾸준히 사용해야 한다.

셋째, 밝고 유쾌하고 이로운 말로 남을 묘사한다. 다른 사람과 제삼자에 관해 이야기할 때는 건설적인 말로 그를 칭찬해야 한다. 이를테면 "그 사람 능력이 대단하대요."라든가 "그 사람 아주 괜찮은 사람이래요."라고 말이다. 파괴적인 말은 절대로 피해야 한다. 만약 제삼자를 나쁘게 말했다가 나중에 당사자가 그 사실을 알게 되면 그 말은 부메랑이 되어 자신에게 타격을 준다.

넷째, 자신의 계획을 남한테 설명할 때는 긍정적으로 표현한다. 사람들은 "지금 절호의 찬스를 만났어요. 정말 좋은 뉴스죠."와 같은 말을 들으면 자연스럽게 희망에 부푼다. 그러나 "마음에 들거나 안 들거나 어쨌든 우린 이 일을 끝내야 해요."라는 말을 들으면 답답하고 지겨워지며 행동 반응도 말의 영향을 받는다. 성공은 멀리에 있지 않다. 주변 사람에게 희망을 심어주고 성공할 수 있음을 보여주어야 그들의 응원을 받아서 성공할 수 있다. 스스로 무덤을 파지 말고 든든한 성벽을 쌓아야 하며, 현재의 상황만 주시하지 말고 미래를 내다봐야 한다.

유대인의 이런 셀프컨트롤의 효과는 실로 엄청나다. 셀프컨트롤로 상상 이상의 성과를 얻으려면 우선 자신의 장점을 알아야 한다. 장점이란 활용할 수 있는 자신의 재능, 능력, 기술, 개성 등을 가리키며, 이런 장점들은 자신을 꾸준히 성장시키고 업적을 쌓는 데 바탕이 되는 요소다. 자신의 장점을 내세우는 게 바람직하지 않은 행동이라고 여기는 사람도 있지만 그런 태도는 겸손이 아니다. 자기가 어떤 방면에서 확실한 장점이 있는데도 그것을 자꾸 부인하면 오히려 부정직하고 인간미가 없어 보인다. 자신의 장점을 인정하는 것은 절대 허세가 아니며 이야말로 정직한 태도다. 자신의 장점이 무엇인지 분명히 아는가? 자신이 가진 장점을 모두 알고 열거할 수 있는가? 다른 사람이 장점이 뭐냐고 물었을 때 아마 "글쎄요, 잘은 모르겠지만 뭐든 장점이 있겠죠."라고 말하는 사람이 많을 것이다. 그런데 단점을 묻는 말에는 의외로 질문을 받자마자 대답을 한 꾸러미는 쏟아낼 것이다. 어려서부터 자신의 단점은 당연히 말해도 되지만 장점을 스스로 말하는 것은 옳지 못한 행동이라고 배운 사람들이 많아서 그럴지도 모른다. 성공하려면 자신의 장점을 반드시 이용해야 하므로 자신의 장점이 무엇인지 분명히 알기를 바란다.

예컨대 누가 당신한테 요리를 잘한다고 칭찬하면 당신은 아마 "아니에요. 잘 못해요."라고 답하거나 "이 정도는 누구나 해요."라고 대답할 것이다. 하지만 요리는 잘하려면 어느 정도 재능이 필요하다. 즉 창의력, 시간 조절 능력, 재료 구성 능력이 있어야 한다. 요리를 잘하면 사람들에게 즐거움과 행복감을 줄 수 있으므로 이 또한 능력이다. 또 한 예로, "전화로 말씀을 참 잘하시네요."라는 칭찬을 듣는다면 아마 대부분은 "별 말씀을요. 전화로 말하는 거야 쉬운 일이죠."라고 대답할 것이다. 하지만 전화 통화를 어려워하는 사람들이 무척 많기 때문에 사실 전화로 말을 잘하는 건 자랑할 만한 일이다. 자신의 장점을 발견하기란 이처럼 쉽지 않다.

유대인이 신봉하는 성경에 남을 칭찬하는 데 인색하지 말고 자신을 칭찬하는 것도 잊지 말라는 구절이 나온다. 우리는 때로 자신의 느낌을 표현하기를 두려워한다. 가정에서 가족끼리 서로 칭찬하는 게 익숙하지 않아도 기죽을 필요는 없다. 단시간에 쉽게 되지는 않겠지만 칭찬에 익숙해지려고 노력하면 할 수 있다. 꾸준히 연습하고 시도하기만 하면 분명 자연스럽게 칭찬을 주고받게 될 것이다.

자기반성을 잘한다

사람의 마음속에는 자신도 모르는 약점이 깊이 숨겨져 있으며, 이 약점은 항상 나쁜 일을 초래한다. 따라서 자신의 약점을 전혀 모르고 있거나 알고도 개의치 않으면 처참하게 무너지고 만다.

자신의 능력을 키우려면 자기반성은 필수다. 맹목적인 사람의 가장 두드러진 특징은 자기반성을 하지 않고 자신의 실수를 전혀 바로잡지 않는다는 점이다. 그래서 실수를 자주 저지르면 성공과의 거리도 점점 멀어질 수밖에 없다.

유대인 사업가 로더Loder의 캐비닛 안에는 개인 서류 파일이 하나 있다. 겉면에 '나의 바보짓'이라고 쓰인 그 파일 속에는 자신이 한 어리석은 일들을 적은 종이가 끼워져 있다. 대개는 그가 구술하면 비서가 받아 적는 방식으로 어리석은 일의 기록을 남겼다. 그러나 가끔 사적인 일인데다가 너무 멍청한 짓이어서 비서의 도움을 받기가 부끄러운 날에는 자신이 직접 쓰곤 했다.

그는 그 '바보짓 기록장'을 펼칠 때면 항상 자기비판한 내용을 반복해서 읽었다. 이렇게 하면 자신의 잘못을 꾸준히 반성할 수 있고 자기관리를 더욱 철저히 할 수 있어서 살아가는 데 큰 도움이 되었다.

로더는 자신이 이런 방식으로 실수를 면할 수 있었던 비결을 알려주었다.

"저는 몇 년 전부터 공책에 매일 예정된 약속을 기록하고 있어요. 주말 저녁에는 항상 자기성찰의 시간을 마련해서 일주일 동안 일을 어떻게 했는지 스스로 평가하고요. 그래서 주말 저녁에는 보통 가족과 함께 시간을 보내지 않아요. 저녁을 먹은 뒤에 혼자 앉아서 공책을 펼치고 일주일간 진행했던 면담, 토론, 회의 등을 죽 되돌아보죠. 그러면서 스스로에게 계속 물어요. '그때 내가 잘했었나? 잘못한 건 없었나? 일하는 태도를 개선할 방법은 없나? 그 경험으로 나는 무슨 교훈을 얻었나?' 매주 한 번씩 이렇게 자문하며 스스로 반성하면 가끔은 기분이 참 언짢을 때도 있고 내가 한 무분별한 행동을 스스로 믿기 어려울 때도 있어요. 당연히 나이가 들면서 그런 상황이 일어나는 빈도는 줄었어요. 이렇게 자신을 스스로 평가하는 습관을 줄곧 유지해온 덕분에 나 자신을 성장시키는 데 큰 도움이 되었죠."

자기반성 능력이 없는 사람은 자신의 문제점을 발견하지 못하므로 자구책도 없다. 평소에 자기반성과 자기관리를 하지 않으면 책임을 남한테 쉽게 떠넘기고 독선에 빠지는 오류를 저지른다.

반성하면 이점이 많다. 그중에서 가장 중요한 것은 자신을 분명하게 인식할 수 있다는 점이다. 마음을 차분히 가라앉히고 반성하면 일을 대하는 새로운 방법, 문제에 대응하고 책임지는 태도, 실수를 감싸는 방식 등 모든 것이 명확히 보인다.

임기응변에 능하다

이스라엘에서 주택난이 심할 당시에 일부 유대인 상인은 지낼 곳이 없어서 폐기된 기차간에서 임시로 머물렀다. 어느 날 밤에 그들은 이불 속에서 잠을 청하지 않고 차가운 밤공기 속에서 움츠린 몸으로 객차를 앞뒤로 계속 밀었다. 현지인이 그 광경을 보고 이상하게 여겨 그들에게 말을 건넸다.

"거참 이상한 행동을 하는군요."

객차를 밀던 사람이 차분하게 설명했다.

"화장실 갈 사람이 있어서요. 객차에 기차가 멈췄을 때는 화장실을 사용하지 말라고 쓰여 있거든요. 그래서 계속 객차를 밀고 있죠."

기차를 타 본 사람은 정차 중에 화장실을 사용할 수 없다는 사실을 다 안다. 일단 상황으로는 유대인이 융통성이 없어서 규칙을 준수하려다가 고생을 자초하는 것처럼 보인다. 몸이 꽁꽁 언데다가 위생상으로도 문제가 생겼으니 말이다.

그러나 이 상황을 다른 시각으로 보면 유대인의 임기응변이 쉽게 눈에 띈다. 표면상으로는 규칙을 준수하려는 행동이지만 원래의 방식을 마음대로 바꾸고 싶지 않은 생각에서 나온 행동이기도 하다. 기차간에서 기거한 이 유대인들은 장기간 타민족 사회에서 살아가는 유대인의 모습과 일치한다. '정차 중 화장실 사용 금지'는 철도국에서 정한 규정이고 이 유대인들은 규정에 관해 입법권을 행사할 수 없으므로 당연히 이 규정을 철폐할 수도 없다. 솔직히 말해서 유대인은 각 나라에 흩어져 살면서 마땅히 폐지되어야 함에도 그 나라에서 실제로 '효력'을 발휘하는 법률이나 사회적으로 용인된 규칙에 직면할 때가 자주 있다. 만약 이런 규칙을 폐지하자고 주장하거나 준수하지 않으면 아마 그로 말미암아 발생하는 문제는 그리 단순하지 않을 것이다. 그래서 규정을 폐지할 수 없는 상황에서 화장실을 원칙대로 사용하기 위해 유대인이 생각해 낸 방법이 객차를 직접 움직이는 것이었다.

유대인은 자신이 처한 객관적인 환경과 자신의 주관적인 조건이 인생에 직접적인 영향을 미친다고 보았다. 객관적인 환경, 자기가 속한 사회, 개인이나 기업은 자신이 바꿀 수 없다. 그러나 객관적인 환경에 적응할 수는 있으므로 그런 환경을 잘 이용해야 한다. 주관적인 조건은 각자의 의지와 노력으로 바꿀 수도 있고 이롭게 활용할 수도 있다.

각자의 피부색, 키, 출신 배경 등도 바꿀 수 없지만 바꿀 수 있는 조건도 있다. 예를 들어 지식수준, 업무 능력, 신체의 장단점 등은 스스로 열심히 공부하고, 방법을 연구하고, 적절히 훈련하고 관리하면 더 훌륭해질 수 있다. 자신을 정확히 모르면 자신의 잠재능력을 충분히 발휘할 수 없다. 그런 사람들은 항상 자기가 갖지 못한 것을 갈구하고 욕심내는데 그렇게 하면 아무것도 이루지 못한다.

유대인은 객관적인 환경과 주관적인 조건을 활용하는 능력이 탁월하다. 이는 그들이 자신들을 정확히 안 결과다. 아인슈타인은 중학교 때까지 평범한 아이였고 돋보일 만큼 성적이 좋지도 않았다. 그러나 그는 자신을 잘 알았다. 자기가 가장 좋아하는 과목이 물리임을 알았기에 대학에서 물리학 수업을 신청해서 들었다. 또 자신의 주관적인 조건 중에서 장점을 취하여 물리에 응용함으로써 물리학 방면에서 역사에 길이 남을 업적을 쌓았다. 아인슈타인이 이스라엘의 대통령으로 추대되었을 때 그는 완곡하게 거절했다. 자신이 대통령이 될 조건을 갖추지 못했다고 판단했기 때문이다.

폴란드 출신의 유대인 사무엘 골드윈Samuel Goldwyn은 세계 영화 산업의 메카인 할리우드 영화 제작자로 유명한 인물이다. 그는 자신의 좋은 조건을 잘 활용한 덕분에 사업도 번창하고 전설 같은 인생도 살았다.

골드윈은 1882년에 바르샤바에서 태어났고 열한 살에 아버지를 잃어서 가정 형편이 무척 어려운 가운데에서 성장했다. 그는 생활을 위해 영국 런던으로 삶의 터전을 옮겨 대장간에서 소년공으로 일했다. 더럽고 힘든 일을 마다하지 않고 고생을 참고 견뎠으며 노동과 함께 신체와 정신을 건강하게 단련했다. 그는 학교에 다닐 기회가 없어서 여가 시간을 이용하여 틈틈이 지식을 쌓았다. 나중에 미국에서 생활할 때는 장갑 공장에서 아르바이트부터 시작하여 직접 운영하기도 했으며, 마지막엔 할리우드 영화 제작자가 되어 부를 누렸다. 골드윈의 인생은 수많은 유대인 인생의 축소판이라고 말할 수 있다.

유대인은 마음만 먹으면 활용 가능한 잠재적인 조건을 세상 속에서 많이 발견할 수 있다고 굳게 믿고 있다. 그들은 자신의 주변과 자신에게 잠재된 조건 속에 인생의 기회가 널려 있으며, 이런 조건을 발견해 낼 수 있는 의지와 안목을 기르는 것이 매우 중요하다고 여긴다.

자신에게 기회가 오지 않는다고 한탄만 하는 사람은 가엽게도 눈 뜬 장님이다. 1940년대에 이스라엘은 환경이 열악한 사막 지대에 나라를 세웠다. 그러나 이스라엘 국민은 자신들이 보유한 과학 기술과 인재라는 조건을 활용하여 사막을 개간하고 관개법을 만들어서 죽은 땅이나 다름없었던 곳을 농업 발달 국가로 발전시켰다. 그 땅에서 생산한 농산품은 자급자족했을 뿐만 아니라 수출로 외화 수입을 올리는 중요한 원천으로 삼았다.

유대인은 투자와 매매를 할 때 대충하는 법이 없고 반드시 사전에 실행 가능성을 면밀히 검토한다. 일단 매매나 투자를 진행하기로 결정했다면 진행 계획을 단기, 중기, 장기로 나누어 세분화하고, 이 계획들은 사태의 추이를 지켜보며 그에 맞게 융통성 있게 실천한다.

단기 계획을 진행할 때는 실제 상황이 사전 예측과 달라도 전혀 동요하지 않고 원래 계획대로 자금을 투입하여 적극적으로 추진한다. 단기 계획대로 추진한 결과가 예상만큼 좋지 않아도 다음 단계인 중기 계획으로 들어가서 계속 자금을 투입하며 각 전략을 완수할 방법을 모색한다. 만약 중기 계획의 결과도 썩 만족스럽지 않고 장차 상황이 호전될 것임을 증명하는 확실한 사실이나 근거가 없다면 유대인은 조금도 주저하지 않고 그 투자나 매매를 바로 포기한다. 단기와 중기 계획을 추진하다가 갑자기 중단하면 그간 들인 노력이 다 수포로 돌아가고 손해 보는 자금도 만만치 않을 텐데 굳이 그렇게 해야 하는지 궁금한 사람들도 있을 것이다. 하지만 유대인은 결코 그렇게 생각하지 않는다. 비록 사업은 포기했지만 어려운 국면에서 벗어나서 더는 번뇌하지 않아도 되므로 현명한 선택이었다고 여긴다.

유대인이 사업을 추진하는 과정에서 외부 환경의 변화, 특히 경쟁 상대의 변화에 따라 기회를 엿봐서 기본 전략과 전술을 바꾸는 수완은 실로 감탄할 만하다. 현재와 같은 치열한 경쟁사회에서 살아남아 성공하려면 이처럼 임기응변에 능한 유대인의 적응력을 꼭 배워야 한다.

장점은 살리고 단점은 보완한다

유대인의 성공 비결 중 하나는 모든 면에서 균형적인 발전을 추구한다는 점이다. 그들은 한 방면의 장점만 두드러지고 다방면의 종합적인 능력이 부족하면 성공하기 어렵다고 보았다. 그러므로 꾸준하게 장점은 살리고 단점은 보완하여 능력을 점점 더 키워야만 요즘 사회에 잘 적응할 수 있다. 장점을 발휘하는 데만 집중하면 장점은 갈수록 부각되지만 단점은 오히려 더 악화된다.

학습 성적이 우수한 학생이 미래에 반드시 성공한다는 보장은 없다. 그래서 유대인 가정에서는 자녀의 학습 성적이 우수하면 별도로 시간을 들여 과외 학습을 시키지 않고 오히려 책을 놓고 다른 여러 가지 활동에 참여하도록 독려한다. 말하자면 자신에게 부족한 면이지만 인생에서 실용적인 기능을 배우게 하는 것이다.

유대인은 '나무 물통의 법칙'이라고도 부르는 리비히(Liebig, 19세기 독일의 유명한 화학자—역주)의 '최소량의 법칙'을 믿고 따른다. 같은 길이의 나무판을 연결시켜서 물통을 만들면 최대량의 물을 담을 수 있고, 길이가 일정하지 않은 나무판으로 만들면 가장 짧은 나무판의 길이만큼만 물을 담을 수 있다는 법칙이다. 이 법칙을 사람에 적용하면 한 사람의 최대 단점이 곧 그 사람의 평균 능력이 된다는 것이다.

'최소량의 법칙'을 이해하면 장점은 살리고 단점은 보완할 필요성이 크게 와 닿을 것이다. 장점을 버리라는 말은 아니다. 장점은 장점대로 유지하면서 다른 방면의 능력을 균형적으로 발전시켜야 한다는 뜻이다.

유대인은 특기가 많지 않아도 일반상식만 갖추면 다양한 유형의 사람을 상대할 수 있다고 한다. 설령 사람을 상대하는 기술이 다소 부족해도 상대방의 대답을 유도하는 질문을 하면 자연스럽게 대화가 진행된다. 예를 들어 의사와 만났을 때 의학에 문외한이라도 콜레라 증상을 화제로 꺼내며 간접적으로 말문을 열어서 날 음식과 찬 음식, 비타민, 건강식품 등으로까지 대화의 폭을 넓힐 수 있다. 대화는 특별한 상황이 끼어들지 않는 이상은 계속 이어진다. 교사와 만났을 때는 학교 분위기와 학생의 성향 및 소질 등을 물으며 대화를 튼다. 이처럼 상대방의 이야기보따리를 푸는 가장 좋은 방법은 질문을 던지는 것이다.

상대방에게 질문할 때 특별히 주의할 점이 있다. 당연히 상대방이 알고 있는 것과 가장 잘하는 것을 물어야 한다. 상대방이 자기가 하려는 질문에 대답할 수 있을지 없을지 확신이 없으면 다른 질문을 하는 게 낫다.

질문한 뒤에 만족스러운 대답을 듣지 못했을 때는 추가 질문을 해도 되지만 경우에 따라 다시 묻기에 적절하지 않은 질문도 있으니 주의한다.

성공한 유대인들은 "사회생활을 하면서 타인에게 아무것도 배우지 못했다면 처세를 잘못한 것이다."라는 말을 종종 하는데 이 말을 듣고 나면 깊이 반성하게 된다. 남에게서 뭐라도 배우고 환영받는 사람은 겸손하기 때문이다. 질문은 대화의 물꼬도 트는 수단도 되지만 지식을 쌓는 창구도 된다. 그러므로 겸손하게 타인에게 질문하면 새로운 지식을 습득할 수 있다.

질문은 또 겸손함의 표현인 동시에 상대방을 존중하는 표현이기도 하다. 어떤 일을 할 때 잘 모르는 점이 있으면 괜히 똑똑한 척하지 말고 다른 사람에게 물어야 손해를 입지 않는다. 모르는 것을 다른 사람한테 솔직하게 물어서 알려고 하는 것은 사람들의 환심을 사기에 가장 좋은 태도다.

질문할 때는 부드러운 말투로 공손하고 바른 자세로 하는 것이 가장 중요하며 절대로 어떤 편견도 가지면 안 된다. 이를테면 "저 사람 좋아해요?" 또는 "저 사람이 싫어요?" 같은 말로 직접적으로 묻지 말고 "저 사람 어때요?" 하고 완곡하게 묻는 편이 낫다. 하지만 간혹 편견이 있는 척해도 괜찮다. 마흔 살이 넘어 보이는 사람을 만났을 때는 "올해 연세가 어떻게 되세요?"라고 묻기보다 "올해 서른쯤 되셨죠?"하고 묻는

게 훨씬 좋다.

이렇게 유대인처럼 남의 장점을 꾸준히 배워서 자신의 단점을 보완하며 능력을 부단히 끌어올리면 회사에서 상사와 동료의 호감을 얻고 빨리 사회의 주류에 속할 수 있다.

인내하며 꾸준히 노력한다

칼 마르크스는 걸출한 유대인 중 하나다. 그는 일생 동안 여러 나라에서 추방당하고 배고픔과 추위에 시달리는 고난을 겪으면서도 신념은 전혀 흔들리지 않았다. 마르크스는 장장 40년간 심혈을 기울여서 《자본론》을 완성했다. 굳건한 신념과 불굴의 의지가 없었다면 40년은 고사하고 4개월도 지속하기 어려운 일이었다. 그가 세상을 떠나기 전날 밤에 남긴 말이 있다.

"나는 내 재산 전부를 혁명과 투쟁을 위해 바쳤지만 …… 단 한 순간도 후회하지 않았다. 다음 생에 다시 태어나도 난 똑같은 삶을 살 것이다."

마르크스, 아인슈타인, 프로이트 이 세 사람은 인류에 지대한 영향을 준 인물들이다. 이 중에서 가장 논쟁의 대상이 되었던 인물은 프로이트이며 그는 많은 이의 오해를 샀었다. 프로이트를 우상처럼 떠받든 사람들도 있었지만 남들 앞에서 거들먹거리기를 좋아하는 사기꾼이나 호색한으로 여겨 배척한 사람들도 있었다. 그가 《꿈의 해석》을 출간했을 당시에는 아무도 그 책에 관심을 갖지 않아서 8년 동안 겨우 600권 남짓 팔렸고 원고료도 200달러밖에 받지 못했다. 이런 상황은 역사적으로 대단히 보기 드문 일이었으며 그는 당시 사람들에게 악의적인 공격도 상당히 많이 받았다. 어떤 이는 그의 이론을 요가 철학 및 기독교 교리와 동일시했고, 또 어떤 이는 주술에 견주었다. 프로이트는 심리학을 전혀 모르는 사람들이 그의 이론을 함부로 공격할 때 가장 분노했다.

"아인슈타인의 상대성 이론은 물리학을 모르는 사람이 감히 평가하지 않습니다. 그런데 저의 이론은 심리학을 알거나 모르거나 남녀노소가 모두 마구잡이로 평가합니다."

그럼에도 프로이트는 무너지지 않고 고립무원의 처지에서도 끈질기게 10년을 버티면서 중요한 저작을 연달아 몇 편 발표했다. 그리고 마침내 그의 학설로 세상을 발칵 뒤집어놓았다.

세계 체인점의 선구자인 데이비드 루빈David Rubin은 집안 형편이 가난하여 일찍이 학업을 그만두고 열여섯 살에 골드러시 열풍을 타고 캘리포니아로 갔다. 그는 사금을 캐서 모은 돈으로 작은 잡화점을 차렸고 남들보다 성실하고 부지런하게 일하여 마침내 체인점 사업으로 부와 명예를 동시에 거머쥐었다. 유대인 출신으로 세계 금융을 주물렀던 로스차일드Rothschild도 성공하여 이름을 알리기 전에는 한 공작의 관저에서 일했다. 그는 꼬박 20년 동안 진심으로 자신의 임무와 책임을 다했지만 유대인이라는 이유로 공작에게 멸시를 당했다. 그런 불합리한 환경에서도 묵묵히 인내하며 노력한 끝에 금융계의 거물이 되었다. 의학자 로버트 바라니Robert Barany는 어린 시절에 골결핵을 앓았지만 돈이 없어서 치료를 받지 못한 탓에 무릎 관절이 뻣뻣하게 굳어버렸다. 고통스러운 나날이었지만 진지하게 자신의 미래를 고민한 그는 의학을 배우기로 결심했고 어렵고 험난한 과정을 거쳐 결국 노벨 생리의학상을 수상하는 쾌거를 이루었다. 에스페란토Esperanto 창안자 자멘호프

L. L. Zamenhof, 독일 시인 하이네Heinrich Heine, 남아프리카 공화국 문학가 네이딘 고디머Nadine Gordimer, 할리우드 명배우 더스틴 호프만Dustin Hoffman, 이스라엘 음악가 이작 펄만Itzhak Perlman 등은 모두 힘든 삶 속에서 살아남은 강자다. 그들은 불운 앞에서 고개 숙이지 않고 당당히 맞서며 용감하게 도전하여 성공을 거뒀다. 부단히 노력하는 불굴의 정신이야말로 높은 곳으로 뛰어올라 성공에 이르게 하는 비결이다.

실패에서 경험과 교훈을 얻는다

누구도 실패를 피할 수는 없으므로 실패 앞에서는 정신을 바짝 차려야 한다. 유대인 중에는 자기가 가진 모든 것을 잃었는데도 실패라고 여기지 않는 사람들이 많다. 그들은 불굴의 의지를 지녔고, 한때의 성공과 실패에 연연하지 않으며, 실패로 말미암아 더욱 성숙해지기 때문이다.

유대인들은 사업에서 실패했을 때 우선 원인을 자기 자신에게서 찾았고, 자신부터 달라져야 어려운 상황을 극복할 수 있다고 믿었다.

《탈무드》에 이와 관련한 우화 한 편이 실려 있다.

개 가족이 있었는데 그중에 꿈이 큰 한 강아지가 사막을 횡단하고 오겠다고 가족에게 선포했다. 가족은 모두 강아지의 결심을 축하하며 환호를 보냈고 강아지는 물과 음식을 넉넉히 챙겨서 길을 떠났다. 사흘 뒤, 강아지가 사막에서 죽었다는 소식이 전해졌다. 강아지는 왜 사막에서 목숨을 잃었을까? 강아지가 남긴 물병과 음식 보따리를 확인했지만 물도 음식도 충분히 남아 있었다. 조사 결과 강아지는 오줌이 마려워서 죽은 것으로 판명되었다. 강아지는 왜 죽을 때까지 오줌을 참았을까?

이유는 단순했다. 강아지에게는 나무줄기 옆에서 오줌을 누는 버릇이 있었는데 사막에 나무가 없어서 꼬박 사흘을 참다가 결국 숨이 끊어지고 만 것이다.

이 이야기에서 우리는 습관이 운명을 어떻게 바꾸는지 알 수 있다. 한 사람의 생활 습관과 행동 방식은 수년에 걸쳐 몸에 익은 것이어서 쉽게 바꾸기가 어렵다. 그러므로 위기 상황에서 자신을 변화시킬 수만 있다면 인생에서 실패하는 일은 없을 것이다.

유대인은 모든 사물에는 쓸모가 있고 사물의 좋고 나쁨은 사람이 그것을 어떻게 이용하고 바꾸고 발전시키는지에 달렸다고 강조한다. 좋은 것이라도 반드시 약간의 결함은 있고 나쁜 것이라도 어딘가에는 특별히 쓰일 곳이 있기 마련이다.

이런 이치가 잘 드러난 유대 우화 한 편이 있다.

태양이 작열하는 어느 날에 한 농부가 허리를 굽히고서 정원에서 잡초를 뽑고 있었다. 땀이 나도록 힘들게 풀을 뽑는 그의 얼굴에는 구슬 같은 땀방울이 끝없이 흘러내렸다. 농부는 잔뜩 화가 나서 불평했다.

"빌어먹을 잡초! 이놈들만 없으면 내 정원이 얼마나 예쁠까. 신은 왜 이런 쓸모없는 잡초를 만들어서 내 아름다운 정원을 망치는 거냐고!"

농부의 손에 뽑힌 잡초 한 뿌리가 정원에 편안하게 드러누워서 농부에게 말을 걸었다.

"우리더러 쓸모가 없다고 하는데, 그건 아마 당신이 우리한테 관심이 없어서 그런 거예요. 우리는 아주 유용한 풀이라고요. 자, 내가 설명할 테니 한번 잘 들어봐요. 우리는 진흙 속에 뿌리를 내려요. 진흙땅에 농사를 짓는 것과 같죠. 그런데 당신이 우리를 뽑으면 진흙이 일어서

김을 맨 것처럼 돼요. 또 비오는 날에는 우리가 있어서 진흙이 빗물에 쓸려 흘러가지 않아요. 가뭄에 강풍이 불어도 우리가 있어서 흙먼지가 날리지 않고요. 우리는 당신을 대신해서 이 정원을 지키는 경비병이에요. 우리가 없다면 당신은 꽃을 심고 감상하는 재미를 맛볼 수 없어요. 바람이 세게 불고 비가 오면 흙이 날려가고 씻겨서 정원이 휑해지니까요. 활짝 핀 꽃을 볼 때가 되면 아마 자연스럽게 우리가 얼마나 많은 도움을 주었는지 생각날 거예요."

농부는 잡초의 말을 듣고 나서 저도 모르게 존경심이 생겨서 그 이후로는 어떤 사물도 하찮게 여기지 않았다.

사람도 사물과 다르지 않다. 강인한 면이 있는 반면에 약한 면도 있다. 그러나 약한 면 중에도 유용한 점들이 많이 있다.

유대인 사회에서는 승리한 날도 기념하지만 실패한 굴욕의 날도 기념한다. 어쩌면 이런 유대인의 문화를 받아들이지 못하거나 비웃는 사람도 있을 것이다. 그러나 유대인에게는 '실패한 날을 기억해야만 더 큰 힘을 발휘할 수 있다'는 신념이 있다.

유대인은 고난과 실패를 거듭할수록 더욱 강인해진다고 믿으며, 과거의 고통을 잊지 않고 기억하기 위해 유월절에 쓴 나물과 발효시키지 않은 딱딱한 빵을 먹는다.

유대인은 실패를 두려워하지 않는다. 유대인에게는 실패와 좌절을 참고 견디며 성공하는 법칙이 있다. 즉 실패를 긍정적인 태도로 받아들이고, 실패를 두려워하지 않고, 실패를 성공의 바탕으로 삼는 것이다.

자신감을 잃지 않는다

"자신을 믿으면 이기지 못할 것이 없고, 매일 한 가지 두려움을 이기지 못하면 인생 수업의 첫 과목을 배우지 못한다." –《탈무드》

자신감은 스스로를 믿는 굳은 마음이다. 자신감이 있으면 타인의 존중과 신뢰를 받는다. 그런데 자기가 자신을 믿지 않으면 어떻게 남의 신뢰를 바랄 수 있겠는가.

유대인 사업가들은 좌절을 겪었을 때 다시 일어설 수 있다는 생각을 품어야 정말로 재기할 수 있다고 믿는다. 쓰러질 거라고 여기면 정말로 쓰러지고, 이기고 싶지만 능력이 없어서 불가능할 거라고 생각하면 절대 이길 수 없고, 실패할 거라고 여기면 정말로 실패하고, 자격지심을 가지면 강자로 성공할 수 없다는 생각이 확고하다. 그래서 어떤 상황에서도 자신을 믿고 의지하며 자신의 능력을 개발하고 발휘해야 자기 인생의 주인이 된다고 믿고 있다.

유대인 이사벨라Isabella는 부동산 경기가 좋아지자 조립식 주택 사업을 시작하기로 마음먹었다. 주변의 많은 사람이 그녀에게 잘 해내지 못할 거라며 말렸다. 당시 이사벨라가 모아둔 돈은 다 끌어 모아도 3만 달러뿐이었다. 사람들은 그녀에게 자본금이 적어도 그녀가 저축한 돈의 몇 배나 되어야 한다고 알려주었다. 그녀의 친구는 이렇게 조언했다.

"지금 경쟁이 굉장히 치열한데 네가 할 수 있겠어? 게다가 넌 조립식 주택을 실제로 판매해 본 경험도 별로 없잖아. 사업은 말도 안 돼."

이사벨라는 자신감이 넘쳤다. 경쟁이 치열하고 자금도 턱없이 모자라고 경험도 부족함을 인정했다. "그렇지만 말이야," 그녀가 자신의 생각을 밝혔다. "내가 자료를 아주 많이 수집했거든. 이미 말했듯이 요즘 조립식 주택이 많이 보급되고 있어서 나도 나름대로 철저하게 연구했다고. 난 세일즈라면 이 지역에서 누구보다 잘할 자신이 있어. 물론 내 예상이 틀릴 수도 있겠지만 빠른 시간 안에 다른 사람을 넘어설 수 있을 거라고 확신해."

이사벨라는 주변의 만류에도 전혀 흔들림이 없었다. 기어이 그녀는 확고부동한 신념으로 투자자 두 명의 마음을 움직였다. 한 조립식 주택 제조상은 주문량이 소량일 경우는 현금 거래를 하지 않아도 된다는 거의 불가능한 수준의 계약 조건도 수락했다. 이렇게 시작한 그녀의 사업은 대성공이었고, 사업을 시작한 첫해에 백만 달러 이상 판매고를 올렸다. 그녀의 성공은 그녀를 꽉 채운 자신감으로 이룬 것이다.

이처럼 모든 승리는 이기고자 하는 의지와 자신감에서 비롯된다. 자신감만 있으면 자기가 꿈꾸는 모습으로 살아갈 수 있다. 인생에서 강자가 반드시 승리하지는 않지만 승리한 사람은 모두 평생 성공을 믿어 의심치 않은 자신감이 강한 사람이었다. 어떤 일이든 시작하기 전에 반드시 "무조건 성공할 거야!"라고 자신에게 말하면 자신감은 목표를 하나씩 이룰 때마다 조금씩 더 커진다. 자신감이 커질수록 목표를 더 높이 세우고 더 노력하므로 결과적으로 더 큰 성공을 거둔다.

완벽을 추구한다

물은 온도가 99도까지 올라도 끓지 않는다. 99도에서 끓지 않던 물이 1

도만 더 상승하면 펄펄 끓어서 수증기가 생기고 그 힘으로 기계도 움직인다.

해야 할 일 백 가지 중에서 아흔아홉 가지를 잘해도 한 가지만 못하면 그 일은 관련 단체나 사람에 부정적인 영향을 미친다. 이처럼 직장에서도 사소한 일 하나를 제대로 완벽하게 하지 않으면 그로 말미암아 심각한 문제가 발생한다. 백퍼센트 완벽하게 자신의 업무를 완수하는 사람은 많지 않다. 상당수가 99퍼센트는 잘하고 1퍼센트 미흡하게 처리한다. 그런데 이 작은 차이가 직장에서 인정받고 성공하는 길을 방해한다.

사업자가 1퍼센트 소홀하게 만든 제품이 소비자의 손에 들어가면 백퍼센트 불량 제품이 된다. 그러므로 직원들은 수동적인 태도에서 벗어나 능동적으로 일하고 회사는 직원이 자발적으로 행동하게끔 하는 규정을 만들어서 사고가 발생할 여지를 철저히 차단해야 한다.

모 부동산 회사의 사장이 과거를 회상하며 말했다.

"1987년에 우리 회사와 합작했던 외자 기업의 한 유대인 엔지니어는 프로젝트가 진행될 장소의 전경을 촬영하려고 한사코 2킬로미터를 걸어서 산을 올라가더군요. 그냥 높은 건물 위에 올라가서 찍어도 되는데 말이죠. 주변의 경관까지 모두 앵글에 담아야 제대로 된 사진이 나온다며 굳이 산으로 가길래 제가 궁금해서 물어봤습니다. '본사로 돌아가서 이사회 임원들에게 질문을 받았을 때 프로젝트 전반의 상황을 낱낱이 말씀드려야 제 임무가 비로소 끝납니다. 안 그러면 일을 대충한 셈이 돼요.'라고 딱 한마디만 대답했습니다."

이 유대인 엔지니어에게는 신념이 있었다.

"내가 할 일로 남에게 걱정을 끼치고 싶지 않습니다. 무슨 일이든 백퍼센트 완벽하게 해야 합격이고 99퍼센트 하면 불합격, 60퍼센트만 하면 불량입니다."

최고의 성과를 거두고 싶다면 목표를 평범하게 세우지 말고 반드시 높이 세워야 한다. 어떤 결정을 내리기 전에는 주도면밀하게 조사하고, 논증하는 과정에서 폭넓게 의견을 구하고, 행여 발생할지도 모를 가능성을 미리 고려해야 한다. 그렇게 해서 단 1퍼센트의 실수라도 최대한 예방해야 기대한 성과를 거둘 수 있다.

인생에서 큰일은 작은 일이 모이고 쌓여서 이루어지므로 작은 일을 하지 않으면 큰일도 할 수 없다. 이 점을 이해하면 과거에 대수롭지 않게 여겼던 작은 일을 중요하게 여기게 되고, 일처리를 한 치의 빈틈도 없이 하는 바람직한 자질이 길러지며, 영향력을 지닌 사람이 되려고 노력하게 된다.

일처리를 꼼꼼하고 철저하게 한다는 것은 곧 작은 일도 큰일처럼 신중하게 다룬다는 뜻이다. 인생에는 수많은 작은 일이 있고 그 일들에는 소홀히 할 수 없는 숨은 의미가 담겨 있다. 작은 일은 대충하고 소홀해도 된다는 생각은 일을 시종일관 잘할 수 없게 만드는 근본 원인이다. 그런 생각이 있으면 일도 완벽히 하지 못하고 인생도 즐겁지 않다.

회사의 경영자들은 일을 빈틈없이 철저하게 하는 태도가 얼마나 갖추기 어려운 자질인지 잘 안다. 작업 태도가 불량한 직원이 있으면 회사의 전체 분위기를 망치므로 큰일과 작은 일을 가리지 않고 진심을 다해 성실하고 꼼꼼하게 일하는 직원을 구하고 싶지만 현실은 하늘의 별 따기다.

그래서 유대인 아버지는 자녀들에게 이렇게 훈계한다.

"나중에 커서 무슨 일을 하든지 무조건 최선을 다해서 빈틈이 없도록 해야 해. 그렇게만 한다면 네 앞길은 걱정하지 않아도 돼. 세상에는 산만하고 부주의한 사람이 많아서 처음부터 끝까지 최선을 다하는 한결같은 사람이 대접을 받는단다."

유대인은 꼼꼼하고 철저하게 일하는 습관이 몸에 배지 않은 사람은 놀기를 좋아하고 일하기를 싫어하며 편안하기만을 바라서 자신의 소임을 다해야 하는 원칙을 무시한다고 보았다. 그들은 어떤 일도 소홀히 다루거나 무시하지 않았기에 바라던 성공을 이루었다.

자기 자신을 뛰어넘는다

다른 사람을 뛰어넘는 건 진정한 초월이 아니다. 자기 자신을 뛰어넘어야 비로소 진정한 초월이라고 할 수 있다. 유대인은 사람에게 두 개의 생명이 있다고 여긴다. 하나는 부모님이 주신 것이고 다른 하나는 자기가 자신에게 부여한 실질적인 삶이다. 스스로에게 부여한 실질적인 삶의 기본 바탕은 창조력이다. 그러나 오래된 습관이 있으면 창조력을 자유롭게 발산할 수 없으므로 창조력을 펼치기 위해서는 낡은 습성을 탈피해야 한다.

이와 관련한 유대인의 일화가 있다.

랍비 아버지와 아들이 있었다. 아버지는 온화하고 주도면밀한 성격이고, 아들은 오만하고 자부심이 대단하지만 이룬 것은 하나도 없었다.

하루는 아들이 아버지에게 불만을 토로했다. 아들의 원성을 끝까지 다 들은 아버지가 말했다.

"사랑하는 아들아, 우리는 랍비지만 너와 내가 서로 다른 점이 있단다. 누가 나에게 어떤 질문을 하며 가르침을 청하면 난 그 사람이 이해하기 쉽도록 진득하게 설명해. 그래서 대화는 질문한 사람도 대답한 사람도 모두 만족스럽게 마무리되지. 그런데 넌 어떠냐. 누가 너한테 질문하면 너도 그 사람도 다 언짢지 않느냐. 질문한 사람은 네가 그의 질문이 옳은 질문이 아니라고 평가해서 달갑지 않고, 너는 답을 주지 못해서 흡족하지 않은 게지. 그러니까 다른 사람을 평가하지 말고 먼저 너의 거만한 태도를 버려야 해."

"제 자신을 뛰어넘어야 한다는 말씀이세요?"

"그렇지. 자신을 뛰어넘을 수 있어야만 뭐라도 수확할 수 있어."

유대인의 머릿속에는 자기 자신을 뛰어넘어야 한다는 생각이 뿌리 깊이 박혀 있다. 유대인이 세계에서 가장 근면한 민족으로 인정받는 이유도 이 때문이다. 이치는 간단하다. 스스로를 격려하며 부지런히 일하면 자기 자신을 훌쩍 뛰어넘을 수 있고 언젠가는 다른 사람을 뛰어넘을 날도 자연스럽게 온다. 그리고 의지를 다잡아서 내면의 힘으로 반드시 자신을 뛰어넘어야만 꾸준히 앞으로 나아갈 동력도 생긴다.

자신을 뛰어넘으려면 관례를 깨고 모험정신으로 무장하여 새로운 영역을 향해 과감하게 나아가야 한다. 아인슈타인이 "인간은 항상 머릿속에서 새로운 것을 그려야 두뇌가 계속 활발하게 움직인다."라고 한 말도 결국은 자신을 뛰어넘으라는 얘기다.

유대인은 자신을 뛰어넘기 위한 노력을 게을리하지 않는다. 다양한 사물을 꾸준히 배우고 그것들을 조합하는 과정에서 새로운 통찰력과 지혜가 생기며, 다양한 사물끼리 영향을 주고받은 결과로 독창적인 생각을 떠올린다. 사람의 창조력은 무궁무진해서 어떤 이들은 나태하지 않고 끈질기게 공부만 해도 창조력이 발휘된다. 그러나 상당수는 게으름 때문에 창조력이 묻힌다.

앞선 내용에서도 예화로 다뤘던 메이시스 백화점의 설립자 스트라우스는 1930년대에 미국 전역에서 으뜸가는 유대인 부호였다. 독일의 가난한 가정에서 태어난 그는 북아메리카로 이주한 뒤에도 가난 때문에 초등학교 일학년을 끝으로 학교를 그만두고 잡화점에서 일했다. 공부를 많이 하진 못했지만 가정에서 유대인의 전통 교육을 받고 자란 터라 오로지 자신의 노력으로 사업을 시작했고 창업 후에도 결코 노력을 게을리 하지 않았다.

열네 살 때 그는 낮에는 잡화점에서 일하고 밤에는 독학으로 글과 셈을 배웠다. 똑똑하고 부지런하고 일도 책임감 있게 잘한 덕분에 일찍이 사장의 눈에 들었다. 그래서 허드레꾼이던 그는 기장 업무 담당으로 직책이 바뀌었다가 또 판매원으로 승진하고 판매팀장의 자리에도 올랐다. 그리고 마지막에는 회사의 사장 위치에까지 올라서 고액 연봉을 받았다. 그러나 스트라우스는 거기에 만족하지 않고 긴장도 놓지 않았다. 곧이어 그는 저축한 돈을 털어서 작은 백화점을 열고 이름을 '메이시스 백화점'이라고 지었다. 유통업에서 닦은 풍부한 경험에 자신의 노력을 보태고 폭넓은 유통 채널을 이용하여 백화점을 대단히 빠른 속도로 성장시켰다. 그리하여 메이시스 백화점은 몇 년 사이에 중급 백화점으로 성장했고 명성도 얻었다.

이런 성과에도 스트라우스는 여전히 만족하지 못했다. 메이시스 백화점을 미국 전역은 물론이고 나아가 세계 일류의 백화점으로 성장시킬 목표를 세웠다. 그래서 곧바로 시장 조사에 착수했고 일정 기간 동안 노력을 기울인 끝에 북미 시장에서는 고객 중심의 마케팅을 펼쳐야 한다는 결론을 얻었다. 그래서 판매 직원들에게 백화점 내의 상품 정보를 철저히 파악하고 고객에게 정성을 다해 서비스하여 고객의 만족도를 높이도록 지시했다. 이와 별도로 경품과 증정품을 제공하고, 패션쇼를 열고, 현장에서 제품을 실연해 보이고, 고객에게 신제품 테스트 기회를 주는 등 다양한 판촉 활동을 벌였다.

스트라우스의 행동력은 메이시스 백화점의 발전을 촉진했고 사세도 크게 확장시켰다. 그래서 당시 메이시스 백화점의 업적과 신망은 다른 회사를 훨씬 앞섰다. 꼬박 30여 년을 쉼 없이 달려온 메이시스 백화점은 점점 규모가 커져서 마침내 세계 일류 백화점으로 성장했다. 스트라우스의 인생은 부단히 자기 자신을 뛰어넘고 새로운 환경과 생활 속에 겁 없이 뛰어들어 도전하면 영원히 마르지 않는 창조력이 생겨나고 자신의 잠재력을 최대한 발휘할 수 있음을 알려주는 대표적인 사례다.

제 4 장

유대인의 처세술

“생존의 비결은 협력과 관용”

유대 민족에게 상부상조 관념은 그 뿌리가 상당히 깊다. 그들은 부자에게는 남을 도와야 할 책임이 있고 가난한 사람에게는 도움을 받을 권리가 있다고 생각한다. 장기간 떠돌이로 살았던 고난의 세월 속에서 유대인 부자들은 항상 가난한 사람을 위해 지갑을 열었다. 유대인 사회에서 가난한 사람을 구제하는 행위는 일종의 습관이다. 그래서 집에 끼닛거리조차 없는 가난한 사람도 더 가난한 사람에게 베풀려고 쌈짓돈을 마련해 두곤 했다.

유대인 사회에는 반드시 자선단체가 있으며, 단체는 부유한 유대인이 기부한 돈으로 유지된다. 가난한 유대인 대학생들은 매주 서로 요일을 달리하여 각자 다른 유대인의 집에 밥을 먹으러 찾아간다. 가난한 대학생에게 밥을 나눠주는 취지는 그들이 마음놓고 공부에 전념할 수 있도록 돕기 위해서다.

고대에 유대인은 신전에 '침묵의 방'이라고 부르는 작은 방을 몇 개 마련해 두었다. 가난한 사람을 위해 준비한 것들을 몰래 그 방에 가져다 놓으면 가난한 사람들은 그곳에 와서 도움을 받았다. 도움을 주는 사람도 받는 사람도 서로가 누구인지는 전혀 알지 못했다. 가난한 사람은 도움을 받을 때 항상 마음가짐을 진지하고 엄숙하게 해야 했다. 유대인은 이런 자세를 매우 중시했다.

세계 각지의 유대인이 기부할 때 따라야 할 유대 법률 규정은 아직도 많이 남아 있다. 이를테면 곡식을 수확할 때 땅에 떨어진 옥수수나 밀은 몇 더미 또는 몇 단이 돼도 가난한 사람을 위해 남기고 밭의 가장자리를 따라 자란 농작물도 가난한 사람에게 준다는 규정이다. 부자들은 일정량의 농작물과 올리브나 포도를 따로 마련하여 가난한 사람에게 전했다. 상부상조는 유대인의 생존법칙이자 오래도록 변치 않을 민족의식이다.

어떤 민족은 유대인끼리 이렇게 서로 뭉치고 돕는 것을 몹시 시기한다. 대체 왜 도와야 하는지 물으면 유대인은 이렇게 대답한다.

"우리끼리 돕지 않으면 누가 와서 도와준답니까?"

유대인은 같은 민족끼리 서로 뭉치고 도우며 살아왔기에 살육, 박해, 모욕의 세월 속에서 살아남아서 현재의 번영을 누리고 있는 것이다.

적도 친구로 삼는다

유대인은 인류의 조상은 하나고 모든 인류는 뿌리가 같다고 여긴다. 말하자면 세계는 하나고 세상의 모든 사람은 형제와 다름없다는 것이다.

그런 까닭에 유대인은 모두가 타인을 사랑하는 법을 배워야 한다고 말한다.

역사적으로 유대인은 굴곡진 삶을 살아왔고 말로는 다 할 수 없는 고통을 겪었다. 그러나 유대인은 타민족을 지배할 힘이 있어도 결코 잔혹한 방법으로 그들을 박해하고 모욕하지 않는다. 오히려 평상심으로 그들을 대하고 심지어는 사랑으로 그들을 돕는다.

그래서 유대인의 격언에 '적을 친구로 삼는 사람이 가장 강한 사람이다'라는 말도 있다.

유대인에게 사람을 대하는 최고의 방법은 자신에게 상처를 준 사람을 이해하고 받아들이는 것이다. 그렇게 해야만 그 사람에게서 바라던 보답이 돌아오기 때문이다. 그래서 랍비는 '모욕을 당해도 남을 모욕하지 않고 비방을 들어도 반격하지 않는 사람'이라는 극찬을 듣는다. 《탈무드》에서 요셉이 형들을 받아들인 이야기가 나오는데, 이는 유대인에게 됨됨이와 처세에 관한 본보기다.

야곱의 아들 요셉은 형들에게 배척을 당해서 어릴 때 이집트로 팔려가서 노예로 살았지만 훗날 이집트의 총리가 되었다. 어느 해에 요셉의 고향에 기근이 들자 그의 형들은 고향을 버리고 이집트로 옮겨갔다. 우연히 형들을 발견한 요셉은 그들에게 다가가서 말을 건넸다.

"저를 알아보시겠습니까? 형님들의 동생 요셉입니다. 아버님은 잘 지내시는지요?"

형들은 요셉을 보고 너무 놀라서 입도 벙긋하지 못했다. 요셉이 또 말했다.

"이리 가까이 오십시오."

형들은 눈앞에 서 있는 사람이 정말로 동생 요셉임을 확인하고는 놀란 나머지 다리에 힘이 풀려 주저앉고 말았다.

"저를 이 나라에 팔아넘겼다고 자책하지 마십시오. 하느님이 제 목숨을 구하시려고 저를 이곳으로 보내신 것입니다. 고향에 기근이 든 지 벌써 이 년째고 곡식 한 톨도 거둘 수 없으니 살아갈 길이 막막하지 않았겠습니까. 형님들이 먹고 살아갈 수 있게 하고 우리를 살아남게 하시려고 하느님이 절 여기로 보내신 게 맞습니다."

요셉은 이집트에서 겪은 어린 시절의 고난을 하느님이 자신을 구제한 행위로 포장하여 형들이 자책감에서 벗어나도록 했다. 이런 자세가 남에게 관용을 베풀고 적을 친구로 삼는 처세술이다. 요셉의 처세 철학은 긴 세월 동안 유대인에게 가르침을 준 뛰어난 생존 지혜다. 이처럼 적을 사랑으로 용서하고 친구를 진심으로 대하는 처세술에도 유대인의 위대함과 우수함이 잘 드러나 있다.

절대적인 강함과 약함은 없다

유대인은 인간은 본래 약한 존재여서 죄를 짓고 잘못을 저지른다고 여긴다. 유대교에서 매우 중요한 절기인 '속죄일'은 본질적으로 인간의 본성이 약함을 인정하는 상징적인 날이다. 이날에 유대인은 모두 단식하며 종일 기도하고 참회한다. 이와 동시에 세상에 절대 약자는 존재하지 않고 약자에게도 자기만의 강점이 있음을 되새긴다.

무리에서 낙오된 노루 한 마리가 정처 없이 숲속을 돌아다니고 있었다. 종일 배가 고팠던 호랑이는 지나가던 노루를 발견하고는 수풀에 몸을 숨기고서 천천히 노루 쪽으로 다가갔다. 노루가 전혀 눈치를 채지 못하고 있는 사이에 호랑이는 갑자기 펄쩍 뛰어올라 총알처럼 노루를 향해 몸을 던졌다. 노루는 그제야 위험을 감지하고는 재빠르게 호랑이의 공격을 피했다. 호랑이는 첫 시도에서 실패하자 몸을 돌려서 다시 돌진했다. 노루는 목숨을 구하려고 미친 듯이 달려가다가 관목 숲을 발견하고 그 안에 몸을 숨겼다. 호랑이는 관목 숲 안에 있는 먹잇감을 포획하는 재주가 신통치 않아서 숲 밖을 왔다 갔다 하며 계속 으르렁거리다가 끝내 포기하고는 원래 머물던 언덕 위로 돌아갔다.

알다시피 호랑이는 삼림의 강자이므로 호랑이에게 맞서지 못하는 동물이 무수하다. 어떤 동물은 호랑이를 보자마자 놀라고 맥이 탁 풀려서 도망갈 힘도 없이 그 자리에 주저앉는다. 그러나 그런 호랑이도 노루를 잡지 못할 때가 있는 것이다. 호랑이에 비하면 노루는 약자고 삼림에는 노루 말고도 약한 동물이 무척 많다. 하지만 이 약한 동물들은 강한 동물에게 다 잡아먹히지 않고 잘살고 있다. 이처럼 동물의 세계에서는 절대 강자도 없고 절대 약자도 없으며, 약자와 강자는 그저 상대적인 개념일 뿐이다. 이런 현상이 일종의 생태 균형이다.

인간 세상에서도 동물의 세계처럼 절대 강자는 존재하지 않는다. 시험장에서는 공부를 잘하는 사람이 강자고 육상 경기에서는 빨리 달리는 사람이 강자다. 그러나 시험장의 강자가 육상 경기장에서도 강하지는 않으며, 육상 경기의 강자가 시험장에서도 강하지는 않다.

자신과 타인의 약점과 강점을 알아서 남의 약점 앞에서 자신의 강점을 적극적으로 어필하고 남의 강점 앞에서 자신의 약점을 교묘히 감추면 절대 약자는 되지 않는다.

남을 돕는 데 익숙하다

성공한 사람은 남을 돕는 데 익숙하다. 남을 돕기를 좋아하고 기쁜 마음으로 자주 돕다 보니 돕는 태도가 몸에 밴 것이다. 그런 덕분에 반대로 그 사람이 도움을 필요로 할 때 그의 도움을 받은 사람이 적극적으로 나서서 돕는다.

유대인은 친절한 마음으로 남을 도우면 정이 싹튼다고 여긴다.

유대인 조이스Joyce가 미국에서 변호사 사무실을 개업한 당시에는 복사기 한 대를 장만할 돈도 없을 만큼 형편이 나빴다. 이민 붐이 일어서 미국으로 이민자들이 밀물처럼 밀려들어오자 그는 이민 관련 안건을 꽤 많이 수임했다. 한밤중에 이민국 유치장으로 가서 사람들을 인솔해서 나오는 일도 흔했다. 수임한 일을 처리하러 낡은 차를 몰고 작은 동네 곳곳을 누비고 다녔다. 그렇게 여러 해 동안 애쓰고 노력한 끝에 그의 사업은 꽤 성장했다. 업무량도 크게 늘었고 어딜 가나 대접을 받았다.

그러던 어느 날 조이스는 주식 투자에 실패하여 거의 빈털터리가 되고 말았다. 게다가 이민법이 개정되어 직업이민 정원이 감축되었고 그 여파로 변호사 사무실을 찾는 고객의 발길이 뜸해져서 곧 폐업할 지경에 처했다.

그 즈음에 조이스는 편지 한 통을 받았다. 어느 회사의 대표가 보낸 편지였다. 편지에는 조이스 회사의 주주권 30%를 자신에게 양도하기를 바란다는 내용이 적혀 있었다. 더불어 대표 소유의 회사와 지사 두 곳의 종신 법률대리인으로 채용하고 싶다는 제안도 있었다. 조이스는 편지를 다 읽고 기쁨과 놀람이 교차했다. 한편으로는 장난 편지가 아닌지 의심이 들기도 했다. 의심스럽지만 일단은 대표를 만나러 갔다.

대표는 마흔 살이 넘은 폴란드 사람이었다. 그는 조이스를 보자마자 웃으며 물었다.

"저를 기억하십니까?"

조이스는 고개를 가로저었다. 대표는 빙긋이 웃으며 책상 서랍에서 5달러짜리 지폐 한 장을 꺼냈다. 지폐 위에는 변호사 조이스의 전화번호와 주소가 적힌 명함이 같이 끼워져 있었다. 조이스는 도통 기억이 나지 않았다.

대표는 조이스를 가만히 쳐다보다가 천천히 이야기를 시작했다.

"십 년 전 일입니다. 전 이민국에서 직원 신분증을 발급받으려고 줄을 서 있었어요. 그때 사람들이 워낙 많아서 서로 밀치고 고함치고 난리도 아니었지요. 겨우 제 차례가 되었는데 하필이면 이민국 업무 시간이 종료돼서 문을 닫는다는 겁니다. 그런데 전 직원 신분증 신청비가 5달러 오른 사실을 모르고 있다가 개인 수표로 5달러를 내려고 하니까 이민국에서 안 받는다고 하더군요. 현금도 없었고요. 게다가 그날 신분증을 받지 못하면 고용주가 고용할 수 없다고 한 상황이었지요. 얼마나 절박했는지 모릅니다. 그런데 갑자기 뒤쪽에서 누가 5달러를 건네기에 나중에 갚으려고 연락처를 물으니 바로 이 명함을 줬답니다."

조이스도 어렴풋이 그 일이 떠올랐지만 반신반의하며 물었다.

"그래서 어떻게 됐습니까?"

대표가 계속 말을 이었다.

"그러고는 이 회사에 취업해서 일하면서 특허를 두 건이나 따냈습니다. 원래 회사에 출근한 첫날에 돈을 부치려고 했지만 여태 그러지 않았습니다. 혼자 미국 땅에 와서 동분서주하며 냉대와 시련을 수도 없이 당했습니다. 그런데 당신이 건넨 5달러가 제 인생을 바꿔놓았습니다. 그래서 아무렇게나 우편으로 보내면 안 되겠다는 생각이 들었고 이렇게……."

조이스는 수년 전에 자신이 한 작은 선행이 이처럼 큰 보답으로 돌아오리라고는 꿈에도 생각지 못했다. 고작 5달러가 두 사람의 운명에 변화를 일으킨 것이다.

솔직담백하다

성공한 유대인의 특징은 매우 솔직하다는 점이다. 그들은 일상생활에서나 일터에서 솔직담백해야 일처리가 원만하다고 믿는다.

뛰어난 유대인 사업가는 직원에게 업무와 관련하여 건의 사항이나 다른 의견이 있을 때는 상사나 동료가 헤아려 주기를 바라지 말고 직접 말하라고 당부한다. 또 어려운 점이 있을 때도 혼자 고생하지 말고 바로바로 상사에게 알려야 일을 제대로 못했을 때처럼 야단맞지 않는다고 알려준다.

유대인은 자신의 희로애락을 주변 지인들에게 스스럼없이 털어놓는다. 그렇게 하면 마음도 달래고 도움도 받을 수 있기 때문이다. 스트레스를 풀 줄 아는 사람이 심리적 인내력도 강하다. 중대한 일을 완수하기 위해 치욕을 참는 일은 유대인 문화에 존재하지 않는다.

유대인은 뒤에서 남을 이러니저러니 평가하거나 복수하지 않고 면전에서 허심탄회하게 자신의 솔직한 감정을 말한다.

유대인들은 솔직담백한 한편 '아니오'라고 거절할 줄도 알아야 한다고 강조한다. 그들은 내키지 않거나 자기가 할 수 없는 일을 맡기면 단호히 거절한다. 반대로 다른 사람에게 거절당하면 그 사람의 고충을 이해하고 원망하지 않는다. 그렇게 하면 서로가 마음에도 없는 행동을 하거나 불쾌한 반응을 보이지 않고 서로가 바라던 원만한 결론에 다다를 수 있다.

유대인은 어릴 때부터 가정에서 사람은 진솔해야 한다고 배운다. 그런 환경에서 자랐기에 성격이 솔직담백할 수밖에 없다. 그들은 거리낌 없이 솔직히 말하지만 그 태도가 거칠고 무례하지 않으며 억지를 부리지도 않는다. 또 말하는 기교를 대단히 중시하므로 말이 통하지 않는 답답한 상황에서도 항상 온화한 표정과 부드러운 말투와 예의 바른 태도를 유지하며 화를 내지도 않는다.

문화적으로 다양성은 꼭 필요하기에 서로 다른 의견이 존재할 수 있다. 유대 민족은 의사표현이 매우 자유롭고 자신의 생각을 말하거나 다른 사람과 토론하기를 좋아한다. 하지만 그 목적이 남을 설득하거나 남에게 설득당하기 위한 것은 아니다.

유대인 중에는 언변이 뛰어난 인사들이 많지만 그들이 토론하는 목적은 그저 자신의 생각을 토로하려는 것일 뿐이며 다른 사람이 자신의 생각을 강제로 받아들이게 하려는 의도는 없다. 그들은 마음에 담아 두었던 감정을 밖으로 분출하는 것만으로도 만족감을 느낀다. 타인과 생각이 다를 때는 쉽사리 동의하지도 않지만 타인이 용기 있게 꺼낸 생각을 칭찬하는 일도 잊지 않는다. 문화, 관습, 정치, 종교에 관계없이 자유롭게 말하고 듣되 절대로 자신의 생각을 남의 머리에 억지로 주입하지 않는다.

유대인은 다양성을 추구하는 원칙을 교우관계에도 적용하여 많은 사람과 폭넓게 교제한다. 다양성을 추구하려면 존중하는 태도는 기본으로 갖춰야 하며 인내심과 너그러운 마음도 필요하다. 이런 소양을 지니면 자신의 생각을 유창하게 표현할 수 있고 타인의 의견에서 새로운 점도 꾸준히 배울 수 있다.

성실하고 발전적인 인간관계

유대인은 인간관계를 중시하여 주위 사람들과 성실도가 높은 비즈니스 네트워크를 형성한다. 그래서 어떤 친구가 한 분야에서 대단한 활약을 펼치고 있다면 네트워크에 속한 사람들은 모두 적극적으로 그를 도와준다. 가족 모임에서는 단합하여 돈을 모으고, 그 돈을 가족 중에 유능한 사람을 지원하는 데 사용하여 그 사람을 가족의 대표적 인물로 키운다. 유대 민족은 축구에 비유하자면 축구 선수들을 후원하는 완벽한 스폰서 집단처럼 움직인다.

한 유대인 교사가 학생들에게 지능 테스트 문제를 하나 냈다. 그는 실로 각각 묶은 탁구공 여섯 개를 병에 넣어 두었다. 그러고는 학생들에게 병 안에 든 공을 최단 시간 안에 모두 꺼내도록 지시했다. 대부분의 그룹은 서로 자기가 먼저 첫 번째 공을 꺼내려고 하는 바람에 공이 병 입구에 막혀서 아예 한 개도 꺼내지 못했다. 그러나 딱 한 그룹은 공을 모두 꺼냈다. 그들은 여섯 명이 힘을 합쳐서 방법을 궁리한 끝에 공을 하나씩 차례대로 꺼낼 수 있었다. 사실 이 테스트는 흔히 말하는 팀워크, 즉 협동정신이 있는지 알아보기 위한 것이었다. 유대인 교사는 이 테스트를 통해 학생들에게 단체 생활에서 협동정신의 중요성을 일깨워 주었다.

유대인은 아마 세계에서 단체정신과 협동정신이 가장 강한 민족일 것이다. 전 세계에 지대한 영향을 준 《탈무드》도 여러 사람이 힘을 합쳐서 완성한 지혜의 결정체다. 유대인의 협업은 대부분 많은 사람이 힘을 모으는 대규모 협업이며, 이를 지켜보는 사람들은 그들의 협동정신에 감동하여 절로 고개를 숙이게 된다. 유대인의 지혜가 비범한 이유 중 하나도 아마 이런 정신과 무관하지는 않을 것이다.

유대인 중에는 협업 대상의 범위를 친구 또는 동포로 제한하는 사람이 많다. 비록 한정된 범위지만 그 안에서 서로 경쟁하고 교류하며 공동의 발전을 촉진한 유명 인물들도 무척 많다. 이런 인간관계는 유대 민족이 인재를 끊임없이 배출하는 중요한 원인일지도 모른다.

마르크스, 로자 룩셈부르크(Rosa Luxemburg, 독일에서 활동한 폴란드 출신 사회주의 이론가이자 혁명가-역주), 페르디난드 라살(Ferdinand Lassalle, 독일의 사회주의 이론가이자 혁명가-역주), 작곡가 레너드 번스타인(Leonard Bernstein, 젊은 시절부터 사회주의 경향을 강하게 드러냈으며 FBI의 블랙리스트에 올라 지속적으로 사찰을 당함-역주)은 모두 같은 사상을 지닌 유대인으로 오랜 시간에 걸쳐 협력과 투쟁으로 이어진 관계다.

레오 실라르드(Leo Szilard, 헝가리 출신의 미국 물리학자-역주), 아인슈타인, 로버트 오펜하이머(Julius Robert Oppenheimer, '원자폭탄의 아버지'로 불리는 미국 물리학자-역주), 에드워드 텔러(Edward Teller, '수소폭탄의 아버지'의 아버지로 불리는 헝가리 출신의 미국 물리학자-역주)도 매우 가까운 친구 사이로, 넷이 힘을 합하여 공동의 노력으로 원자폭탄과 수소폭탄을 개발했다. 이 밖에 제임스 프랑크(James Franck, 독일 출신의 미국 물리학자—역주), 아인슈타인, 닐스 보어(Niels Henrik David Bohr, '양자 역학의 아버지'로 불리는 덴마크 물리학자—역주), 하인리히 헤르츠(Heinrich Rudolf Hertz, 전자기파를 발견한 독일 물리학자—역주)는 한때 가장 좋은 친구이자 논적이었고, 이들이 이룬 눈부신 업적은 인류의 과학 발전을 촉진했다.

'기호학의 대가'로 칭송을 받는 독일 철학자 에른스트 카시러Ernst Cassirer가 서양 학술계에서 철학의 권위자로 성공을 거둔 것은 그의 스승인 또 다른 유대인 철학자 헤르만 코헨Hermann Cohen의 영향을 깊이 받은 덕분이다.

저명한 유대인 문학가 슈테판 츠바이크Stefan Zweig는 프로이트의 친한 친구였으며 그의 작품에서 프로이트의 그림자를 발견할 수 있다.

경제계에서는 이처럼 유대인들이 가까운 사람끼리 서로 협력하여 거물로 성장한 경향이 더욱 뚜렷하게 나타난다. 경제계에 종사하는 유대인들은 보통 사업 파트너를 유대인 중에서 선택한다. 데이비드 사르노프(David Sarnoff, 미국의 텔레비전과 라디오 방송 사업의 개척자—역주), 캐서린 그레이엄(Katharine Graham, 〈워싱턴 포스트(*The Washington Post*)〉의 최전성기를 이끌었던 미국의 언론 경영인—역주), 윌리엄 페일리(William Samuel Paley, 미국 CBS 창업자—역주) 등도 친한 친구이자 사업 경쟁자로서 서로 경쟁하고 우의를 다지면서 사업을 번창시켰다.

미국 할리우드를 지배하는 거물 영화 제작사인 메트로 골드윈 메이어(Metro-Goldwyn-Mayer, MCM), 파라마운트 픽처스Paramount Pictures를 비롯한 5대 영화사는 모두 유대인 소유의 회사다.

이처럼 유대인은 협력을 잘한 민족이었고 서로 단결하고 협동하여 자신의 사업을 성장시켰다. 이것이 바로 그들이 혹독한 시련 속에서도 살아남았던 이유 중 하나일 것이다.

미소는 가치를 매길 수 없는 귀한 보물이다

《탈무드》에 '미소는 가치를 매길 수 없는 귀한 보물'이라는 말이 나온다. 미소는 확실히 사람 사이의 정을 더욱 돈독하게 만든다. 사람들은 항상 미소를 짓는 사람과 교제하기를 좋아하고 그 사람과 친구가 되기를 바란다.

모든 사람을 미소로 대하는 건 무척 어려운 일이라고 생각하는 사람이 많지만 실제로는 전혀 어렵지 않다. 평소에 자기 자신한테 "난 행복한 사람이 되고 싶고 미소를 좋아해."라고 여러 번 말하기만 해도 다른 사람에게 쉽게 미소를 지을 수 있다. 호텔의 제왕 콘래드 힐튼Conrad Hilton처럼 매일 잠자리에 들기 전에 스스로에게 "오늘도 웃었니?" 하고 묻는 것도 좋은 방법이다.

힐튼의 아버지가 교통사고로 세상을 떠나자 가장의 무게는 자연스럽게 그에게로 옮겨갔다. 그는 은행 사업가가 되는 꿈을 품고 텍사스 주로 이주하여 한 은행을 매입하려고 했다. 그러나 그가 가진 돈은 5,000달러뿐이었고 은행 사장이 제시한 금액은 무려 7만 5,000달러로 그가 보유한 자금보다 15배나 비쌌다. 이틀 뒤, 예상치 못한 일이 벌어졌다. 은행 사장이 신용을 깨고 갑자기 가격을 8만 달러로 올린 것이다. 힐튼은 분통이 터져서 쉴 곳을 찾아 '모블리Mobley'라는 호텔에 들어갔다. 호텔은 이미 만실이었고 프런트 앞에서 눈썹을 잔뜩 찌푸린 채 서 있는 사람이 눈에 띄었다. 힐튼은 얼른 그 사람에게 다가가서 물었다.

"이 호텔 사장이십니까? 왜 그렇게 기분이 언짢으시죠?"

"맞아요. 내가 이 호텔 사장입니다. 호텔 꼴이 이 모양인데 내가 기분이 좋을 리가 있겠습니까? 난 일찌감치 이 귀신 같은 호텔을 포기하기로 했습니다."

호텔 사장은 맥이 풀린 목소리로 대답했다.

힐튼은 그 순간 영감이 번뜩 떠올라서 웃으며 사장에게 말했다.

"사장님, 축하드립니다. 호텔을 매수할 사람이 여기 있습니다."

힐튼은 4만 달러에 모블리 호텔을 인수했다. 그가 가진 돈 5,000달러외에 나머지 대금은 전부 빌려서 지불했다. 그는 몇 년 동안 호텔에 공을 많이 들였고 그의 사업은 하루가 다르게 성장하기 시작했다.

하루는 힐튼이 자신이 이룬 성과를 어머니에게 보고했다. 그런데 놀랍게도 어머니의 반응은 냉랭했다.

"내가 보기엔 이전과 별 차이가 없는 것 같구나. 큰 변화는 없고 고생한 네 넥타이만 더러워졌어. 성공하려면 지금껏 해 온 방법보다 더 가치 있는 것을 찾아야 해. 고객을 진심으로 대하는 건 당연한 일이고, 한 번 투숙했던 고객이 또 오고 싶은 마음이 들게끔 서비스할 방법을 고민해 봐. 간단하면서도 돈이 들지 않는 방법으로 고객을 끌어들일 수 있으면 더 좋겠지. 그렇게 해야 호텔이 꾸준히 발전할 수 있어."

힐튼은 어머니의 조언을 듣고 몇 날 며칠을 심사숙고하다가 문득 모블리 호텔을 매입할 당시의 호텔 정경을 떠올렸다. 호텔 사장이라는 자가 고객들 앞에서 종일 인상을 쓰고 있던 모습에서 영감을 받은 것이다. 그가 돈을 들이지 않고도 특별한 효과가 있는 서비스 방법으로 생각해 낸 것은 바로 '미소'였다.

힐튼은 직원들에게 항상 고객을 친절하게 모셔야 함은 물론이고 설령 일이 힘들고 기분이 나쁘더라도 항상 웃는 얼굴로 고객을 대하라고 지시했다.

힐튼의 미소 전략은 대성공을 거두었고 그의 사업은 꾸준히 성장하여 마침내 '힐튼 제국'을 이루었다. 1930년대 경제공황 시기에 수많은 호텔이 속속 도산하는 상황에서 힐튼의 호텔이 살아남은 것은 그야말로 기적이었다. 힐튼의 호텔 직원들은 어떤 어려운 상황을 맞닥뜨려도 고객 앞에서 절대 미소를 잃지 않았다.

남을 칭찬할 줄 안다

유대인들은 항상 남의 마음을 잘 이해하고 너그럽게 용서할 줄 안다. 또 교양 수준이 높고 자제력이 남다르며 기꺼이 남을 칭찬한다. 그래서 평범한 사람들보다 친구가 더 많아서 자기 사업을 꾸준히 발전시키는 데에도 도움이 된다.

칭찬의 효용은 말하지 않아도 다 안다. 그러나 모든 사람이 자신을 칭찬하는 말을 듣고 싶어 하지만 정작 남을 흔쾌히 칭찬하지는 않는다.

왜 그럴까? 남을 칭찬하지 않는 이유는 칭찬으로 말미암아 어떤 도덕적 책임을 져야 할까 봐 염려되기 때문이다. 만약 남을 칭찬해서 이득이 생긴다면 칭찬은 일종의 투기 행위가 되고, 또 칭찬하면 남의 비위나 맞추는 소인배 같은 행동 같다는 생각이 바탕에 깔려 있어서 칭찬에 인색한 것이다.

프랑스의 한 유명한 작가는 여성을 난처하게 하는 말을 하지 않기로 정평이 나 있었다. 어느 날, 아주 추한 몰골의 여성이 작가를 시험해 보려고 그를 찾아갔다. 여성이 작가에게 물었다.

"선생님, 제 모습이 아름답습니까?"

"아름답습니다."

작가는 처음에 거짓말을 했다가 다시 솔직히 말했다.

"아름답지 않습니다."

그러고는 작가는 묘한 설명을 덧붙였다.

"모든 여성은 하느님이 인간 세상으로 보낸 천사입니다. 그러나 불행하게도 어떤 천사들은 속세에 올 때 얼굴을 땅 쪽으로 향한 채로 내려와서 얼굴이 망가졌습니다. 그러니 당신의 잘못은 아닙니다."

이 말에는 여성의 생김새가 추하다는 뜻이 담겨 있지만 꽤 그럴듯한 이유여서 여성이 난처해하진 않았다.

상대방을 칭찬할 때는 일정한 원칙과 기술이 필요하며, 상대방의 심리를 파악하는 것이 칭찬의 전제조건이다. 칭찬은 상대방의 기분을 맞춰 주기 위한 말이므로 상대방의 심리를 모르면 그가 무엇을 원하는지 알기 어렵다. 그러므로 상대방이 무엇을 좋아하는지 확실히 알아야 하고 상대방이 정말로 듣고 싶은 칭찬의 말을 해 주어야 한다.

남을 칭찬할 때는 주의해야 할 점이 있다. 성공한 유대인의 비법 몇 가지를 알아보자.

1. 상대방이 가장 좋아하는 사람이나 일을 고른다.

상대방이 가장 아끼는 것을 주제로 대화할 때 상대방은 가장 감동하고 환대한다. 절대로 있지도 않은 일을 꾸며서 칭찬하지 말아야 하며, 만약 그렇게 했다가는 아첨으로 보여서 미움을 받는다.

2. 칭찬 대상은 반드시 구체적이어야 하고 상대방에게 알맞은 것이어야 한다.

칭찬 대상이 구체적이고 명확할수록 칭찬의 효과는 두드러지게 나타난다. 꼭 대단한 일로 칭찬해야 하는 것은 아니다. 작은 장점이라도 상대방에게 딱 알맞은 칭찬을 하면 대단한 일을 칭찬한 것과 같은 효과가 있다.

3. 타이밍이 적절해야 한다.

칭찬하는 때를 잘 맞춰야 한다. 상대방을 칭찬하면서 상대방이 좋아하는 사람 외에 다른 사람을 동시에 칭찬하면 안 된다. 상대방을 칭찬하기 위한 포석으로 다른 사람을 칭찬하더라도 때와 정도가 적절해야 한다. 타이밍이 적절하지 않으면 아무리 진심을 다해 칭찬해도 상대방의 기분을 맞춰 줄 수 없으며 때로는 부작용도 발생한다.

4. 진심을 다한다.

진심이 담기지 않은 말투와 표정이 없는 얼굴은 누구라도 실망하게 만든다. 그러므로 반드시 진심을 담아 칭찬하는 것이 무엇보다 중요하다. 진심은 인간관계에서 상대를 파악할 수 있는 가장 중요한 척도이므로 모두가 중시한다. 거짓 행동이나 말은 금방 들키기 마련이다. 아무런 근거도 없이 상대방을 칭찬하면 그는 다른 꿍꿍이속이 있는 것으로 받아들이고 경계한다.

5. 태도가 자연스러워야 한다.

칭찬은 마음에서 우러나와야 하며, 가식적으로 칭찬하면 칭찬한 효과는 없고 도리어 성가신 일만 생긴다. 상대방을 기쁘게 하려고 하는 행동이니 반드시 태도가 자연스러워 보여야 하며 절대로 어색하게 꾸미면 안 된다. 칭찬을 적절한 말로 표현하지 못하면 상대방은 불편함을 느낀다. 그러므로 칭찬할 때는 과장된 표현을 지양하고 정확하고 구체적이며 되도록 품위를 갖춰야 한다.

"말을 삼가고 상대방을 배려한다"

사람의 입이 한 개고 귀가 두 개인 이유는 말을 적게 하고 많이 듣기 위해서다. 말하기보다 듣기를 두 배나 더 해야 한다는 뜻이다. 그래서 남의 말을 잘 듣는 사람은 존경을 받고 수다스러운 사람은 미움을 받는다.

말에 뼈는 없지만 힘이 있으므로 각별히 조심해야 한다. 말은 일단 입 밖으로 나가면 활시위를 떠난 화살처럼 되돌릴 수 없다.

한 랍비가 그의 하인에게 부탁했다.

"시장에 가서 좋은 물건들을 좀 사오시오."

하인은 시장에서 혀를 사 가지고 돌아왔다.

"나쁜 물건도 좀 사서 가져오시오."

랍비가 또 하인에게 부탁했다.

하인은 또 혀를 사왔다.

랍비가 하인에게 물었다.

"왜 혀를 두 번이나 사왔소?"

하인이 대답했다.

"혀는 선과 악의 근원입니다. 때로는 혀보다 더 좋은 것이 없지만 때로는 혀만큼 나쁜 것도 없습니다."

이 짧은 이야기는 세 치 혀에 대한 경각심을 불러일으킨다.

유대인은 소매치기보다 수다쟁이가 더 골칫거리라고 한다. 거짓말이 장시간 사람들의 입에 오르내리면 유언비어가 되고, 유언비어는 친한 친구끼리도 서로 의심하게 만든다. 그러므로 눈으로 직접 보지 못한 것은 입으로 퍼뜨리면 안 된다.

랍비는 사람들에게 경고했다.

"길에서 소문을 들었을 때는 귀신을 만난 듯 재빨리 도망가야 합니다."

유대인은 뒤에서 남을 헐뜯지만 않으면 모든 갈등의 불씨가 사라진다고 했다. 그들은 말수가 적은 민족이어서 자기 얘기를 많이 하고 수다스러운 사람은 멍청하고 남의 말을 경청하는 사람은 똑똑하다고 여긴다. 그래서 유대 민족에게는 "멍청한 사람이 큰 소리로 웃을 때 똑똑한 사람은 미소만 짓는다."는 속담도 있다.

유대인은 혀는 칼처럼 날카로워서 조심히 다루지 않으면 남도 해치고 자신도 상처를 입는다고 여긴다. 고대의 의로운 자객이 부득이한 상황 외에는 함부로 칼을 뽑아 휘두르지 않는 것처럼 말도 함부로 내뱉으면 안 된다.

"침묵은 금이고 웅변은 은이다."라는 말도 있듯이 유대인은 침묵을 황금 갑옷을 걸친 지성으로 여긴다. 항상 깊이 생각한 뒤에 말을 꺼내고 아무 말이나 함부로 하지 않는다. 그렇게 하지 않으면 이득은 없고 손해만 입는다.

제프Jeff의 회사는 장기간 무역회사와 합작으로 운영되었고, 무역회사의 사장은 제프의 회사 입장에서는 꼭 필요한 존재였다. 하루는 제프가 무역회사 사장에게 교역 범위를 확대하자고 적극적으로 제안했지만 결국 설득하지 못했다. 이에 화가 난 제프는 사장이 자리를 뜨자마자 그를 비난했다.

"저 뚱보가 회사 출입문에 서 있으면 모기도 몸을 옆으로 해야 겨우 들어올 수 있겠어."

때마침 깜빡 잊고 가방을 두고 나갔던 사장이 다시 돌아와서 그 말을 듣고 말았다.

그 일이 있은 후에 제프는 사장에게 몇 번이나 식사를 청하며 실례를 사과하려고 백방으로 애썼다. 그러나 두 사람의 관계는 전처럼 회복되지 못했고 합작하는 일도 대폭 감소되었다. 남을 험담한 대가는 이렇게 컸다.

이처럼 뒤에서 이러쿵저러쿵 남의 장단점을 따지는 사람이 무척 많다. 그중에서도 '단점'을 거론하는 사람이 대다수이며 대부분은 험담을 한다. 이런 일방적인 공격은 보통 상호 간에 이익 충돌이 없다는 전제하에서 일어난다. 그래서 험담하는 사람은 자기 말에 대한 도덕적 책임을 지지 않아도 된다고 여겨서 멋대로 말하고 자신의 이런 '악행'을 반성하거나 제어하지 않는다.

남을 험담하는 이유는 험담하는 행위의 심각성을 인식하지 못하고 그로 말미암아 자신에게 닥칠 후폭풍을 전혀 예상하지 못하기 때문이다. 대개는 예화 속의 제프처럼 상대방을 강하게 공격할 목적으로 뒷담

화를 하지는 않는다. 그저 놀리는 말 몇 마디로 일상생활에 웃음을 보태려는 의도만 있을 뿐이다. 그렇지만 상대방이 험담을 들었을 때 받는 충격은 상당하다.

무역회사의 사장이 제프의 말을 듣고 속으로 얼마나 분노했을지 상상이 된다. 자존심이 마구 짓밟힌 상황 아닌가.

이 예화에서는 무역회사의 사장이 두고 간 가방을 가지러 다시 돌아오므로 정황상 드라마 같은 희극적 요소가 약간 있다. 그러나 이런 희극적인 상황이 실제로는 일어나지 않을 거라고 가볍게 생각하다가는 큰코다친다. '유언비어'는 근거 없이 떠도는 말이다. 말은 한 사람의 입에서 나오면 다른 사람의 귀에 들어가고, 또 그 사람의 입을 통해 또 다른 사람의 귀에 들어간다. 그러므로 남의 말을 하면 언젠가는 그 당사자의 귀에 반드시 들어간다.

예컨대 갑이 을에게 병의 험담을 늘어놓았다. 이틀 뒤에 을은 병과 단둘이 만나서 그를 위한답시고 갑이 병을 험담했다고 알려주었다. 또 이틀이 지나서 병이 갑에게 자신의 험담을 했느냐고 물었고 갑은 누구한테 들었냐고 되물었다. 병은 을이 말해주었는데도 험담하지 않았다고 거짓말할 거냐고 따졌다. 이런 상황은 아마 누구나 한 번쯤은 겪어봤을 것이다.

말이 이렇게 돌고 돌아서 갑은 을이 배신했다고 나무라고, 을은 병이 사실을 말했다고 원망하고, 병은 갑이 험담으로 체면에 먹칠을 했다고 화를 낸다. 결국은 서로 적대시하는 사이가 되므로 모두에게 전혀 득이 되지 않는다. 이런 일은 드라마가 아니라 실제로 일상생활에서 날마다 일어나고 있다. 아마 거의 모든 사람이 이 예화 속의 갑, 을, 병과 같은 상황에 처해서 쓴맛을 본 경험이 있을 것이다. 그러나 이런 폐해를 알고 말을 조심하는 사람도 있지만 그러지 않는 사람은 언제든 똑같은 일로 계속 괴로움을 겪는다. 잘못된 행동으로 쓴맛을 봤다면 당연히 행동을 교정해야 한다. 같은 돌에 걸려 두 번 넘어지는 것은 어리석은 짓이다.

보통 유언비어는 잡담을 나누는 중에 만들어진다. 어차피 잡담이니 가볍고 즐겁게 웃음을 더 유발하려다가 사실과 다른 이야기가 나오는 것이다. 대화에 독한 풍자와 조롱이 가미될 때 웃음이 가장 크게 터진다. 예화에서 제프가 뚱보 사장을 조롱하는 말을 했을 때 사장이 다시 들어오지 않았다면 아마 모두가 그 말을 듣고 폭소를 터뜨렸을 것이다.

말이 많아서 피해를 입은 유대인이 많아서 《탈무드》에 '혀'와 관련된 경고의 내용도 많은 것 아니냐고 농담 삼아 이야기하는 사람들도 있다. 이 말이 사실이건 아니건 간에 말을 적게 하고 많이 듣는 습관은 유대 민족의 지혜로운 처세술이다.

약점을 적당히 드러낸다

똑똑한 유대인의 행동이 도무지 이해되지 않을 때가 종종 있다. 그들은 때때로 공개적으로 자신의 단점을 인정하고 자신이 어떤 면에 약한지 일부러 밝힘으로써 대인관계에서 유리한 위치에 선다. 사람들은 유대인처럼 똑똑한 민족이 어째서 그렇게 바보처럼 구는지 의문이 들 것이다. 그러나 이는 바보 같은 행동이 아니다. 그들의 행동을 잘 관찰해 보면 약점을 일부러 드러내는 것 또한 대인관계에 필요한 고도의 전략임을 알아차릴 수 있다.

사업에 성공한 인생의 행운아는 당연히 질투의 대상이 된다. 주변의 질투로 곤란한 심정을 다잡을 수 없을 때 적당히 자신의 약점을 공개하면 난처한 상황에서 평정심을 되찾고 대인관계에도 도움이 된다.

유대인은 똑똑한데도 사람들이 '유대인들은 전혀 똑똑하지 않은가 봐.'하는 착각을 하게 만든다. 유대인 사이에서는 "내가 증명해 보일게."와 같은 말은 좀처럼 듣기 어렵다. 이 말은 곧 "내가 너보다 낫다는 걸 증명하겠어."와 같은 뜻이다. 이처럼 도발하려는 의도가 다분한 발언을 하면 상대방을 자극하여 충돌을 일으키고 자신의 처지도 불리해지므로 입에 올리지 않는다. 만약 이런 상황이 벌어졌을 때는 상대방을 설득하기가 거의 불가능하므로 순순히 상대방의 뜻을 따르는 것이 더욱 효과적인 방법이다.

당구를 좋아하던 나폴레옹은 그의 아내 조제핀과 당구를 칠 때마다 일부러 졌다고 한다. 그의 당구 실력은 훌륭했지만 아내를 기쁘게 하려고 못하는 척한 것이다. 이처럼 우리도 고객, 친구, 남편, 아내와 사소한 갈등이 있을 때 어리석어 보일지라도 상대에게 져 주는 것이 현명한 일이다.

한번은 링컨이 다른 사람과 격렬하게 말다툼하는 한 청년 장교를 나무라며 말했다.

"성공하려고 마음먹은 사람은 사사로운 다툼에 시간을 낭비하면 안 됩니다. 다투고 나면 뒷일을 감당할 수 없습니다. 자제력을 잃고 화를 낸 후폭풍을 말이지요. 다른 사람과 동등한 권리를 행사하고 싶은 것도 더 참고 양보하십시오. 당신의 생각이 틀림없이 옳은 일이라도 조금만 양보하십시오. 날뛰는 개를 말리려다가 물리느니 차라리 마음대로 가도록 내버려 두십시오. 개를 죽여도 개에게 물린 상처는 깨끗이 낫지 않기 때문입니다."

트럭 영업을 하는 해리Harry는 항상 언쟁을 즐겼다. 자동차 운전기사로 일하다가 전업하여 트럭을 파는데 사업이 신통치 않아서 데일 카네기Dale Carnegie에게 도움을 받으려고 그의 강의를 들었다. 카네기는 그의 하소연을 들으며 그가 항상 고객과 논쟁을 벌인다는 사실을 알았다. 고객이 트럭의 하자를 지적하면 그는 사정없이 고객과 논쟁하는 타입이었다. 해리도 그 점을 인정했다. 논쟁에서 져본 적은 거의 없지만 그 대신 고객을 많이 잃었다며 카네기에게 말했다.

"고객의 사무실을 나오면서 항상 혼잣말을 했어요. 못된 놈을 또 한 명 해치워서 속이 후련하다고요. 한 명을 해치우긴 했지만 정작 차는 못 팔았죠."

카네기의 첫 번째 과제는 해리에게 말하는 법을 가르치는 것이 아니었다. 카네기는 해리에게 자신을 제어하는 법과 적당히 약점을 드러내는 법을 훈련시켰다.

훗날 해리는 판매원으로 성공했고, 그의 성공담을 예를 들어 이야기해 주었다.

"내가 고객의 사무실로 들어가면 고객은 대뜸 이렇게 말합니다. '뭐요? 화이트 트럭? 마음에 안 들어요! 난 호세 트럭을 살 거니까 시승차를 몰고 와도 소용없어요.' 그러면 제가 말하죠. '호세 제품이 확실히 좋긴 좋아요. 구입하셔도 괜찮습니다. 최상급 트럭이니까요.' 이렇게 대응하면 고객은 할 말을 잃습니다. 서로 논쟁할 여지가 없어지죠. 고객이 호세 트럭이 좋다고 해서 저도 동의하면 고객은 말문이 막혀요. 그러고는 더는 호세 트럭이 최고라는 생각만 할 뿐 입 밖으로 꺼내진 못해요. 호세 트럭 이야기는 거기서 끝나고 그때부터는 제가 화이트 트럭의 장점을 소개하기 시작합니다. 전에는 고객이 경쟁 회사의 트럭이 더 좋다는 말을 하면 전 참지 못하고 당장 반격했어요. 그 트럭의 단점을 줄줄 읊어대면서요. 그런데 제가 트럭의 결점을 들출수록 고객은 더 옹호했어요. 그렇게 논쟁이 가열되면 고객은 경쟁 회사의 제품이 더 마음에 든다고 강하게 어필했죠. 지금 돌이켜보면 그때의 영업 방식은 완전히 실패였어요. 논쟁하느라 아까운 시간을 다 써버렸고요. 이제는 말수를 확 줄였어요. 예상대로 효과를 톡톡히 봤죠."

갈릴레오는 "남에게 무언가를 가르치려고 하지 말고 그 사람이 스스로 깨달을 수 있도록 거들기만 하면 된다."라고 했다. 이 말에도 약점을 적당히 드러내는 교제 기술이 필요하다는 의미가 내포되어 있다.

"자신의 판단이 75퍼센트 옳다면 그 일을 실행해서 최상의 기대를 충족시킬 수 있습니다."라고 했던 시어도어 루스벨트의 말도 약간 모자람이 있어도 원하는 바를 이룰 수 있다는 뜻이다.

유대인은 루스벨트의 말처럼 자신의 판단에 75퍼센트 확신만 있으면 월 스트리트에 가서 돈을 긁어모을 수 있다고 여겼다. 그렇다면 자신의 판단에 75퍼센트의 확신이 없는 사람은 과연 남의 잘못을 비난할 자격이 있을까?

대인관계에서 말 대신 눈빛, 어조, 몸짓으로도 남을 비난할 수 있다. 이런 비난을 받은 쪽은 구체적인 말로 비난을 들을 때와 같은 반응을 보인다. 즉 비난에 동의하지 않기 때문에 기존의 생각을 바꾸지 않고 오직 반격으로 맞선다.

그래서 유대인은 어설프게 상대의 잘못을 비난하는 대신 자신의 약점을 스스로 드러내는 전략을 써서 상대방을 설득시킨다. 예를 들면 성공한 사람은 실패한 사람 앞에서 자신이 실패한 경험과 현실적인 걱정거리 등을 밝히며 성공이 쉽지 않은 일임을 스스로 깨닫게 한다. 지위가 높은 사람은 지위가 낮은 사람 앞에서 자신의 평범한 점을 최대한 어필하여 서로가 평범한 사람임을 느끼도록 한다. 또 경제적으로 형편이 좋지 않은 사람 앞에서는 자신의 고충을 털어놓는다. 예컨대 자녀가 공부를 못한다거나 몸 상태가 나쁘다는 등 자신도 어려움이 있음을 알리는 것이다. 한 전문 분야에서 특별한 재능이 있는 사람은 자신이 다른 분야에서는 문외한이어서 평소에 웃음거리가 된다는 사실을 털어놓으면 좋다. 특히 성공한 사람은 운이 좋았을 뿐이라고 거리낌 없이 말해야 한다.

약점을 드러낼 때는 말뿐만 아니라 행동으로도 보여주어야 한다. 자신의 일이나 기타 방면에서 경쟁력을 갖춘 실력이 있어도 가능한 한 드러내지 않아야 한다. 다시 말해서 소소한 성취에는 약간 무덤덤한 편이 낫다. 성공하려고 간절한 목표를 세운 사람들 앞에 소소한 성취까지 과시하여 그들을 더 힘들게 하면 안 되기 때문이다.

한 기자가 유대인 부자의 스캔들에 관해 인터뷰하려고 그를 찾아갔다. 서로 인사말을 나누기도 전에 유대인 부자가 먼저 기자에게 말을 건넸다.

"천천히 이야기합시다. 시간이 아직 많으니까요."

뜻밖에도 부자가 태연하고 여유로운 태도로 나오자 기자는 약간 놀랐다.

이내 하인이 커피를 내왔다. 부자는 커피 잔을 받쳐 들고 한 모금 마시려다가 "앗 뜨거!" 하고 소리치며 커피 잔을 바닥에 내동댕이쳤다. 하인이 어질러진 자리를 치우고 나가자 부자는 또 담배 한 개비를 꺼내 입에 물었다. 부자가 담배에 불을 붙이려는 순간 기자는 부자가 담배를 거꾸로 문 장면을 포착하고 다급히 그를 말렸다.

"선생님, 담배를 거꾸로 무셨어요."

부자는 기자의 말에 허둥거리며 담배를 바로 물었고 당황한 나머지 재떨이까지 엎어버렸다.

평소에 돈을 물 쓰듯 펑펑 쓰며 잘난 체하는 부자가 연달아 실수를 보이자 기자는 참 의외라는 생각이 들면서 순간 그와 도전적인 인터뷰를 하려던 마음이 시들해졌다.

사실 이 모든 상황은 부자가 계획하고 만든 일이었다. 사람들은 유명인에게도 허점이 많음을 알고 나면 그에게 느끼던 위화감이 사라지고 친근감을 느낀다.

남에게 호감을 사려면 그 사람 앞에서 이해관계가 없는 결점을 티내지 않고 교묘하게 드러내고 추한 행동도 살짝 시도하며 자신이 완벽하고 고고한 사람이 아님을 보여주어야 한다. 그렇게 하면 상대방도 긴장을 풀고 적대시하지 않으므로 서로 편안하고 자연스럽게 교류할 수 있다.

이름을 기억한다

대인관계 전문가인 유대인 맥케이Mackay는 평생 미국에서 정치, 언론, 기업, 스포츠 등 사회 각 분야의 수많은 유명인과 친분을 쌓았다. 그러나 그의 원래 직업이 편지봉투 세일즈맨이라는 점은 누구도 짐작하지 못했을 것이다.

맥케이는 성공 경험을 이야기하면서 그의 아버지가 해 주었던 말을 떠올렸다.

"성공하고 싶으면 지금부터 네가 만나는 모든 사람에게 관심을 가져라."

맥케이는 그때부터 자기가 만난 모든 사람의 이름을 기억했다. 그들의 자세한 근황도 함께 알아두었고, 그들 중 누구든 생일이 되면 꼭 생일카드를 보내 축하했다. 나중에는 각 사람당 66가지 정보를 입력할 수 있는 프로그램을 설계하여 이름, 성별, 나이, 생일, 혈액형, 별자리, 취향, 출신학교, 직업, 가족관계 등 그 사람과 관련된 정보를 기록으로 남겼다.

한번은 대기업의 사장에게 편지봉투를 영업하러 찾아갔다. 사장은 맥케이가 어떤 말로 설득해도 편지봉투를 살 마음이 없었다. 그럼에도 맥케이는 사장의 주변을 2년이나 맴돌면서 그와의 관계를 계속 유지했다.

어느 날 그 사장의 아들이 교통사고가 났다는 소식을 전해 들었다. 맥케이는 수소문 끝에 아들의 나이가 열한 살이고 농구 스타 마이클 조던이 아들의 우상이라는 정보를 입수했다. 그는 마침 마이클 조던의 소속팀 시카고 불스Chicago Bulls의 코치와 아는 사이여서 조던과 팀의 다른 선수들이 사인한 농구공을 손쉽게 구했다. 그러고는 그 공을 사장 아들에게 선물로 보냈다.

아들은 농구공을 받고 신이 나서 깡충깡충 뛰었다. 영문을 모르는 사장은 아들에게 사인볼이 어디서 났는지 물었다. 아들이 대답했다.

"맥케이 삼촌이 갖다 줬어요."

사장은 문득 자신과 2년째 연락하는 사이지만 자신에게 편지봉투를 한 장도 판 적이 없는 맥케이를 떠올렸다. 맥케이의 진심은 사장을 크게 감동시켰다. 다음 날, 사장은 맥케이의 편지봉투를 대량으로 구입했다.

맥케이는 자신의 성공담을 마무리하면서 주저 없이 한마디 덧붙였다.

"주변의 모든 사람을 진심으로 대하고 그 사람들의 이름을 꼭 기억해야 합니다."

'철강왕'으로 불리는 앤드루 카네기Andrew Carnegie도 맥케이와 같은 방법으로 성공한 인물이다. 많은 사람이 카네기를 철강제조 분야의 전문가라고 알고 있겠지만 정말로 그렇게 생각한다면 대단히 큰 착각이다. 그에게는 철강제조에 관한 지식이 별로 없다. 오히려 수백 명 되는 그의 직원들이 훨씬 잘 안다. 그런데 카네기는 어떻게 성공했을까?

카네기는 어릴 때부터 리더십이 남달랐다. 열 살 때 그는 인간에게 자기 이름을 목숨처럼 여기는 치명적인 약점이 있음을 발견했다. 한번은 그가 어미 토끼를 잡았는데 뒤이어 토끼들이 모여 있는 작은 굴도 하나 발견했다. 그런데 이 토끼들을 키우려니 먹이가 충분하지 않았다. 카네기는 어떻게 했을까? 고민에 깊이 빠져 있던 그의 머릿속에 쓸 만한 아이디어가 번뜩였다. 그는 가까이에 사는 친구들을 불러 모았다. 토끼 먹이를 구해오는 사람은 자기 이름을 토끼의 이름으로 지을 수 있다고 제안했다. 그러자 친구들은 앞다투어 토끼의 먹이를 구해왔고 토끼에게 자기 이름도 붙여 주었다. 카네기의 예상은 적중했다. 이 일은 카네기에게 큰 영향을 주었고, 그는 일상생활이나 직장에서 다른 사람의 협력을 이끌어 낼 때 교묘하게 이런 방법을 이용했다.

카네기는 한때 펜실베이니아 철도회사에 철로를 공급하려고 갖은 애를 다 썼지만 뜻대로 되지 않았다. 때마침 어린 시절의 토끼 사건이 기억나서 그 방법을 또 활용해 보기로 했다. 당시 펜실베이니아 철도회사의 사장은 에드거 톰슨Edgar Thomson이었다. 카네기는 그를 찾아가서 자신이 현재 피츠버그에 큰 철강 공장을 짓고 있는데 완공되면 공장 이름을 '에드거 톰슨 철강 공장'으로 짓고 싶다며 그에게 의사를 물었다. 에드거 톰슨은 카네기의 제안에 무척 기뻐했으며, 그 이후로 회사에서 필요한 철로는 모두 앤드루 카네기의 철강 공장에 발주했다.

그 이후에 침대차 사업으로 조지 풀먼George Pullman과 치열하게 경쟁하던 때에도 카네기는 토끼 사건으로 깨달은 처세술을 해법으로 생각해냈다. 당시 센트럴 철도회사를 운영하던 카네기는 유니온 퍼시픽 철도회사와 합작하려고 계획하는 사이에 풀먼의 회사도 이 경쟁에 뛰어들었다. 두 회사는 서로 밀고 당기며 힘겨루기를 팽팽하게 했지만 결국 서로에게 아무런 소득이 없었다. 카네기와 풀먼은 각자 유니온 퍼시픽 이사회에 참석하러 뉴욕으로 갔다가 어느 날 밤에 성 니콜라스 호텔에서 우연히 마주쳤다. 카네기가 먼저 말을 건넸다.

"안녕하세요, 풀먼 씨. 우리는 왜 이렇게 계속 다퉈야 하는 거죠? 앉아서 진지하게 한번 얘기해 보실까요?"

풀먼이 물었다.

"어떻게 할 생각이십니까?"

카네기는 두 회사가 지루한 다툼을 멈추고 서로 합작하기를 바란다며 자신의 생각을 털어놓았다. 그러고는 합작하면 좋은 점을 좀 부풀려서 장황하게 설명했고 두 회사의 경쟁 문제는 함구했다. 풀먼은 카네기의 말을 신중하게 경청했지만 완전히 받아들이진 못했다. 마지막으로 풀먼이 카네기에게 물었다.

"합작하면 회사명은 어떻게 지을 겁니까?"

카네기는 풀먼의 질문이 끝나자마자 곧장 대답했다.

"그야 당연히 '풀먼 팰리스 자동차 회사'라고 해야죠."

풀먼이 눈을 반짝이며 말했다.

"자세한 이야기는 제 방으로 가서 나눕시다."

카네기는 대화를 마치고 흡족한 기분으로 풀먼의 방을 나왔다.

앤드루 카네기가 성공한 비결 중 하나는 바로 사람들의 이름을 기억하는 것이었다.

감정에 휘둘리지 않는다

유대인은 협상 테이블에서 감정을 드러내는 것만큼 어리석은 행동은 없다고 본다. 일단 협상에 감정이 개입되면 그 감정은 대부분 분노로 표출된다.

1809년 1월, 전쟁으로 스페인에 머물고 있던 나폴레옹은 잠시 짬을 내어 황급히 파리로 돌아갔다. 외무장관 탈레랑Charles-Maurice de Talleyrand이 나폴레옹에 반대할 음모를 꾸미고 있다는 정보를 스파이에게 들었기 때문이다. 나폴레옹은 회의에서 탈레랑의 음모를 매우 함축적으로 넌지시 흘렸지만 탈레랑은 전혀 반응하지 않았다.

나폴레옹은 속에서 분노가 끓어올라 탈레랑에게 바싹 다가가서 말했다.

"몇몇 대신들이 나를 배신하고 못된 수작을 부리고 있소!"

탈레랑이 여전히 감정을 내색하지 않고 의아한 표정으로 나폴레옹을 쳐다보자 나폴레옹은 끝내 화를 폭발시켰다.

"내가 너한테 하사한 재물이 얼만데 감히 날 사지로 몰아넣을 텐가! 이런 은혜도 모르는 개똥 같은 놈!"

나폴레옹은 욕을 한바탕 퍼붓고는 홱 돌아서 밖으로 나가버렸다.

다른 대신들은 나폴레옹이 이렇게 이성을 잃은 모습을 처음 보는 터라 어리둥절하여 서로 쳐다보기만 했다.

이상하리만치 차분하게 앉아 있던 탈레랑은 천천히 자리에서 일어서며 다른 대신 쪽을 바라보고 말했다.

"여러분, 이렇게 위대하신 분께서 이처럼 무례한 행동을 하시는 모습을 보니 참으로 유감스럽습니다."

나폴레옹이 추태를 보이고 탈레랑이 침착하게 대응한 사건은 마치 전염병처럼 소문으로 퍼져나갔고 나폴레옹의 위상은 바닥으로 추락했다.

나폴레옹이 주변의 압박 속에서 감정을 스스로 제어하지 못하자 사람들은 그가 내리막길을 걷게 될 것임을 직감했다.

일화에서 나폴레옹은 이성을 잃는 바람에 대화의 주도권을 놓쳤고 더불어 명망도 잃었다. 일화를 통해 알 수 있듯이 말은 분노를 쉽게 유발하고 담판은 말로 진행된다. 그래서 담판 중에 분노하는 일이 자주 발생한다. 이렇게 담판에 분노의 감정이 개입되면 결과는 딱 하나, 담판이 결렬되는 것뿐이다.

그러므로 담판을 지을 때는 절대 감정을 개입하지 말고 이성으로 감정을 제어해야 한다. 담판의 결과는 자신의 이해득실과 바로 연결이 되므로 순간의 통쾌함을 맛보려다가 오히려 자신한테 해가 되지 않도록 감정을 잘 제어해야 한다.

너그러운 마음을 유지한다

유대인에게 관용은 인류의 가장 고상한 미덕이자 가장 기본적인 미덕이다. 그들은 관용을 빼고서는 인류의 미덕을 논할 수 없다고 여긴다. 관용은 양보, 인내, 존중, 연민, 겸손 등의 미덕을 모두 내포한다. 유대인은 삶의 경험이 쌓여야 마음이 너그러워지고 인생 말년에 이르면 관용이 일정 경지에 다다른다고 한다. 점잖고 소탈하고 마음이 넉넉한 노인은 자상하고 친근한 느낌을 주지만 시시콜콜 따지고 옹졸하게 구는 노인은 어딜 가도 좋은 인상을 주지 못하는 것과 같은 맥락이다.

유대인은 언제 어디서든 포용력을 발휘한다. 간단히 말해서 불합리한 행동도 용인한다. 그래서 감정을 자제할 줄 알고 불쾌한 일이 있어도 비즈니스 협상 테이블에서 화를 터뜨리지 않는 유대인은 세계인이 인정한 최상의 비즈니스 파트너다.

포용심이 넓은 사람은 타인의 단점에 관심이 적고 장점에 훨씬 집중한다. 타인을 평가할 때도 그 사람의 긍정적인 가치를 칭찬하고 격려한다. 그러나 이상하게도 갈수록 많은 사람이 자기가 고용한 직원이나 친구가 완벽한 모습이기를 바란다. 그래서 그들이 어떤 실수라도 저지르면 자기가 기대하던 완벽한 모습이 깨져서 화내고 실망한다. 서로 간에 신뢰감이 없고 자의식이 강하면 상대방의 입장을 고려하지 않고 서로 트집만 잡다가 서서히 관계가 붕괴된다.

성공한 유대인 사업가들은 다른 사람에게 자기 기대 속의 완벽한 모습을 강요하지 않았다. 그들은 항상 그 사람의 본모습을 받아들이려고 한다.

유대인의 포용력은 일에서도 어김없이 발휘된다.

어느 봄날 저녁 무렵이었다. 미국 동부 해안의 한 도시에서 유대인 대학생이 자신이 사는 아파트를 나와서 편지를 부치러 갔다. 편지를 부치고 집으로 돌아가려는 찰나에 갑자기 열한 명의 청년이 나타나서 그를 둘러싸고 두들겨 패기 시작했다. 유대인 대학생은 구급차가 도착하기도 전에 숨을 거두고 말았다. 이틀 뒤에 열한 명의 청년이 경찰에 체포되어 재판에 넘겨졌다. 여론은 이 살인범들을 엄벌에 처하라고 한 목소리를 냈다. 그런데 사망한 대학생의 부모가 경찰에 편지를 한 통 보내왔다. 청년들의 죄를 최대한 경감시켜 달라는 내용이었다. 덧붙여 청년들이 출소한 뒤에 새로운 삶을 시작하는 데 보탬이 되도록 기금을 마련하겠다고 했다. 대학생의 부모는 그 청년들에게 증오의 씨앗을 뿌리고 싶지 않다는 의사를 전달했다.

고인의 부모가 내적으로 얼마나 많은 갈등을 겪은 끝에 이런 결정을 내렸을지는 물어보지 않아도 알 수 있다. 또한 자식을 죽인 철없는 청년들을 미워하지 않으려고 얼마나 이를 악물었을지도 가히 짐작된다. 고인의 부모는 그저 청년들이 충동을 제어할 수 없게 만든 비정상적인 심리 상태를 원망했다. 그래서 그들이 마음의 병을 치료하고 새로운 사람이 되기를 바라는 뜻으로 그들의 사회 복귀를 도울 기금까지 마련한 것이다. 다시 말해 고인의 부모는 사람을 원망하지 않고 일을 원망했다. 이런 태도가 바로 유대인의 관용이며, 이 같은 관용을 베풀려면 어마어마한 결단력이 필요하다.

자신을 대하듯이 남을 대하고 자신에게 너그럽듯이 남에게도 너그러울 수 있는 사람이 바로 유대인이다. 남을 이해한다는 것은 잘못된 행위와 비정상적인 성격을 용인한다는 의미가 아니다. '죄는 미워하되 사람은 미워하지 말라'는 말을 마음에 새기면 너그럽게 포용하는 마음도 자연스럽게 커질 것이다.

유대 민족은 이런 점을 분명히 알고 있기에 수백 년간 떠돌이로 살았음에도 여전히 끈끈한 응집력을 발휘한다.

“친구관계는 소중하고 신중하게”

한 유대인 고아원이 비행기 폭격을 당했다. 직원들과 아이들 몇 명이 그 자리에서 목숨을 잃었고 몇몇 아이는 다쳤다. 그중 한 여자 아이는 중상을 입어서 상처에서 피가 멈추지 않았다.

다행스럽게도 의사와 간호사 두 명으로 구성된 외국 의료 지원팀이 바로 현장에 도착했다. 의사는 도착 즉시 여자 아이를 응급 처치했는데 출혈이 너무 심한데도 수혈할 수 있는 혈액이 충분치 않았다. 의사는 현장에 있던 사람들에게로 시선을 돌렸다. 모든 사람의 혈액을 검사하여 다친 여자 아이의 혈액형과 일치하는 아이 몇 명을 찾았다. 그런데 의사와 간호사는 현지 언어를 할 줄 몰랐고 고아원 직원과 아이들은 모국어밖에 하지 못했다. 하는 수 없이 의사는 손짓 발짓까지 다 동원해서 아이들에게 의사를 전달했다.

“너희 친구가 심하게 다쳐서 피를 많이 흘렸어. 당장 수혈해야 하는

데 너희들의 혈액형과 그 친구의 혈액형이 일치하거든. 너희들의 피를 그 친구에게 줄 수 있겠니?"

아이들은 마치 의사의 말을 이해한 것처럼 그 자리에 우두커니 서 있었지만 눈에서는 두려움이 엿보였다. 의사의 말에 목소리를 내는 아이도 없었고 헌혈하겠다고 손을 들어 의사를 표시하는 아이도 없었다. 의사는 전혀 예상치 못한 반응에 이러지도 저러지도 못하고 그 자리에 잠시 멍하니 서서 생각했다.

'친구를 살리기 위해 헌혈하겠다는 사람이 왜 없지? 설마 내 말을 못 알아들은 건가?'

그때 갑자기 한 남자 아이가 주저하며 작은 손을 천천히 들어올렸다.

의사는 반가워서 당장 아이를 데리고 방으로 가서 침대에 눕혔다. 아이는 침대 위에 뻣뻣하게 누워서 주사 바늘이 자신의 가느다란 팔뚝에 천천히 꽂히는 장면을 지켜봤다. 이어서 피가 주사 바늘을 통해 조금씩 흘러나오자 아이의 눈물도 뺨을 타고 흘러내렸다. 의사는 아이가 눈물을 흘리자 놀라서 아픈 곳이 있는지 다급히 물었다. 아이는 고개를 가로저었지만 눈물은 멈추지 않고 계속 흘렀다. 의사는 당황해서 어찌할 줄을 몰랐다.

때마침 현지 간호사가 고아원에 도착했다. 의사는 모든 상황을 그 간호사에게 알렸다. 간호사는 황급히 아이 곁으로 가서 몸을 숙인 채로 아이와 이야기를 나누었다. 잠시 후, 아이가 놀랍게도 눈물을 거두고 웃고 있었다. 알고 보니 아이는 친구의 생명을 구하려면 자기 몸에 있는 피를 다 뽑아야 하는 줄 오해했던 것이다. 아이는 곧 있으면 죽는다고 생각하니 무서워서 울음을 터뜨렸다고 했다. 의사는 그제야 헌혈을 자원한 아이가 없었던 이유를 깨달았다. 그래도 여전히 이해되지 않는 점이 있어서 간호사에게 물었다.

"헌혈하고 나면 죽을 걸 알면서도 왜 자원했을까요?"

간호사가 아이에게 이유를 묻자 아이는 망설임 없이 바로 명쾌하게 대답했다.

"나랑 가장 친한 친구거든요."

아이의 짧은 한마디에 현장에 있던 모든 사람이 감동했다.

우정을 위해서는 도움을 아끼지 않아야 한다. 어려운 상황에 처한 타인을 목격했을 때 미약한 힘이라도 손을 내밀어 도움을 주면 친구가 될 수 있다. 여기서 말하는 도움은 넓은 의미의 도움이다. 곤경에서 벗어나도록 돕는 것일 수도 있고 고통을 떨쳐내도록 돕는 것일 수도 있다. 자기 이익만 챙기거나 친구를 위해 조금도 힘을 보태지 않으면 우정은 지속되기 어렵다.

유대인 청년 브라이스Bryce는 전업하려고 새 일자리를 알아봤지만 구하지 못해서 고향으로 가서 한동안 지내기로 했다. 고향에 있는 동안 정보를 쉽게 접하지 못해서 취업할 기회를 놓칠까 봐 염려된 그는 고향으로 떠나기 전날에 친한 친구들을 식당으로 초대하여 같이 밥을 먹었다. 식사가 다 끝나갈 무렵에 브라이스는 친구들에게 부탁하려고 했던 말을 꺼냈다.

"취업 정보가 있으면 나한테도 알려줘."

한 친구가 새빨개진 얼굴로 말했다.

"당연하지. 나만 믿어. 내가 나서면 금방 괜찮은 일자리를 찾을 수 있을 거야."

친구들은 너도나도 정보가 있으면 당장 알려주겠다고 장담했다. 브라이스는 친구들이 적극적으로 돕겠다고 하자 눈물을 글썽였다.

"모두 정말 고맙다. 내가 취업하면 꼭 한 턱 낼게."

이때 옆에서 한마디도 하지 않고 있던 오슬라가 자리에서 일어서더니 브라이스에게 술을 권하며 차라리 고향에서 가게를 차리라고 조언했다. 가게를 열심히 운영하면 직장을 다니는 것보다 자유롭고 편해서 훨씬 낫다고 했다. 오슬라의 말에 떠들썩하던 분위기는 순식간에 가라앉았고 모두의 시선이 오슬라에게로 쏠렸다.

브라이스는 갑자기 마음이 뒤숭숭해져서 오슬라는 진정한 친구가 아니라는 생각이 들었다. 그래서 고향의 연락처를 다른 친구들에게만 알려주고 고개를 떨군 채 식당을 나왔다.

고향으로 간 브라이스는 서리 맞은 가지처럼 축 늘어져서 종일 할 일 없이 집에만 있었다. 그의 아내는 무기력하게 있지 말고 집에서 책도 읽고 글도 써 보라고 권했지만 그는 취직할 생각만 하며 친구들이 일자리를 구했다는 연락을 주기만을 기다렸다. 브라이스는 하루하루가 정말 견디기 힘들었다.

6개월이 지난 어느 날 밤에 브라이스가 방에서 책을 보고 있을 때였다. 오슬라가 추위를 뚫고 연락도 없이 찾아왔다. 브라이스는 친구에게 바로 따뜻한 술을 한 잔 건네며 미리 연락하고 왔으면 마중을 나갔을 텐데 혼자 찾아왔다며 나무랐다. 오슬라가 말했다.

"네가 나한테 연락처를 안 알려줘서 급하게 찾아올 수밖에 없었어. 석간을 발행하는 한 지역 신문사에서 기자를 모집하는데 내일 정오까지 입사지원서를 제출해야 해서 너한테 알려주려고 일부러 이렇게 왔어."

브라이스는 오슬라가 준 정보로 서류 전형과 면접 전형을 거쳐서 마침내 그 신문사에 채용되었다. 며칠 후, 그는 술집에서 친구들을 초대하여 축하주를 마셨다. 서로 술을 권하며 마시는 중에 한 친구가 목소리를 높여 말했다.

"신문사 채용 공고가 났을 때 너한테 전화했더니 네 아내가 받더라. 난 네가 합격할 줄 알았어. 자, 건배하자."

브라이스는 내심 썩 유쾌하지 않았다. 이어서 또 다른 친구가 광고회사에서 사람을 뽑는다고 해서 몇 번이나 그에게 전화를 했지만 통화가 되지 않았다고 했다. 또 다른 한 친구는 IT 회사의 채용팀장이 도와주겠다고 해서 전화를 여러 번 걸었는데 그 사람과 연결이 되지 않았다고 했다.

브라이스의 얼굴은 점점 어두워졌다. 그때 오슬라가 잔을 들고 일어서며 말했다.

"브라이스의 취업을 위해 다들 고생했어. 축하한다는 말을 아직 못했네. 자, 모두 잔을 들고 브라이스를 축하하자. 건배!"

"그래, 건배!"

모두 축하하고 건배하느라 시끌벅적했다. 브라이스는 다른 친구들 몰래 오슬라의 손을 꼭 잡으며 말했다.

"친구야, 건배!"

브라이스의 눈가가 촉촉해졌다.

유대인 사회학자가 남긴 말이 있다.

"인생에서 우정은 꼭 필요합니다. 따뜻한 가정을 떠나고 혈육의 그늘을 벗어나도 우정이라는 촉촉한 감정이 있으면 외롭고 적막하지 않습니다. 우정은 가족의 정에 버금갑니다. 많고 많은 사람 중에 한 사람을 알게 되고 그 사람과 참된 우정을 맺으면 더없이 행복해집니다. 우정은 당신의 삶에 환한 햇살을 비추고 당신의 삶을 더욱 멋들어지게 변신시킬 것입니다."

우정은 이처럼 귀한 보물이며, 자신을 희생하지 않고서는 우정을 유지할 수 없다. 유대인은 우정을 지키려면 어떻게 희생해야 하는지 어려서부터 터득해 알고 있다. 유대인에게 친구는 돈보다 훨씬 귀한 존재이므로 친구를 위해 목숨을 바칠 수도 있다고 믿는다.

사귐에는 정도가 있어야 한다

어떤 사람과 마음이 무척 잘 통해서 끝도 없이 이야기를 나누고 헤어지기 아쉬워서 그림자처럼 찰싹 붙어 다녔던 경험이 한 번쯤은 있을 것이다. 그 사람과 사이가 가까워져서 서로 좋은 관계를 유지했지만 마지막엔 생각처럼 아름답지 않고 아프게 헤어져서 치유할 수 없는 상처가 남기도 했을 것이다. 상처는 한번 생기면 아무리 잘 치료해도 자국이 남는다.

친구와의 사귐은 인생의 큰 즐거움이다. 마음이 통하는 친구가 생기면 서로 더 가까워지고 친해지고 싶어진다. 이는 바람직한 생각이지만 지나치게 친밀한 관계는 권장하지 않는다.

유대인들은 친구끼리 너무 친하면 꼭 갈등이 생겨서 서로 말을 함부로 하고, 장단점을 지적하고, 과거를 폭로하고, 아픈 곳을 찌르는 등 관계가 흔들린다고 여긴다. 그런 불안한 사이가 되면 우정에 금이 간다. 이웃 중에 서로 사이가 안 좋은 사람들이 있으면 그들이 과거에 어떤 관계였는지 한번 알아보기 바란다. 아마 대부분은 격의 없는 굉장히 친한 사이였을 것이다. 그러므로 친구끼리는 특히 절친 사이에는 너무 가

깝지도 멀지도 않은 적당한 거리를 두어야 정이 떨어지지 않는다. 이는 교우 관계에서 지켜야 할 중요한 원칙 중 하나다.

유대인은 "교우 관계는 가늘고 길게 흐르는 물과 같아야 한다."는 말을 자주 한다. 이 말 또한 친구 관계가 너무 친밀하면 안 된다는 뜻이다. 예를 들어 볼일이 있어서 친구의 집을 찾아갔는데 때마침 집 안에서 친구가 다른 사람과 대화하는 소리가 들렸다면 어떻게 해야 할까? 친구 사이니까 주저 없이 문을 열고 들어가도 되지 않느냐고 생각하는 사람이 있을 텐데 그러면 안 된다. 아무리 친한 친구 사이지만 인사도 없이 다짜고짜 집 안으로 들어가서 남의 대화에 지장을 주면 과연 친구가 좋아할까? 이런 상황에서 가장 좋은 대처법은 조용히 자리를 비켰다가 나중에 적당한 때를 봐서 다시 오는 것이다. 혹은 친구에게 미리 전화를 걸어서 만날 시간을 정하는 것도 좋은 방법이다. 그러나 친한 사이니까 아무 때나 방문해도 된다는 생각은 하지 않아야 한다. 이런 점만 잘 새겨두면 친구 사이는 더욱 돈독해진다.

친구 사이의 거리가 너무 멀어도 관계가 소원해진다. 그렇다면 교우 관계를 잘하는 비결은 뭘까? 유대인들의 비결은 친구가 잘못을 하면 진심으로 충고하지만 친구가 충고를 받아들이지 않으면 더 이상 언급하지 않는 것이다. 만약 친구가 받아들이지 않는데도 길게 설교조로 이야기하면 친구의 반감을 사고 서로 간에 부정적인 영향을 미친다. 충고를 받아들일지 말지 판단은 친구가 하므로 끈질기게 충고하지 말고 친구의 뜻과 판단을 존중해야 한다.

진정으로 좋은 친구는 어떻게 사귈 수 있을까? 이 물음에 대한 유대인의 조언은 몇 가지로 요약된다. 첫째, 상대방에게 호감을 적극적으로 드러냄으로써 편안한 분위기를 조성하여 소통의 다리를 놓는다. 둘째,

상대방을 신뢰해야 한다. 그래야만 상대방도 자신을 신뢰한다. 셋째, 자신의 생각이나 주관으로 옳고 그름을 분명히 가릴 수 있어야 남에게 이용당하지 않는다. 넷째, 친구에게 어떤 일을 부탁을 받았을 때 자기가 할 수 없는 일은 인정상 마지못해 들어주면 안 된다. 만약 하기로 했다가 막상 때가 되어 하지 않으면 이미지가 크게 손상되고 우정도 서서히 식는다.

《논어(論語)》에도 "세 사람이 길을 가면 그중에 나의 스승이 있다(三人行 必有我師)."는 말이 나온다. 좋은 친구의 말과 행동에는 본받을 만한 점이 반드시 있으며, 나쁜 점이 있다면 그것을 거울삼아 스스로를 반성해야 한다.

유대인에게 친구는 평생의 자산이다. 친구는 근심을 덜어주고, 마음을 달래주고, 지식을 넓혀주고, 어려움을 없애주고, 정신적인 위안이 되기 때문이다. 친구가 주는 유익함과 영향은 돈으로 가치를 따질 수 없다. 친구가 있으면, 특히 마음이 잘 통하는 친구가 있으면 삶을 정확히 이해하고 깊이 파악할 수 있으며 성숙하게 대할 수 있다. 돈은 얻기 쉽지만 친구는 구하기 어렵다. 영혼의 세계가 일치하고, 소양과 자질을 서로 보완하고, 목표와 지향점이 같고, 말과 행동이 조화를 이루고, 학업과 일의 발전을 함께 도모하는 친구를 만나기는 더더욱 어렵다. 하지만 이런 친구는 인생에 힘이 되고 더욱 분발하게 만들고 새로운 것에 도전할 수 있게 한다.

친구의 행복을 진심으로 기뻐한다

유대인은 신이 인간을 창조할 때 인간이 자기 마음속에 도사리고 있는 사악함과 싸우게 만들었다고 한다. 인간이 사악함과 싸워서 이기면 신을 경애하여 친구를 아끼고 보호하며 소중히 대하지만 사악함에 정복당하면 그 노예가 되어 친구에게 나쁜 행동을 일삼는다는 것이다. 이런 까닭에 유대인들은 자기가 신을 진심으로 경애하는지 궁금하다면 자신의 친구를 사랑하는지 생각해 보면 안다고 말한다.

유대인 사이에 회자되는 일화가 있다.

옛날에 한 나라가 이웃 나라에게 침략을 당하자 국왕이 군대를 파견하고 전쟁에서 이기기 위해 군량을 전방으로 넉넉히 보냈다. 그런데 얼마 지나지 않아서 전방에서 패했다는 소식을 전해왔다. 국왕은 몹시 화가 나서 장군을 해임하고 새로운 장군을 파견하여 군대를 이끌도록 명령했다. 한편 자기가 해임한 장군이 매국 행위를 하여 전쟁에 진 것은 아닌지 의심이 들었고 더불어 장군의 애국심이 어떠한지 궁금했다. 국왕은 장군이 조국을 사랑하는지 증오하는지 알아볼 방법을 한참 궁리한 끝에 좋은 아이디어를 생각해냈다.

'해임된 장관이 진심으로 후임자의 승리를 기원한다면 분명 믿을 만한 사람이겠지. 반대로 후임자의 발목을 잡는 언행을 한다면 틀림없이 옹졸한 사람일 테니 어쩌면 나라를 팔아먹을 수도 있어. 그러면 죄를 물어 처벌하면 되겠군.'

유대인은 한 사람의 가치를 판단할 때 그 사람이 타인의 행복을 진심으로 축하하는지를 기준으로 삼는다. 자신에게 기쁜 일이 있을 때 이웃

이 달려와서 기쁨을 함께 나누는 것은 무척 행복한 일이다. 그래서 유대인은 힘들고 고달플 때는 친구가 많아야 하고 실의와 절망에 빠졌을 때는 우정의 힘으로 희망을 다시 품어야 한다고 믿는다.

타인의 기쁨을 자신의 기쁨으로 여기고 남의 고통을 자신의 행복으로 삼지 않는 유대인의 정신에는 신을 경애하고 사람을 사랑하는 마음이 드러나 있으며, 이는 유대인의 지혜로운 처세술 중 하나다.

실수는 지혜롭게 지적한다

타인의 실수를 효과적으로 지적하면 상대방이 자신의 잘못을 인식하고 적시에 개선할 수 있다. 그렇지만 면전에서 상대방을 질책하는 행위는 절대 지양해야 한다. 그렇게 하면 상대방이 악감정을 강하게 표출하고 심지어는 분노를 일으키므로 스스로 잘못을 깨닫도록 지혜로운 방법으로 암시를 주어야 상대방에게 호감도 살 수 있다.

독일의 뷜로Bernhard von Bülow 총리는 무심결에 황제 빌헬름 2세를 한 번 지적했다가 그의 분노를 샀다. 빌헬름 2세가 뷜로 총리를 향해 소리쳤다.

"총리는 하지 않는 실수를 나만 한다고 지금 날 바보 취급하는 겁니까?"

난처해서 얼굴이 벌겋게 달아오른 뷜로 총리는 황급히 말을 돌리며 정중하게 황제에게 말했다.

"폐하, 오해십니다. 저는 결코 그런 뜻으로 한 말이 아닙니다. 폐하께서는 박학다식하셔서 저보다 지식이 훨씬 많으십니다. 해양과 군사

방면은 말할 것도 없고 가장 중요한 자연과학 분야에도 얼마나 해박하십니까. 저는 자연과학 분야에서는 아는 것이 별로 없습니다. 특히 물리와 화학은 완전히 문외한이라서 간단한 자연현상조차 설명할 수 없는 수준입니다. 그렇지만 이런 부족한 점을 채우기 위해서 관련 역사를 공부하여 조금이나마 외교 방면에서 폐하께 도움을 드리는 정도입니다."

빌헬름 2세의 얼굴에는 어느덧 웃음이 피었다. 뷜로 총리가 열정적으로 황제를 찬양하고 자신의 부족한 점을 인정하니 황제도 그를 용서하며 진지하게 말했다.

"내가 늘 말하지 않았습니까. 우리 두 사람이 손을 잡으면 못할 일이 없다고. 우리는 힘을 합쳐야 합니다. 반드시 그래야만 합니다."

빌헬름 2세는 뷜로 총리의 손을 힘주어 잡으며 흥분하여 말했다.

"다른 사람이 내 앞에서 총리의 험담을 절대 하지 못하게 하겠습니다. 만약 그렇게 하는 사람이 있으면 누구라도 용서하지 않을 겁니다."

이 일화에서 보았듯이 뷜로 총리는 약삭빠른 대인관계의 고수여서 적당한 때에 스스로를 구제했다. 적절히 뒤로 물러나서 자신의 부족한 점을 인정하고 황제의 장점을 찬양했지만 황제가 대노하기 전에 그렇게 했더라면 여러모로 훨씬 좋았을 것이다.

메릴Meryl의 회사는 화장품을 생산하고 판매하므로 위생 관리 수준이 대단히 높고 청결을 유지하는 것이 가장 중요한 업무다. 하루는 그녀가 회의를 소집했는데 회의에 참석한 한 뷰티 컨설턴트의 메이크업 박스가 무척 더러웠다. 이 뷰티 컨설턴트는 회사에 갓 입사한 사원이었다. 메릴은 그녀의 메이크업 박스를 보니 기분이 퍽 언짢았다. 만약에 더러운 메이크업 박스가 고객의 눈에라도 띄면 고객은 화장품을 구입하지 않을 게 뻔했다. 메릴은 완곡한 방법으로 상대방의 단점을 지적해야겠다고 생각했다.

메릴이 정한 회의 주제는 '청결은 경애하는 하느님에 버금가는 미덕'이었다. 그녀가 회의 참석자들에게 물었다.

"미용 전람회에 참가했는데 행사를 진행하는 뷰티 컨설턴트의 메이크업 박스가 더러운 걸 보면 어떤 생각이 들까요?"

회의에 참석한 뷰티 컨설턴트들은 각자 자신의 생각을 말하면서 모두 부정적인 반응을 보였다.

메릴이 이어서 발언했다.

"우리는 미용업계에 종사하는 사람이기 때문에 어떤 경우를 막론하고 사람들에게 보이는 이미지가 깨끗하고 아름다워야 합니다."

메릴은 발언하면서 신입 뷰티 컨설턴트를 겨냥한 이야기가 아닌 척하려고 가급적 그녀에게 눈길을 주지 않았다. 굳이 그럴 필요도 없었다. 그 뷰티 컨설턴트가 들으면 '내 메이크업 박스가 더럽구나.' 하고 생각할 수밖에 없는 이야기였다. 이렇게 에둘러서 완곡하게 지적하면 꽤 효과적이다. 뷰티 컨설턴트에게 청결의 중요성을 심어준 한편 간접적으로 실수도 지적했기 때문이다.

또 한 번은 어쩐 일인지 업무 태도가 전과 달라진 한 뷰티 컨설턴트가 메릴의 눈에 들어왔다. 그 컨설턴트는 원래 판매 실적이 우수한 직원 중 한 명이었는데 점점 열정이 식어가는 게 두드러지게 보였고 급기야 판매 회의에도 아예 불참했다. 메릴은 그녀의 태도가 도통 이해되지 않았지만 그녀를 엄하게 꾸짖지 않고 그녀가 일에서 재미와 열정을 다시 느낄 수 있게 할 방법을 모색했다.

이윽고 메릴은 좋은 방법이 생각났다. 그녀는 곧장 그 컨설턴트의 관리자에게 전화를 걸어 다음에 소집될 판매 회의에서 그 컨설턴트가 주문 프로세스에 관한 프레젠테이션을 할 수 있는지 물었다. 그 컨설턴트는 주문 방면에서는 업무 능력이 다소 떨어져서 다른 사람들에게 어떤 방법으로 고객의 관심을 끌 수 있는지 직접 가르치는 경험을 하면서 스스로 부족한 점을 깨닫게 하려는 의도였다. 이 방법도 그 컨설턴트가 알아차리지 못하게 지혜를 발휘하여 다른 방식으로 지적하는 것이었다. 회의가 열렸다. 그 컨설턴트는 몇 가지 성공 사례를 분석해 와서 차분하면서도 당당하게 프레젠테이션을 진행했다. 그녀의 발표 내용은 다른 뷰티 컨설턴트들의 흥미와 열정을 불러일으켰고 그들에게 유익한 자극이 되었다. 무엇보다 그 컨설턴트가 프레젠테이션을 통해 자신의 열정을 되살리고 일에 재미와 자신감을 되찾았다는 점이 의미가 있었다.

화장품 사업으로 성공한 메릴은 많은 이의 본보기가 되었고, 특히 완곡하고 지혜로운 그녀의 지적 방식은 관리자 직책에 있는 사람들에게 찬사를 받았다.

질투심을 경계한다

성공한 친구를 보면 속이 부글거리고 괴롭고 우울해하는 사람들이 있다. 그들은 심지어 자기한테 굉장히 좋은 물건이 있어도 남의 성공을 보고 배가 아파서 그것을 만끽하지 못한다.

모세는 질투로 한 번 공격을 받느니 백 번 죽는 것이 낫다고 했다. 지혜로운 솔로몬도 "질투는 뼈를 썩게 만든다."라는 말을 남겼다.

탐욕스러운 사람과 질투가 심한 사람이 있었다. 두 사람은 서로를 매우 증오하는 사이였다. 탐욕스러운 사람이 질투가 심한 사람을 쳐다보며 소리를 높여 말했다.

"전지전능하신 하느님이시여, 당신은 너무도 불공평하십니다. 저는 이리도 가난한데 저 악독한 이웃 놈은 어찌하여 저리도 부유합니까?"

질투가 심한 사람은 악을 품고 말했다. "하느님이야말로 가장 공평한 분이시니 자네를 거들떠보는 일은 없을 걸세."

마침 하느님의 천사가 황야에서 이 두 사람을 발견하고는 그들에게 다가가서 말했다.

"자, 제가 오늘 하느님의 명령으로 이곳에 왔으니 당신들의 소망을 각자 말해보십시오. 누구든 자신의 소망을 말하면 당장 이루어질 것입니다. 두 사람 중에 나중에 말한 사람에게는 먼저 말한 사람보다 두 배나 많은 혜택이 주어집니다. 이 규칙을 꼭 명심하십시오."

천사는 말을 마치자마자 이내 사라졌다.

두 사람은 천사의 말을 듣고 싱글벙글하더니 갑자기 미간을 찌푸렸다.

탐욕스러운 사람이 말했다.

"자네가 먼저 하게."

질투가 심한 사람이 대답했다.

"내가 먼저 소원을 빌면 자네가 두 배나 큰 은혜를 받을 텐데 나더러 그런 어리석은 짓을 하라고?"

탐욕스러운 사람은 미친 듯이 질투가 심한 사람에게 달려들어 넘어뜨리더니 마구 때렸다.

결국 두 사람은 맞붙어서 서로 치고받고 싸웠다. 질투가 심한 사람은 끝내 다툼을 이기지 못하고 소원을 빌었다.

"하느님, 바라오니 제 한쪽 눈을 파 주십시오. 그러면 저 원수는 두 눈을 모두 잃지 않겠습니까. 또 저놈의 두 손모가지가 싹둑 잘려나가게 제 한쪽 손도 잘라 주십시오."

질투가 심한 사람의 말이 채 끝나기도 전에 그의 바람이 하느님에게 전달되었다. 갑자기 무시무시한 어둠이 내리더니 두 사람은 모두 시력을 잃고 말았다.

탐욕스러운 사람은 질투가 심한 사람보다 두 배로 몸이 망가졌다. 두 눈은 멀고 두 팔은 옷소매 안에서 힘없이 축 늘어졌다. 온몸에는 이미 아무런 힘도 남아 있지 않았다.

아무것도 할 수 없어 막막해진 두 사람은 멍하니 그 자리에 앉아 있기만 했다. 그들의 갈망도 미움도 모두 사라졌다. 탐욕스러운 사람은 거액의 재물을 탐하던 욕심이 싹 사라지고 그저 빨리 무덤으로 들어가고 싶은 마음만 들었다. 질투가 심한 사람도 더는 남을 증오하지 않았다. 모든 것을 잃고 나니 질투심도 사라지고 삶도 처절히 망가졌다.

친구의 성공을 보면 시기하지 말고 함께 기뻐해야 한다. 질투심과 증오심을 타인에게 풀려고 하면 남에게도 해를 입히고 자신의 인생도 망가진다.

친구 사이에도 예의를 지킨다

젊은이들이 친구를 사귈 때 착각하는 점이 한 가지 있다. 친한 친구끼리는 예의를 갖추지 않아도 된다고 생각하는 것이다. 절친은 형제처럼 굉장히 친밀한 사이라서 예의를 따지면 오히려 멀게 느껴진다고 한다. 실제로 친구 사이가 오래 지속되려면 서로 강요하고 간섭하고 통제하지 않아야 하며 서로 존중하는 마음이 바탕이 되어야 하는데 젊은이들은 이런 사실을 모르고 있다. 서로 마음이 통하고 성격이 맞으면 사귀고 그렇지 않으면 안 사귀면 그만이라고 여긴다. 아무리 친하고 가까운 사이라도 상대방에게 예의 없이 너무 멋대로 행동하면 서로 간에 조화와 균형이 깨져서 우정이 흔들린다. 친구 사이에 조화와 균형을 유지하려면 감정적으로 유대가 생겨야 한다. 감정은 진심에서 자연스럽게 우러나는 것이므로 가식적으로 꾸밀 수가 없다. 친구 사이에 예의를 따지는 행위는 모든 상황에서 불필요하고 번잡한 격식을 억지로 갖추는 것이 아니다. 서로 존중하고 상대방의 영역을 침범하지 않는 것을 말한다.

사람은 누구나 자기만의 독립된 공간을 원한다. 친한 사이라고 너무 편하게 행동해서 그 영역을 침범하면 갈등이 생긴다.

유대인은 친구 사이에도 예의를 지켜야 하고 적당히 예의를 갖추면 우정이 더욱 돈독해진다고 여긴다. 유대인 청년들은 이 점을 대단히 중시하므로 친구 사이에 지켜야 할 예의를 다음과 같이 반드시 지킨다.

첫째, 물건을 분명히 가려서 사용한다.

친구 사이에 물건을 구분 없이 사용하다가 친구가 물건을 망가뜨리면 배상하라고 말하고 싶어도 입이 떨어지지 않아서 못한다. 그래서 스스로 운이 없었다고 여기며 넘기지만 친구에게 반감이 드는 건 어쩔 수 없다.

둘째, 친구한테 빌붙지 않는다.

가끔 한두 번은 친구가 한턱낼 수도 있지만 번번이 친구한테 빌붙을 생각을 하면 누구도 참기 힘들다. 그러므로 가장 좋은 방법은 놀러 나가기 전에 비용을 어떻게 분담할지 서로 상의하고 미리 회비를 걷어서 차후에 정산하고 남은 돈은 돌려주는 것이다. 이렇게 하면 다 같이 즐겁게 놀 수 있고 친구 사이도 돈독해진다.

셋째, 친구의 방이나 주방에 함부로 드나들지 않는다.

친구 집이 내 집은 아니므로 친한 사이일수록 서로 존중해야 한다. 친구가 생활하는 공간을 무슨 이유로 함부로 드나들려고 하는가. 남의 집에서 멋대로 행동하면 상대방은 무시당하는 기분이 든다.

넷째, 빈손으로 방문하지 않는다.

친할수록 예의를 갖춰야 하므로 친구 집에 방문할 때는 절대 빈손으로 가지 않고 반드시 선물을 조금 챙겨야 한다. 선물은 빈약해도 정성은 깊다는 말이 있으니 하다못해 과일이라도 들고 가야 한다.

다섯째, 각자의 시간을 갖는다.

가끔은 각자의 시간을 갖고 주변 사람이나 일을 돌봐야 한다. 그래야 시야가 훨씬 넓어지며 한시도 떨어지지 않고 붙어 있는 것보다 관계가 좋아진다.

여섯째, 힘든 일이 있을 때마다 친구에게 도움을 청하지 않는다.

친구를 잠깐씩은 도와줄 수 있지만 항상 친구를 도와야 한다는 부담을 지면 친구가 불편하고 이런 친구를 굳이 왜 사귀어야 하는지 회의도 생긴다. 그렇게 되면 서로한테 폐가 되고 친구가 싫어진다. 그러므로 친할수록 친구의 심정과 고충을 이해할 줄 알아야 하며 자신의 어려움은 가급적 스스로 해결하도록 노력해야 한다. 긴병에 효자 없다는 말처럼 친구를 오래 꾸준히 귀찮게 하면 친구가 떠날 수도 있다.

일곱째, 친구와 매일 만나지 않으면 견디기 힘든 것처럼 마주앉아서 장시간 수다를 떨지 않는다.

진정한 친구는 특별한 날이나 생일에 꼭 전화를 걸어서 안부를 묻기 마련이다. 이런 사이는 매일 연락하지 않아도 서로 잊지 않고 시차가 달라도 사이가 멀어지지 않는다.

여덟째, 주머니 사정이 안 좋을 때 친구가 알아서 도와줄 거라고 믿지 않는다.

가족끼리도 계산은 분명히 해야 한다. 하물며 친구는 남이므로 돈 문제는 반드시 확실하게 정산해야 한다. 친구에게 빌린 돈은 최대한 빨리 갚아야 하며 상환 날짜를 계속 무기한 연기하면 안 된다. 절친한 사이일수록 돈 문제는 명확하게 처리하여 말썽이 생기지 않도록 해야 한다.

“대화의 기술”

한 젊은이가 아인슈타인을 찾아갔다. 그는 어떤 사물도 녹일 수 있는 만능 용매를 발명하고 싶다면서 촉새처럼 쉴 새 없이 떠벌렸다. 아인슈타인은 그의 말이 끝날 때까지 끈기 있게 듣고 나서 가볍게 한마디 물었다.

“그 액체를 어떤 용기에 담아 보관할 생각입니까?”

젊은이는 순간 얼굴이 발갛게 달아올랐다.

‘천하무적’ 같은 만능 용매를 발명하겠다는 젊은이의 목표는 무척 원대한 꿈이다. 하지만 안타깝게도 용매는 인공적으로 제조할 수 있는 액체가 아니다. 그래서 액체를 어떤 용기에 담아서 보관할 거냐는 아인슈타인의 질문에 제대로 정곡을 찔린 것이다. 이 일화에서 가장 감탄스러운 점은 아인슈타인이 한마디 말로 젊은이의 생각을 뒤집은 사실이 아니라 젊은이의 말을 끊지 않고 끝까지 들은 태도다.

남의 말을 중간에 끊는 것은 상당히 무례한 행위다. 설령 상대방의 생각에 잘못이 있어도 그렇게 행동하면 안 된다. 더구나 모두가 아인슈타인처럼 학식과 안목이 뛰어나서 말 한마디로 상대방의 생각을 뒤집을 수 있는 것도 아니다. 당신이 동료와 한 안건을 이야기하는 상황을 가정해 보자. 동료가 자신의 생각을 절반쯤 말했을 때 당신이 그의 말을 중간에 뚝 자르면 동료는 어떻게 생각할까? 당신이 그를 존중하지 않고 그의 실력을 얕본다고 생각할 것이다. 더 나아가 그 이후로는 당신을 호의적으로 생각하지 않을 것이다. 그렇게 되면 뒷일이 얼마나 심각해질지는 더 말할 필요도 없다.

대화는 대인관계에서 가장 중요한 요소다. 대화만 잘해도 대인관계를 원만하게 잘하고 있다고 봐도 무방하다. 특히 직장에서는 대화의 기술을 더욱 갈고닦아야 한다.

대화를 잘하려면 다음과 같은 점에 유의해야 한다.

첫째, 상대방이 하는 말 중에 궁금한 점이 있어도 중간에 말을 끊고 자신이 알고 싶은 것을 물어보지 않는다.

둘째, 상대방의 말에 아무리 공감해도 자신의 공감을 표현하기 위해 일부러 상대방의 말을 끊지 않는다.

셋째, 대화할 때는 자기가 할 말에만 집중하지 말고 다른 사람이 말할 기회를 주어야 한다. 만약 상대방의 말을 꼭 끊어야 하는 상황이라면 적당한 기회를 봐서 "죄송합니다만 잠깐 실례하겠습니다." 하는 말로 상대방의 동의를 구해야 한다.

넷째, 불가피한 경우가 아니라면 대화중에 핑계를 대고 자리를 뜨지 않는다. 정말로 꼭 자리를 떠나야 할 상황이라면 예의를 갖춰서 정중하게 이유를 설명하고 사과의 말을 전해야 한다.

다섯째, 두 사람 이상이 대화할 때는 한 사람이 대화에서 소외되지 않도록 대화에 균형을 맞추어야 한다.

여섯째, 다른 사람의 대화에 끼고 싶을 때는 일단 인사부터 건네야 하며, 사람들의 동의를 얻기 전까지는 함부로 대화에 끼어들면 안 된다. 반대로 다른 사람이 대화에 참여하고 싶어 할 때는 고개를 끄덕이며 미소로 환영의 뜻을 전한다.

일곱째, 상대방이 제기한 질문에는 반드시 답해야 한다. 웃기만 하고 대답하지 않거나 무시하면 예의에 어긋난다.

여덟째, 상대방의 말에 경청하는 자세를 취한다. 대화중에 두리번거리고, 하품하고, 시계를 보고, 다리를 떠는 등의 행동은 모두 상대방을 무시하는 태도이므로 산만한 모습을 보이지 않는다.

아홉째, 말할 때 손짓을 줄이고 목소리 크기를 알맞게 해야 한다. 상대방과의 거리도 적당히 두어 치거나 때리는 등 불필요한 신체 접촉을 하지 않도록 한다.

열째, 이해하지 못한 말은 상대방에게 한 번 더 말해 달라고 부탁한다.

열한째, 상대방이 대답하기를 꺼려하는 질문은 재차 묻지 않고 상대방이 부담스러워하는 화제는 피한다. 만약 실수로 했다면 바로 사과하고 화제를 돌린다.

열두째, 대화는 항상 진심으로 진지하게 하며 형식적인 말을 과하게 하지 않는다.

남의 말을 경청한다

유대인이 대인관계를 잘하는 비결은 아주 단순하다. 그저 상대방에게 진심을 다해 집중하기만 하면 된다. 그러나 어떤 사람들은 이런 이치를 모르고 자기가 대단한 사람이라고 생각해서 항상 자기 위주로 대화를 이끌어 가고 자기 이야기만 하려고 한다. 이런 사람은 비즈니스 세계에서 성공하기 어렵다. 대인관계를 잘하려면 상대방의 말에 귀를 기울여서 은연중에 상대방의 기분을 좋게 해야 한다. 길지 않은 인생을 살면서 남들 앞에서 자신만 뽐내려고 하면 안 되고 다른 사람에게도 자기 이야기를 할 기회를 주어야 한다. 그렇게 하면 겉으로는 자신이 잃는 게 많아 보여도 실제로는 가족애, 우정, 금전, 그밖에 훨씬 많은 것을 얻을 수 있다.

유대인 미카엘Michael은 석유업자가 사용하는 특수 기자재 판매상이다. 하루는 한 고객이 그에게 발주서를 보내 특수 기자재를 제작해 달라고 요청했다. 설계 도면은 이미 비준을 거쳤기 때문에 바로 제작에 들어갔다.

제작한 지 얼마 지나지 않아서 예기치 못한 불운이 닥쳤다. 발주한 고객이 친구들과 새로 주문한 특수 기자재에 관한 이야기를 하던 중에 친구들이 그더러 큰 실수를 했다며 아무래도 사기를 당한 것 같다고 했다. 그 고객은 친구들의 말을 듣고 화가 나서 당장 미카엘에게 전화를 걸어 주문을 취소하겠다고 했다.

미카엘은 전화를 받고 속이 부글부글 끓었다. 이미 생산에 들어간 물건을 갑자기 취소하면 손해가 막심하기 때문이었다. 그는 도면과 생산

공정을 꼼꼼히 살펴보았다. 아무리 봐도 잘못된 부분이 확실히 없어서 고객을 만나서 담판을 짓기로 했다.

미카엘이 고객의 사무실로 들어서자 고객은 자리에서 벌떡 일어나 빠른 걸음으로 미카엘에게 다가왔다. 고객은 무척 흥분한 상태였고 속사포처럼 빠르게 말하며 주먹을 공중에서 휘두르기도 했다. 그는 미카엘을 실컷 질책하고 나서 마지막으로 물었다.

"그래서 이제 어떻게 하실 겁니까?"

미카엘은 화를 전혀 내지 않고 차분하고 담담한 어조로 고객의 의견을 받아들이겠다고 전하고는 몇 마디 덧붙여 말했다.

"고객님께서는 돈을 지불하고 물건을 구매하는 분이시니 당연히 사용할 수 있는 물건을 가지고 가셔야 합니다. 그렇지만 문제가 있으면 책임질 사람도 있어야 한다고 봅니다. 고객님께서 잘못한 점이 없다고 생각하신다면 다시 제작할 테니 도면을 그려서 주십시오. 기존 주문에 자금이 이미 약 300달러 정도 투입되었지만 그 돈은 저희가 기꺼이 부담하겠습니다. 고객님의 만족을 위해서라면 그 정도 손해는 기꺼이 감당해야지요. 그렇지만 제가 드리고 싶은 말씀은 고객님이 원하는 대로 제작하면 고객님도 일정 부분 결과에 책임을 지셔야 한다는 겁니다. 저는 기존 주문에 전혀 문제가 없다고 확신합니다. 그대로 제작해서 문제가 생기면 저희가 백퍼센트 책임지겠습니다."

고객은 미카엘의 말이 끝나고서야 평온을 되찾았다. 그가 마지막으로 한마디 했다.

"그럼 원래대로 진행하십시오. 그쪽 말이 옳았기를 바랍니다."

마침내 기자재가 완성되어 나왔고 문제도 전혀 없었다. 고객은 제품의 품질에 무척 만족하여 주문량을 두 배로 늘렸다.

사업가로서 고객의 의견에 귀를 많이 기울이면 실보다 득이 확실히 더 많다. 타인의 의견을 존중할 줄 알면 상황이 자신에게 유리한 쪽으로 크게 바뀌며 타인과 우정을 쌓을 수 있을 뿐만 아니라 타인의 폭넓은 지지도 받을 수 있다. 그러므로 비즈니스 활동에서는 다른 사람의 의견을 가능한 한 많이 들어야 성공하는 데 큰 도움이 된다.

이런 이치를 이미 알고 있다면 타인의 말을 경청하는 것이 대화의 기술임도 깊이 깨달을 수 있을 것이다. 그러나 실생활에서는 이를 실천하는 사람이 많지 않다. 그렇다면 경청하는 습관은 어떻게 기를까? 몇 가지 방법을 제안해 보겠다.

첫째, 진심과 성의를 다해 경청한다. 한 외교관의 부인이 밝힌 일화가 있다. 그녀는 남편이 외교가에 첫발을 들였을 때 항상 부부 동반으로 연회에 참석하는 바람에 곤란한 적이 참 많았다고 했다. “전 지방의 작은 마을 출신인데 연회에 참석한 사람들은 모두 언변이 뛰어나고 세계 각지에서 생활해 본 사람들이었거든요. 그래서 남의 얘기만 듣고 있고 싶진 않아서 어떻게든 화젯거리를 찾느라 힘들었어요.” 어느 날 저녁 무렵에 그녀는 말수는 적지만 외교가에서 인기가 많고 경험이 풍부한 한 인사에게 자신의 힘든 심정을 털어놓았다. 그 인사는 이렇게 조언했다. “말하는 사람이 있으면 듣는 사람도 있어야겠죠. 연회에서는 경청하는 사람도 말하는 사람만큼이나 환영을 받습니다. 사막의 오아시스처럼 보기 드물지만 대단한 일이니까요. 제 말을 한번 믿어 보십시오.”

둘째, 상대방의 말에 적극적으로 반응한다. 짧은 반응이나 질문으로 자신이 열심히 듣고 있음을 상대방이 느끼도록 해야 한다. “정말입니까?” 또는 “조금 더 자세히 얘기해 주세요.” 하는 식의 간단한 말이라도 괜찮다. 이를테면 친구와 함께 식사를 하는데 친구가 부부싸움을 크게 해서 일주일 내내 잠을 잘 못 잤다는 하소연을 했다고 가정해 보자. 이런 경우에 남의 사생활이 별로 듣고 싶지 않은 사람은 "결혼생활이란 게 원래 좋을 때도 있고 나쁠 때도 있잖아. 생선 먹을래? 아님 소고기?"라고 말하면 남한테 투덜거리지 말라는 간접적인 메시지가 될 수 있다. 만약 친구의 기분을 맞춰주고 싶다면 "어쩐지 잠을 못 잔 것 같더라. 넌 부부싸움을 하고 나면 항상 힘들어하잖아."라는 말로 위로한다. 그러면 친구는 마음이 훨씬 편안해질 것이다. 자기 마음을 스스로 풀지 못하는 사람들은 고민거리를 밖으로 꺼내 말을 잘 들어주는 친구에게 털어놓으면 해결된다.

셋째, 말 속에 숨은 뜻을 파악한다. 성업 중인 한 부동산 중개업자는 자신의 성공 비결은 고객의 말을 끝까지 경청한 것이기도 하지만 고객이 말하지 않은 것을 알아차린 점도 중요한 비결이라고 했다. 예컨대 그가 부동산 가격을 제시했을 때 고객이 "고급주택이라서 대단할 줄 알았더니 별거 아니네."라고 말하며 힘없는 목소리로 억지웃음을 지으면 고객이 사고 싶은 집과 살 수 있는 집에 괴리가 있음을 눈치로 알 수 있다. 이런 경우에 노련하게 "결정하시기 전에 몇 군데 더 보셔도 됩니다."라고 말하면 고객은 무척 기뻐한다. 그렇게 해서 고객이 경제적 능력에 맞는 집을 구입하면 거래가 성사되는 것이다.

자신이 훌륭한 대화 상대가 되고 싶다면 먼저 잘 듣는 사람이 되어야 한다. 어떤 경우에도 상대방이 흔쾌히 대답할 수 있는 질문을 하고 상대방이 마음의 문을 활짝 열고 속에 쌓인 말을 시원하게 털어놓을 수 있도록 북돋워야 한다.

잘못을 당당히 시인한다

똑똑하고 솔직담백한 사람은 자신의 잘못을 알면 즉시 고치고 개선한다. 잘못은 두려워할 일이 아니다. 자신의 잘못을 인정하지 않는 태도를 오히려 두려워해야 한다. 예컨대 병에 걸렸을 때 병세를 인정해야 병의 근원을 파악하여 증상에 맞게 처방할 수 있다. 유대 민족에게 구전되는 이야기 중에 죽어도 자기 잘못을 인정하지 않는 어리석은 사람의 일화가 있다.

그는 자신이 남들과 다름을 과시하려고 항상 보통 사람들과는 다른 생각을 이야기하곤 했다. 한번은 몇 명이 큰 나무 아래에 앉아서 일출에 관해 토론하고 있었다.

A가 말했다.

"태양은 동쪽에서 떠올라."

B가 말했다.

"태양은 서쪽으로 지잖아."

C가 말했다.

"태양은 새벽에 떠오르지."

어리석은 사람이 세 사람의 말을 듣고 끼어들었다.

"다 틀렸어. 태양은 밤중에 서쪽에서 떠오른다고."

그 자리에 있던 사람이 모두 그를 비웃으며 밤에 태양이 정말로 떠오르는지 같이 확인하기로 약속했다. 이윽고 밤이 되었지만 태양은 떠오르지 않았다. 그래서 다음 날 새벽까지 기다렸더니 그때야 비로소 태양이 동쪽에서 떠올랐다. 어리석은 사람의 주장이 틀렸음이 증명되었는데도 그는 여전히 자신의 실수를 인정하지 않고 변명했다.

"원래 태양이 밤에 서쪽에서 뜨는데 오늘만 우연히 동쪽에서 떴을 뿐이야."

안타깝게도 실제로 이야기 속의 어리석은 사람처럼 자신의 결점이나 실수를 어떻게든 덮으려고 안간힘을 쓰는 사람이 무척 많다. 그들은 심지어 잘못은 모두 다른 사람에게 전가하고 공은 자기에게로 돌린다. 자신의 모습을 돌아볼 줄도 모르고 남의 눈에 자신이 어떻게 비칠지도 관심이 없는 사람들이다.

어떤 잘못이든 변명을 대자면 수도 없이 많지만 어떤 변명을 해도 잘못이 가려지지는 않는다. 잘못을 고치지 않고 가리려고만 하면 언젠가는 그 잘못이 점점 많아지고 커진다.

잘못을 당당히 시인하려면 진실하고 솔직하기도 해야 하지만 무엇보다 용기가 필요하다.

용기 있게 책임진다

"누군가 분명 양초를 가지고 방으로 들어갔다고 생각했는데 막상 들어가서 보니 방 안은 온통 칠흑처럼 캄캄했고 뜻밖에도 양초를 든 사람은 아무도 없었다. 모두가 양초 한 자루씩만 들고 들어갔어도 방 안은 대낮처럼 밝았을 것이다." -《탈무드》

일이 잘못되었을 때 환경 탓으로 돌리든 남에게 책임을 미루든 어쨌거나 자신의 책임은 없어지지 않고 남아 있으므로 유대인은 결코 책임을 남에게 덮어씌우지 않는다.

하느님이 천사 가브리엘에게 명령했다.

"어서 가거라. 가서 악인의 이마에는 붉은 피로 표시하여 파괴천사가 그들을 멸하게 하고 정직한 사람의 이마에는 먹물로 표시하여 파괴천사가 그들을 해치지 못하게 하라."

이때 정의(正義)가 불쑥 나타나서 물었다.

"하느님, 전자와 후자의 차이가 무엇입니까?"

하느님이 대답했다.

"전자는 철저하게 나쁜 인간이고 후자는 완벽하게 착한 인간이니라."

정의가 따졌다.

"정직한 사람은 악인을 교화시킬 힘이 충분히 있는데도 그리하지 않았습니다."

하느님은 가브리엘에게 내린 명령을 거두었다.

유대인은 용기 있게 일에 대한 책임을 지며 멋대로 책임을 회피하지 않는다. 책임을 지기 위해서는 재산도 목숨도 내놓는다. 책임의 의무를 포기하는 것은 그들에게 수치이자 죄악이다. 그래서 유대인은 타인과의 신의를 중시하고 비즈니스 계약을 철저히 지킨다.

가난한 사람을 얕보지 않는다

유대인이 사는 주택가나 마을 주변에는 항상 거지가 있다. 이 거지들은 주민들의 멸시를 받지 않는다. 유대인 사회에서 거지는 정당한 직업에 속하고 신이 허락한 일이므로 사람들이 베푸는 것을 당연하게 받는다.

유대인은 가난한 사람을 차별하지 않고 업신여기지도 않는다. 유대 민족 중에는 가난하지만 학식이 해박한 사람이 적지 않고 《탈무드》에 통달한 사람도 많다. 그들은 교회를 자주 드나들며 같은 처지의 사람들과 《탈무드》와 유대교 교칙에 관해 토론을 벌이기도 한다. 유대 민족 사이에서 구전되는 격언 중에 "가난해도 학식이 있는 사람이 많으니 가난한 사람을 무시하지 말라.", "가난한 사람의 셔츠 안에는 지혜의 진주가 숨겨져 있으니 가난한 사람을 경시하지 말라."라는 말도 있다.

한 독실한 유대인 부자가 안식일을 치르기 위해 해가 지기 전에 음식을 준비하고 있었다. 그때 갑자기 급한 일이 생각나서 일을 처리하려고 서둘러 집을 나섰다. 일을 다 마친 뒤에 다시 황급히 귀가하던 그는 길에서 우연히 한 거지를 만났다. 그는 부자에게 안식일에 쓸 음식을 살 돈을 구걸했다.

이 독실한 유대인 부자는 거지를 꾸짖었다.

"곧 있으면 날이 어두워지는데 어째서 여태까지 안식일 음식을 마련하지 못했죠? 당신 같은 사람은 처음이군요. 아무래도 사기꾼 같은데 난 당신한테 속지 않아요."

부자는 집으로 돌아와 아내에게 거지를 만난 일을 전했다.

아내가 말했다.

"당신이 잘못한 것 같아요. 당신은 평생 가난이 어떤 건지 겪어본 적도 없고 가난이 뭔지도 모르잖아요. 저는 가난한 집에서 어렵게 자라서 잘 알아요. 과거를 돌이켜보면 그 시절은 정말 암흑 같았어요. 안식일은 곧 다가오는데 아버지는 가족을 위해 음식을 마련하려고 사방을 돌아다니셨어요. 빵 한 조각이라도 구하려고요. 당신은 아까 그 가난한 사람에게 죄를 지은 거예요."

부자는 아내의 말을 듣고 황급히 밖으로 나가 그 거지를 찾았다. 거지는 여전히 안식일 음식을 구하려고 동네를 전전하고 있었다. 부자는 거지를 불러서 안식일에 쓸 빵, 생선, 고기를 건네고 무례했던 자신을 용서해 달라고 했다.

제 5 장

유대인의 교육철학

"자녀 교육과 지식을 중시한다"

유대인의 역사에서 종교와 교육은 줄곧 매우 중요한 위치를 차지하고 있다. 유대인에게는 3대 의무가 있는데 그중에서 첫 번째는 자녀를 교육하는 것이다. 성경의 〈신명기(申命記)〉에도 자녀 교육에 관한 이야기가 나온다.

"들어라, 이스라엘의 여호와, 우리의 하느님은 유일한 왕이시다. 너희는 온 몸과 마음과 힘을 다해 너희의 하느님 여호와를 사랑하라. 내가 오늘 너희에게 분부한 말을 마음에 깊이 새기고 부지런히 자녀에게 가르쳐라. 집에 앉아 있을 때나 길을 갈 때나 항상 이 말을 전하라."

유대인은 일찍부터 경건하고 온화하고 고상한 품성은 후천적인 교육으로 길러지는 것이라고 여겼다. 그래서 자녀 교육을 특별히 강조하고, 자녀를 해박한 사람으로 기르려면 교육만큼 중요한 것이 없다고 믿었다. 시온주의자들은 교육을 수단으로 삼아 이스라엘을 건국했고, 이스라엘이 건국된 뒤에는 역대 대통령들이 교육을 대단히 중시했다. 이스라엘의 제5대 대통령을 역임한 이츠하크 나본Yitzhak Navon은 퇴임 후에도 교육부 장관을 맡아 교육 사업에 투신했다. 유명한 과학자 에프라임 카치르Ephraim Katzir도 이스라엘 역대 대통령으로서 직무를 내려놓은 뒤에 바이츠만 과학 연구소[Weizmann Institute of Science]와 텔아비브 대학에서 학술 연구에 몰두하고 후학을 양성하며 좁은 강단을 새로운 일터로 삼았다.

이스라엘 역대 정부가 처한 객관적인 환경이 각각 다르고 시정 강령도 정부마다 차이가 있었지만 교육 정책만은 항상 일관된 기조를 유지했다. 교육에 관해 정부는 항상 선대의 전통을 준수하고 교육을 이스라엘 사회의 기본 자산 및 미래 창조의 열쇠로 삼을 것을 강조했다. 또 이스라엘의 교육 제도는 민족, 종교, 문화, 정치 배경이 다른 사람들과 함께 어울려 살아가는 민주적이고 다원화된 사회에서 책임감을 지닌 구성원이 될 수 있도록 가르치는 데 목표를 두었다.

유대인이 이처럼 교육을 중시했기 때문에 그간 세계무대에서 '신화'를 창조할 수 있었다. 이스라엘은 완벽한 교육 체계를 갖춘 나라로 매년 수많은 인재를 사회로 배출시키고 있다.

지식은 재산이다

유대인에게 지식은 재산이므로 그들은 물질적 탐욕과 비슷한 지적 욕망을 지니고 있다. 세계 도처를 떠돌며 생존권마저 보장받지 못했던 그들의 삶에서 믿고 의지할 것은 오직 머릿속에 있는 지식뿐이었다. 그 지식으로 부를 창조했고 부를 통해 활로를 찾았다. 물질적 재산은 언제든 도둑맞을 수 있지만 지식은 영원히 자기 안에 존재하므로 지식이 있으면 재산은 저절로 따라온다는 확고한 신념이 있었기에 오늘날의 성공도 있는 것이다.

유대인은 지식인을 지혜와 진리의 화신으로 여긴다. 그들에게 지식인은 모두의 행복한 삶을 위해 하느님이 보낸 안내자이므로 세상에서 가장 귀한 존재다. 그래서 랍비는 부모보다 더 존경해야 하는 대상이며 모든 유대인 중에서 가장 지혜로운 사람으로 생각된다.

유대인은 딸의 남편감을 고를 때 돈만 있는 청년은 무조건 제외하고 교육을 잘 받은 청년은 주저 없이 선택한다. 이처럼 지식을 중시하고 진리를 추구하므로 유대인 통치자들은 모두 위대한 지식 앞에서는 몸을 낮춘다. 이스라엘에서 실제로 이런 신념을 증명한 사례가 있다.

이스라엘이 건국된 후에 아인슈타인이 과학계에서 눈부신 성과를 거두자 이스라엘을 비롯하여 세계 각국에서 그를 떠받들었다. 심지어 이스라엘 국민은 그에게 이스라엘의 대통령이 되어 달라고 부탁했다. 그러나 아인슈타인은 국민의 호의를 정중하게 사양했다. 그는 이미 일생을 과학계에 헌신하기로 마음을 먹었고 정치 방면으로는 일말의 관심도 없었기 때문이다.

세계에서 이스라엘의 이런 현상을 이해하지 못하는 사람들이 무척 많았다. 대통령은 한 국가를 상징하는 존엄한 신분인데 어떻게 과학자에게 그런 대우를 하는지 의아해했다. 그러나 유대인에게는 지극히 당연한 판단이었다. 그들에게 지식인은 사회에서 가장 똑똑하고 우주의 진리를 관장할 능력이 있는 사람이므로 지식인에게 국정 운영을 맡기면 국가가 부강해지고 국민이 행복해진다고 여겼던 것이다. 이 사례만 보아도 유대인이 지식을 얼마나 숭상하고 갈망하는지 충분히 알 수 있다.

교육의 의미를 다룬 이야기는 유대인 사이에서 이미 많이 전해지고 있다.

큰 배에 부자들이 여럿 탔다. 부자들은 자기네끼리 모여서 서로 자기 재산이 얼마나 많은지 자랑하고 있었다. 같은 배에 타고 있던 한 랍비가 그들의 대화를 듣고 끼어들었다.

"이 중에서 가장 부자는 바로 나요. 안 그렇소?"

부자들은 랍비의 말에 잠꼬대가 아니냐며 크게 웃음을 터뜨렸다.

얼마 지나지 않아 갑자기 해적이 나타나서 사람들의 재물을 약탈하기 시작했다. 부자들이 지니고 있던 재물도 남김없이 다 털렸다. 배는 가까스로 한 항구에 도착했다. 랍비는 사람들의 환영을 받았고 그곳 학교에서 제자를 양성하기 시작했다.

그로부터 얼마 후, 랍비는 길에서 우연히 같은 배를 탔던 부자들을 만났는데 하나같이 비참하게 생활하고 있었다. 그들은 랍비가 사람들의 존경을 받는 광경을 목격하고는 착잡한 얼굴로 말했다.

"당신이 전에 했던 말이 맞았소. 지식을 가진 당신이 가장 부자요."

유대인은 지식이 없으면 사업도 할 수 없다고 생각한다. 지식이 부족해서 한쪽 시각으로만 문제를 관찰하는 사람은 사업가가 될 자격도 없다고 판단한다. 그래서 박학다식한 사람과 사업 파트너가 되면 거래가 수월하게 성사된다.

학교가 있기에 유대 민족이 존재한다

교육을 중시하는 유대인에게 학교는 삶에서 대단히 중요한 부분을 차지한다.

1918년, 유대인과 아랍인의 충돌이 날로 격렬해지던 때, 요란하게 울리는 포성 속에서도 예루살렘 히브리 대학교를 짓는 공사가 시작되었다. 양측의 갈등은 갈수록 심각해졌지만 1925년에 완공될 학교 공사는 전혀 지장을 받지 않았고 예정대로 개교했다.

유대인이 학교 건설을 중시한 이유는 그들이 지식을 재산처럼 귀하게 여기기 때문이기도 하지만 학교를 유대 민족의 명맥을 유지시킬 생명수가 담긴 우물과 다름없이 생각하기 때문이다.

위대한 랍비 요하난 벤 자카이Johanan ben Zakkai는 "학교가 있기에 유대 민족이 존재한다."라는 말도 남겼다.

서기 86년, 예루살렘은 로마 군대에 포위되어 함락될 위기를 맞았고 이 때문에 유대 민족은 모두 말살될 위험에 처해 있었다.

이런 급박한 순간에 유대 민족 내부에서는 평화적으로 해결하자는 온건파와 무력으로 싸우자는 강경파가 팽팽하게 대립했다. 서로 한 치의 양보도 없이 날카롭게 맞서며 일촉즉발의 상황에 이르렀던 두 파의 갈등은 마침내 결판이 났다. 온건파는 투쟁에서 실패했고, 강경파는 랍비 요하난을 예루살렘의 감옥에 가두고 철저하게 통제하고 감시했다.

갇혀 지내던 요하난은 문득 기발한 생각이 떠올랐다. 그는 병에 걸린 척하며 내내 누워서 지냈고 많은 사람이 이 소식을 접하고 그를 면회했다. 그리고 얼마 지나지 않아서 요하난이 옥중에서 사망했다는 소식이 전해졌고 이 소식은 순식간에 예루살렘의 곳곳으로 퍼져나갔다.

신도들은 요하난의 시신을 관에 넣은 다음 매장한다는 구실로 요하난을 강경파의 감시로부터 빼내어 로마 군대의 주둔지로 향했다.

로마 군대의 주둔지에 도착하자 군사들이 칼로 관을 찔러 검시하려고 했다. 요하난의 신도들은 너도나도 무릎을 꿇고 호소했다.

"당신들은 황제가 죽어도 칼로 찔러서 확인합니까? 무기도 없이 맨손인데 저희가 어찌 로마 군대를 해하겠습니까?"

사정 끝에 신도 일행은 로마 군대의 삼엄한 경비 방어선을 넘어서 로마 최고사령부에 도착했다. 요하난은 그제야 관에서 밖으로 나와 로마 군대의 총사령관을 만나게 해달라고 요청했고, 허락이 떨어지자 사령관을 만나러 안으로 들어갔다. 사령관 베스파시아누스Vespasianus 앞에서 그는 침착하게 말했다.

"각하께서는 황제와 똑같은 존경을 받으실 수 있는 분입니다."

이 말은 베스파시아누스가 곧 로마 제국의 황제가 될 것이라는 예언이었다.

베스파시아누스는 순간 랍비의 말에 영문을 몰라 어리둥절하다가 이내 자신을 모욕한 말이라고 의심했다. 자신의 현재 위치가 황제의 자리와는 너무나 멀었기 때문이다.

베스파시아누스가 반색하지 않자 요하난은 더 차분하고 침착한 말투로 덧붙였다.

"제 말은 반드시 이루어집니다. 각하께서는 로마 제국의 후임 황제가 되실 것입니다."

베스파시아누스는 요하난의 진지한 태도에 화가 조금 가라앉았다.

"당신 말이 무슨 뜻인지 알겠소. 그런데 오늘 나를 만나러 온 목적은 무엇이오?”

요하난이 대답했다.

“제게는 소망이 하나 있습니다. 랍비 열 명이 지낼 수 있는 학교를 하나만 마련해 주시고 그곳이 해를 입지 않도록 끝까지 지켜주십시오.”

베스파시아누스는 고민도 없이 단박에 고개를 끄덕이며 요하난이 예루살렘으로 돌아가면 바람대로 학교를 마련해 주겠다고 장담했다.

그로부터 얼마 뒤에 로마 제국의 황제가 살해당했다. 이에 베스파시아누스는 로마 제국을 위해 가장 큰 공을 세운 장군의 자격으로 후임 황제 자리에 지명되었고 원로들도 그를 황제 자리에 앉히는 데 모두 동의했다.

베스파시아누스는 로마의 황제가 된 뒤에 요하난과 약속한 대로 학교는 손대지 않았다. 그가 요하난과의 약속을 지킨 것은 요하난의 예언에 감사하는 뜻에서였을 수도 있고, 학교가 몰락한 유대 민족의 정신을 다시 일으키는 바탕이 되리라고는 전혀 예상하지 못했기 때문일 수도 있다. 로마 군대가 예루살렘에서 약탈을 일삼을 때 학교는 건드리지 말라고 명령한 베스파시아누스 덕분에 바닷가 작은 마을 야브네Jabneh에 위치한 랍비 학교는 혼란 속에서 다행히 유지되었다.

학교도 그대로 있고 학교의 연로한 스승 십여 명도 남아서 유대 민족의 전통과 지식을 보전할 수 있었다. 이 학교가 남아 있었던 덕분에 전쟁이 휩쓸고 지나간 뒤에도 예루살렘에서는 유대인의 삶이 전과 같은 방식으로 계속 이어졌다.

유대 민족의 노력으로 일군 학교를 존속시켜서 유대 민족의 문화를 보존하고 전파하려고 했던 랍비 요하난의 탁월한 선견지명은 역사적으로도 굉장한 의미가 있다.

다른 민족이 유대 민족을 지배할 때 대부분은 지리와 정치적 요소를 고려하지 않고 문화적으로 통합하려고 했었다. 유대인 같은 소수 민족이 세계 대제국인 로마에 반기를 든 직접적인 이유도 로마가 정치를 지배하지 않고 문화를 지배하려고 했기 때문이다. 이런 점에서 학교를 남겨 두고자 한 것은 문화적으로 흡수되지 않겠다는 의지의 발로였다.

유대인이 타민족과 다른 점을 꼽으라면 타고난 특별한 민족성보다는 후천적으로 기른 문화 소양을 들 수 있다. 유대인 중에는 황인, 백인, 흑인이 다 있다. 유대교의 종주국인 이스라엘은 지금까지도 유대교에 귀의하려는 사람들을 위해 문을 활짝 열어두고 있다. 그들은 유대교를 받아들인 사람은 모두 정통 유대인으로 간주하기 때문이다.

이처럼 유대인은 유대 민족의 문화를 지키기 위한 노력을 게을리하지 않았기에 학교를 보전하고 유대 문화의 정수와 유대인 삶의 전통을 고스란히 보존하고 유지할 수 있었다.

유대인의 정신적 지주, 랍비

랍비는 율법을 집행하고 종교 의식을 주관하는 유대교 내의 한 직책이다. 고대에는 경전과 율법에 정통한 학자를 랍비라고 불렀고 원래는 '스승'의 의미가 있다. 유대인 사회에서 랍비는 정신적 지주라는 숭고한 지위를 누리며 학자, 전도자, 교사, 상담자, 심판자를 모두 겸한다.

유대인에게 랍비는 하느님의 말씀을 경청하는 사람이자 하느님을 대신해서 세상 사람들에게 하느님의 말씀을 알리는 사자다. 또한 유대교를 지키는 공신이자 유대인의 살아 있는 영혼을 인도하는 안내자이자 유대인의 정신적 지주다.

로마인이 유대인을 통치하던 시기에 로마 통치자는 유대인을 원수처럼 적대시했다. 유대 민족을 말살하기 위해 학교를 폐쇄하고, 예배를 금지하고, 서적을 불태우고, 유대인의 각종 축제를 금지하고, 랍비 양성을 금지하는 등 온갖 방법을 다 썼다. 또 랍비 임명식이 거행되면 임명하는 사람이나 임명을 받는 사람이나 모두 사형에 처하고, 식이 열린 도시나 마을도 섬멸한다고 공표했다. 이는 유대인을 압박하는 조치 중에 가장 잔인한 방법이었다. 유대인은 도시와 마을을 섬멸시키는 원흉이 되고 싶지 않아서 한동안 공포에 떨며 몸을 사렸다.

그렇지만 로마 통치자의 부당한 조치에 굴복하지는 않았다. 유대인에게 가장 중요한 존재인 랍비가 있었기 때문이다. 랍비가 없는 유대인 사회는 곧 붕괴를 의미했다. 랍비는 유대 민족의 지도자로서 유대인 사회의 모든 권위를 대변한다. 만약 사회 문제를 해결하는 정신적 지주인 랍비가 없으면 유대 사회는 불안과 공포에 휩싸인다.

유대인이 가장 존경하는 랍비 아키바Akiva는 정의와 국가를 위해 목숨을 바친 민족의 영웅이다.

아키바는 원래 부잣집에서 허드렛일을 하는 하인이었는데 부자의 딸과 사랑에 빠져서 양가의 반대를 무릅쓰고 결혼하여 부부가 되었다. 부자는 노발대발했고 결국 딸과 인연을 끊었다.

아키바는 공부를 한 적이 없어서 그야말로 일자무식이었다. 이에 그의 아내가 간절하게 말했다.

"저의 단 한 가지 소망은 당신이 공부를 해서 지식을 쌓는 거예요."

아키바는 아내의 격려에 힘입어 멀리 타향으로 배움의 길을 떠났다.

그로부터 장장 12년을 참고 견디며 공부에 몰두한 아키바는 마침내 사람들에게 존경받는 학자가 되었고 《탈무드》를 최초로 편찬하는 책임도 맡았다. 그는 의학과 천문학을 연구하고 여러 나라의 언어를 구사하는 등 학식이 매우 넓고 심오했다. 그리고 유대인의 정신적 지주로서 여러 차례 장로를 모시고 로마의 하드리아누스Publius Aelius Hadrianus 황제를 찾아가 교섭을 벌이기도 했다.

서기 132년, 유대인은 로마인의 포악한 통치에 대항하고 그들의 노예로 살기를 거부하여 반기를 들고 봉기했다. 아키바의 여러 제자도 봉기에 동참했다. 그러나 봉기는 금방 진압되었고 그 과정에서 많은 유대인이 목숨을 잃었다.

로마 통치자는 유대 민족의 정신을 철저히 말살하기 위해 유대교 활동을 엄격하게 금지했다. 그러나 아키바는 정부의 금지령에도 아랑곳하지 않고 강연을 계속했고 유대인 동포에게 심오한 의미가 담긴 다음과 같은 이야기도 들려주었다.

여우 한 마리가 호숫가를 걷다가 우연히 호수에서 재빠르게 헤엄치며 다니는 작은 물고기를 발견했다. 여우는 그 물고기를 잡아먹고 싶은 속셈을 감추고 물었다.

"이봐, 왜 그렇게 빨리 헤엄치는 거야?"

물고기가 대답했다.

"방금 어부의 그물에서 도망쳐 나왔거든."

교활한 여우가 말했다.

"그랬구나. 그럼 여기 기슭으로 올라와서 우리랑 같이 지내면 어때?"

물고기가 큰 소리로 하하 웃으며 말했다.

"이런 교활한 놈! 다들 네가 똑똑한 줄 아는데 말하는 건 영 멍청하구나. 어쩌면 그렇게 바보 같은 제안을 하지? 우리가 지금 여기서 불안하게 지낸다고 아예 살 수도 없는 육지로 올라갈 거라고 생각해? 그래, 어디 죽을 때까지 한번 기다려 보시든가!"

유대인에게 신앙은 물과 같아서 물을 떠나서 뭍으로 올라가는 것은 곧 죽음으로 가는 길이다. 유대인은 아무리 불공평한 대우를 받아도 민족의 신앙을 저버리지 않는다. 아키바는 죽는 순간까지도 이 믿음을 고수했다.

아키바도 결국엔 로마인에게 체포되어 로마로 압송되었다. 로마 통치자는 그를 향한 분노를 풀기 위해 불에 지져서 죽이는 잔혹한 형벌을 내렸다. 아키바가 극도의 고통 속에서 서서히 죽어가는 모습을 보고 싶었던 것이다.

아키바는 유대인의 정신적 지주였기 때문에 형을 집행하는 날에 뜻밖의 사건이 발생할 가능성이 있었다. 그래서 로마 사령관도 직접 형장을 방문했다. 형을 집행할 때가 되자 동쪽에서 해가 서서히 떠올랐고 마침 아침 기도를 하는 시간이 되었다. 아키바는 시뻘건 인두가 온몸을 지지는 순간에도 평소처럼 경건하고 평온하게 아침 기도를 올렸다.

로마 사령관은 이 광경을 보고 너무 놀란 나머지 참다못해 물었다.

"지금 이렇게 온몸이 타들어가는 고통을 겪으면서 어찌 태연하게 기도를 할 수 있단 말이오?"

아키바는 차분하게 대답했다.

"저는 신을 공경하기 때문에 신과 영혼을 교류할 기회를 단 한 번도 놓치고 싶지 않습니다. 특히 바로 지금, 죽음을 앞두고 있는 순간에도 이처럼 충성을 다해 신을 공경할 수 있어서 기쁠 따름입니다. 게다가 죽어서도 신과 교류할 수 있으니 여한이 없습니다."

이 몇 마디 말을 마지막으로 위대한 랍비 아키바는 눈부시게 비추는 아침 태양 아래에서 서서히 죽음을 맞이했다.

랍비들은 불안정한 시대를 살며 갖가지 역사적 사건을 경험했음에도 정신력으로 시대와 역사를 뛰어넘어 공통된 종교 원칙과 윤리 규범을 완성했다.

유대인은 즐거울 때나 괴로울 때나 항상 랍비와 함께 똘똘 뭉쳐서 굴욕을 삶의 원동력으로 삼았고 진리로 오류를 바로잡았다. 그런 인고의 세월을 거쳐 유대 민족은 다시 하나가 되었고 끊임없이 운명과 싸워 승리했다.

스승을 존경한다

고대 유대인 사회에는 전업 교사라는 직업이 없었다. 자녀를 교육하는 책임은 주로 아버지와 랍비가 분담했다. 가정에서 아버지는 자녀를 보호하는 동시에 자녀 교육이라는 책임을 맡아서 지식은 물론이고 처세 방법을 가르쳤다. 그래서 아버지와 교사는 동일한 개념으로 인식되었다.

사실 히브리어에서 단어 '아버지'는 '교사'의 의미를 내포하고 있다. 현재 서양 언어 중에는 히브리어의 영향으로 교사를 'Father'라고 칭하는 예도 있다. 유대인 사회에서 교사라는 직책은 지혜와 권위의 상징인 랍비에 의해 완성되었다. 히브리어에서 '랍비'의 첫째 의미가 바로 '교사'이기 때문이다.

실제로 랍비들은 각지의 유대인 학교(고대에는 교회가 학교의 기능을 겸했다)에서 교육을 책임지고 전업 교사로 활동했다. 지혜의 화신이라고 불리는 이들은 학생들이 어려워하는 문제에 해답을 제시하고 학생들이 인생의 목표를 정확히 세우도록 도왔다. 학생들도 힘든 문제에 봉착하면 랍비한테 도움을 청하곤 했다.

6세기, 학교는 점차 교회에서 독립했고 가르치는 책임도 아버지와 랍비에게서 차츰 분리되어 실질적 의미의 전업 교사가 탄생했다.

유대인에게 교사는 신성한 직업이었고, 그들은 항상 부모와 교사를 보통 사람보다 훨씬 높고 큰 사람으로 여겼다.

한 랍비가 어느 도시에 이르러서 그곳 사람들을 모아놓고 비를 내리도록 재계하고 기도하라고 명령했다. 그러나 아무리 기도해도 여전히 비는 내리지 않고 날씨의 변화가 전혀 없었다. 그때 집회에 참석한 한 사람이 목소리를 높여서 기도문을 읽었다.

"하느님, 바람을 일으켜 주십시오."

그의 말이 채 끝나기도 전에 갑자기 어디선가 바람이 불어왔다.

그가 "하느님, 비를 내려 주십시오." 하고 또 기도문을 읽으니 그 찰나에 비가 내리기 시작했다.

"당신은 도대체 얼마나 대단한 일을 했길래 하느님께 이렇게 훌륭한 응답을 받습니까?"

랍비가 그에게 물었다. 그가 대답했다.

"저는 아이들을 가르치고 있습니다. 가난한 아이나 부자 아이나 모두 차별 없이 대하고, 돈이 없어서 학비를 내지 못하는 아이들은 무료로 가르칩니다. 또 아이들이 공부하기 싫어할 때는 제 연못에서 기르던 물고기 몇 마리를 나눠 주었다가 다시 회수하기도 합니다. 이렇게 하다 보면 오래지 않아 아이들이 공부를 좋아하게 됩니다."

스승은 덕이 높고 후대에 모범이 되므로 유대 민족은 스승을 누구보다 숭배하고 존경한다. 이런 점과 관련하여 아주 오랜 옛날부터 유대인 사이에 회자되는 유명한 이야기가 있다. 한 가난한 가정의 아버지가 고생스럽게 아이를 키웠는데 아버지와 교사가 바다에 나갔다가 동시에 물에 빠졌을 때 아이는 아버지보다 스승인 교사를 먼저 구했다는 이야기다.

《탈무드》에도 이와 비슷한 이야기가 실려 있다.

검찰관 두 명이 랍비의 명령으로 한 마을에 가서 마을을 수호하는 사람을 만나게 해달라고 요청했다. 마을의 경찰국장이 이 소식을 듣고 서둘러 와서 그들을 맞이했지만 검찰관은 뜻밖의 말을 했다.

"저희가 만나려는 사람은 당신이 아닙니다. 이 마을을 수호하는 사람을 만나고 싶습니다."

이때 경비대장이 달려 나와서 인사하자 검찰관은 이번에도 고개를 가로저으며 말했다.

"경찰국장과 경비대장을 만나러 온 것이 아닙니다. 저희는 학교에 있는 교사를 만나러 왔습니다. 교사야말로 진정으로 이 마을을 수호하는 사람 아닙니까."

이 이야기를 통해 알 수 있듯이 유대인에게 교사는 민족 이익의 수호자였고 교사의 책무는 민족의 미래와 관련이 있었다.

교사를 포함한 학자를 존경하는 유대인의 정신은 혼사를 대하는 태도에서도 단적으로 드러난다. 중세 이후 유럽에서, 특히 중부유럽에서는 유대인 사이에 교사나 랍비의 딸과 결혼하는 것이 가장 행복한 혼인으로 인식되었다. 유대인 사회에서 교사의 지위와 가치는 이 점 하나만으로도 충분히 설명된다.

"부모 공경과 효도 교육"

부모는 생명을 주신 분이기도 하지만 사람됨을 가르쳐 주었기 때문에 공경을 받아야 마땅하다.

효도는 무엇으로 하느냐가 중요하지 않고 어떻게 하느냐가 중요하다. 어떤 사람은 그의 아버지를 방앗간에서 일하도록 시키고도 천국에 갔고 어떤 사람은 아버지에게 닭고기를 드시게 했는데도 지옥에 갔다. 아버지에게 방앗간 일을 시킨 사람은 어떻게 천국에 갈 수 있었을까?

방앗간에서 일하는 젊은이가 강제 노역에 동원할 남자를 집집마다 한 명씩 차출하라는 명령을 받았다. 이 소식을 들은 젊은이가 아버지에게 말했다.

"아버지가 제 대신 방앗간에서 일하세요. 노역은 제가 나가겠습니다. 저는 아버지가 모욕을 당하시는 걸 보느니 제가 모욕을 당하는 게 낫습니다. 벌을 받아도 제가 받아야죠."

이런 사연으로 아버지가 방앗간에서 일을 했고 젊은이는 죽어서 천국에 갈 수 있었다.

그러면 아버지에게 닭고기를 드린 아들은 왜 지옥에 가야 했을까?

아들은 매일 아버지에게 살이 통통한 닭고기만 드시게 했다. 한번은 아버지가 아들에게 물었다.

"애야, 도대체 이 닭고기가 매일 어디서 나느냐?"

아들이 대답했다.

"어휴, 늙어서 죽지도 않고 뭐가 그렇게 궁금하데? 밥 먹는 개처럼 조용히 먹기나 하셔."

아들이 아버지에게 닭고기를 드리고도 지옥에 간 사연은 이러했다.

부모에게 말로 불효하면 안 된다.

우선 나이 든 부모가 아침에 일찍 일어나 배가 고파서 다른 노인들처럼 아들한테 밥을 일찍 차려 달라고 했을 때 아들이 "벌써 아침밥을 먹겠다고요? 창밖 좀 봐요. 아직 해도 안 떴어요."하는 투의 대답은 하지 않아야 한다. 또 부모가 "나한테 옷 사주랴 먹을 거 사주랴 돈을 너무 많이 쓴 거 아니냐?"라고 물었을 때 자식이 "상관하지 마시고 그런 건 묻지도 마세요. 어차피 이미 나간 돈이잖아요."하고 핀잔을 주어서도 안 된다. 속으로 "이 늙은이는 어째서 죽지도 않냐. 죽어야 내가 자유로울 텐데." 하는 생각도 말아야 한다. 부모가 법을 위반했을 때 자식이 "법을 어겼잖아요!" 또는 "법에 그렇게 하라고 되어 있어요?" 하고 몰아붙이는 것은 부모를 모욕하는 언사이므로 하지 않는다. 그 대신 법규를 짚어서 읽어주며 "법에서 이렇게 하라고 했으니까 앞으로는……"이라고 말하며 부모가 스스로 자신의 잘못을 깨닫게 한다.

부모를 공경한 유대인의 짤막한 일화도 한 편 있다.

어느 마을에서 그 마을을 대표하는 옥을 분실한 일이 있었다. 이에 랍비가 사람들에게 물었다.

"이 옥은 우리에게 너무나 중요한 물건입니다. 누가 혹시 이 옥과 비슷한 벽옥을 가진 분이 있습니까?"

"다르마 집에 있어요." 하고 어떤 사람이 알려주자 다 같이 다르마의 집으로 향했다.

랍비와 일행은 다르마에게 벽옥을 자신들에게 팔라고 부탁했다. 벽옥의 가격은 100디나르였다. 다르마가 벽옥을 가지러 위층으로 올라갔는데 마침 그의 아버지가 거기에서 깊이 잠들어 있었다. 게다가 벽옥이 담긴 상자는 아버지의 발밑에 깔려 있었고 상자의 열쇠는 아버지의 손에 들려 있었다. 다르마는 아래층으로 내려와서 사람들에게 말했다.

"죄송합니다. 지금은 팔 수가 없습니다."

사람들은 다르마가 벽옥을 비싸게 팔려고 거절했다고 생각하여 값을 1,000디나르로 올려서 불렀다. 그때 다르마의 아버지가 잠에서 깬 인기척이 들렸다. 다르마는 다시 위층으로 올라가 벽옥을 꺼내와서 사람들에게 주었다. 사람들이 다르마에게 1,000디나르를 건네려고 하니 다르마가 벌컥 화를 냈다.

"방금 전에 벽옥을 팔지 않으려고 했던 건 주무시는 아버지를 깨우고 싶지 않았기 때문입니다. 비싸게 팔려던 속셈이 아니었습니다."

아버지의 단잠을 깨우지 않으려고 거금을 벌 수 있는 기회를 스스로 포기한 행동이야말로 모든 이의 존경을 받을 만한 효도다.

유대인 사회에서는 이런 사례가 흔히 있다.

한 랍비가 어머니와 길을 가고 있었는데 갑자기 어머니의 신발 끈이 떨어져서 걸을 수 없게 되었다. 랍비는 어머니가 맨발로 땅을 딛지 않게 하려고 자기 손을 땅바닥에 대고 그 위를 어머니가 걸어가게 했다. 다음 날 랍비가 아파서 몸져눕자 장로들이 그를 문병하러 왔다. 어머니가 장로들에게 말했다.

"아들이 효심이 지극해서 저를 돌보다가 이리 되었습니다. 아들을 축복해 주십시오."

장로들이 물었다.

"대체 뭘 어떻게 했길래 앓아누웠습니까?"

어머니는 전날에 있었던 일의 자초지종을 들려주었고 장로들은 랍비의 효심에 감동하여 말했다.

"이렇게 효심이 깊은 랍비가 있다니요. 이 랍비를 위해 기도하고 영원한 평화와 행복을 기원하겠습니다."

유대인은 부모가 길러준 은혜에 보답하는 최고의 방법은 부모를 부양하는 것이라고 여긴다. 성경에서도 부모에게 효도하라고 가르친다. 《탈무드》에서도 "법을 준수하는 선량한 백성이든 극악무도한 범죄자든 모두 가난하여 살 길이 막막해도 효도를 자녀로서 마땅히 해야 할 일로 삼아야 한다."고 사람들을 일깨웠다.

아이는 미래의 희망이다

"인간에게는 아이, 재산, 선행의 세 친구가 있다."

이 말은 유대인 사회에서 회자되는 대단히 지혜로운 격언이며, 여기서 언급한 인간은 유대 민족을 지칭한다.

유대인은 문화를 기반으로 일어선 민족이다. 선행 및 그 이면의 가치와 신앙은 유대 민족에게 가장 의미가 있는 대상이며 이런 바탕이 없으면 유대 민족은 존재하지 못한다. 그러나 유대 민족의 정신은 반드시 유대 민족의 몸속에 살아 있어야 모든 역사에서 실존하고 역사의 유물로 전락하지 않는다. 재산은 유대 민족의 육체와 정신이 하나가 되게 하는 필수조건인 동시에 육체를 통해 유대 민족의 정신이 살아 있음을 보여줄 수 있는 증거다. 그래서 유대 민족은 선행 및 그 이면의 가치와 신앙을 아이를 통해 '삼위일체'로 실현한다. 유대인이 아이에게 신성하고 숭고한 감정을 갖는 데에는 바로 이런 배경이 있다. 또한 이런 후광을 입혀서 아이를 더욱 신성한 존재로 만드는 까닭은 자신들의 미래와 모든 희망이 아이에게 달렸음을 분명히 인식하고 있기 때문이다.

이런 관념에서 출발하여 유대인 가정은 명실상부한 '아이의 왕국'이 되었다. 유대인 가정의 아이는 태어나기도 전부터 모든 가족의 특별한 관심을 받는다. 유대인 사회에서 임신한 여성은 특별한 보호를 받고 좋은 음식을 먹어야 한다는 관례가 있다. 가난한 가정에서 가족 모두가 배를 곯아도 임산부는 굶기면 안 된다. 아이가 태어나면 가정의 중심은 아이가 된다. 온가족이 아이와 함께 이야기를 나누고 문제를 토론하고 때로는 같이 뒹굴며 장난치고 놀아주는 것이 유대인의 교육 방식이다. 유대인 사회 전반에서 행해지는 이런 교육은 아이의 사고력과 논설 능력을 길러줄 뿐만 아니라 유대인의 정신도 배양한다. 유대인의 정신을 기르는 과정에서 가장 감동적인 부분은 아이가 어릴 때부터 선량한 마음을 갖도록 가르치는 것이다.

탈무드 시대에 유대인 가정에서는 안식일 전날 밤에 어머니가 초를 밝히면 아버지가 손을 아이의 머리에 얹고 축복의 기도를 올렸다. 그리고 가정마다 기부금 상자를 마련해 두고 부모는 초에 불을 붙이기 전에 아이에게 그 상자에 동전을 넣어 기부하게 했다. 안식일 오후가 되면 부모는 기부금 상자를 돈이 필요한 사람에게 직접 전달하지 않고 상자에 든 돈을 아이가 직접 꺼내어 자기보다 가난한 사람에게 주도록 했다. 유대인은 이처럼 생활 속에서 아이에게 선량한 마음을 길러주고 아이가 타인을 사랑하는 법을 알도록 가르쳤다.

조기교육을 중시한다

"학동이 없는 도시는 무너진다."

"학동이 있어도 교육하지 않는 가정은 분명 가난한 집안일 것이다."

아이의 일생은 어릴 때 결정되며, 유대인 사회에서 명언으로 통하는 이 말들은 실제로 다툼의 여지가 없는 사실이다. 사람들은 인생에서 미처 예상치 못한 많은 일을 겪고 갖가지 우연과 기회도 만난다. 그래서 모든 부모는 아이가 이런 사회에서 쓸모가 있는 사람으로 자랄 수 있도록 가르쳐야만 한다.

대다수의 민족에게 논쟁거리가 되는 명제가 하나 있다. 천재와 범재를 판가름하는 기준이 선천적인 것인가 후천적인 교육인가 하는 문제다. 그러나 유대인 사회에서 이 명제는 논쟁거리가 아니다. 유대인은 평범한 아이라도 알맞은 교육을 받으면 뛰어난 인재가 될 수 있다고 믿기 때문이다.

아인슈타인 같은 위대한 과학자도 어릴 때는 전혀 특출하지 않았고 타고난 재능도 별로 두드러지지 않았다. 네 살에야 겨우 말하기 시작했고 초등학교 시절에는 학업 성적이 나빠서 선생님이 퇴학을 권고하기도 했다. 그러나 가정에서 어머니가 음악으로 그에게 긍정적인 영향을 주고 숙부의 도움으로 수학을 깨친 덕분에 사고력이 꾸준히 향상되었고 마침내 위대한 과학자가 되었다.

사람들은 대부분 천부적인 재능이 있어야 성공하고 그렇지 않으면 성공하기 어렵다고 생각하는데, 그런 생각에 사로잡히면 부모가 자녀를 교육하는 방식에 문제가 있어도 규명할 수가 없다.

아이 교육은 일찍 시작할수록 효과적이라는 사실은 이미 수많은 교육적 사례를 통해 충분히 증명되었다. 그런데도 조기교육에 편견이 있는 사람이 여전히 많다. 어린 아이는 백지와 같아서 학습하고 교육을 받을 능력이 없으며, 갓난아기는 동물의 새끼처럼 밥만 먹을 줄 알고 학습은 불가능하다고 여기는 것이다. 사실 아이의 성장에서 가장 중요한 학습 시기는 태어난 직후부터 세 살이 되기 직전이다. 이 시기에 아이의 두뇌는 사물을 가장 빠르고 직접적으로 받아들이기 때문이다.

한 유대인 교육 전문가는 예전에 이런 말을 전했다.

"갓 태어났을 때 사람은 누구나 다 똑같습니다. 그러나 환경, 특히 어릴 때의 성장 환경에 따라 유능한 인재가 되기도 하고 평범하게 평생을 살아가기도 합니다. 설령 평범한 아이라도 양질의 교육을 받으면 다른 똑똑한 아이들처럼 뛰어난 재능을 발휘할 수 있습니다."

만약 아이들이 모두 똑같은 교육을 받는다면 아이들의 운명은 각자 타고난 재능에 따라 달라진다.

유대인 교육가 대부분은 아이가 태어나서 세 살이 되기 전에 학습하는 방법은 커서 학습하는 방법과 다르다고 한다. 즉 전자는 무의식으로 학습하는 패턴학습이고 후자는 의식적으로 학습하는 능동적 학습이다. 이 점을 이해하는 것이 아이의 잠재력을 개발하는 데 대단히 중요하다.

천재는 어떻게 발굴하고 어떻게 만들어질까? 가장 중요한 점은 일상생활에서 아이의 잠재력을 되도록 일찍 찾아내야 한다는 것이다.

사람들은 생활 속 천재도 신비하게 보지만 비즈니스 천재는 더더욱 신비롭게 본다. 사람들 눈에 천재가 신비해 보이는 이유는 천재가 어떻게 탄생하는지 모르기 때문이다. 사실 천재는 전혀 신비하지 않은 존재고 우리와 동떨어진 사람이 아니다. 사람은 누구에게나 천재적인 잠재력이 있는데 후천적인 교육이 적절하지 않아서 잠재력을 발견해 내지 못할 뿐이다.

유대인 교육가는 한 사람의 직업, 사회적 지위, 결혼, 재산 등에 여러 가지 요소가 복합적으로 영향을 주며, 지능이 높은 사람이 반드시 성공하는 것도 아니고 지능이 낮은 사람이 반드시 실패하는 것도 아니라고 보았다. 그러나 지능에 결정적인 영향을 미치는 중요한 요소는 조기교육이라고 주장했다.

한 유대인 어머니가 한 말을 옮겨 보겠다.

"저는 아이가 태어난 지 6개월도 되지 않았을 때부터 아이에게 갖가지 색깔로 된 물건들을 보여줬어요. 예를 들면 아이의 젖병을 모두 다른 색깔로 준비했어요. 아이에게 매번 다른 색의 젖병을 물리면서 재미있는 현상을 발견했어요. 아이가 특정한 한 색깔을 유난히 좋아한다는 걸 알게 되었고, 또 아이가 좋아하는 색의 젖병을 물리면 아이의 식욕이 굉장히 왕성해지더군요.

오동통하고 작은 두 손으로 젖병을 꽉 움켜쥔답니다. 그런데 아이가 좋아하지 않는 색의 젖병을 주면 어김없이 아주 싫은 내색을 해요. 머리를 계속 흔든다거나 젖병을 입에 물지 않고 자꾸 뱉어내려고 하죠. 가끔은 반항의 뜻으로 미간을 찌푸리기도 하고요.

저는 젖병 말고 빨간색으로 된 작은 북도 아이에게 줬어요. 북에 끈을 짧게 매어 아이의 손목에 걸어주면 아이가 손을 움직일 때마다 작은 북에서 소리가 나거든요. 북 소리가 나면 아이가 무척 즐거워해요. 여러 가지 색깔을 더 잘 기억하도록 일주일마다 다른 색의 북을 손목에 달아주면 아이가 색을 빨리 기억해요. 형태도 둥근 것과 네모난 것을 구분할 줄 알게 되고요."

유대인은 자녀를 훌륭하게 키우기 위해 교육 방법을 부단히 탐색하고 연구한다. 그러다가 좋은 방법을 발견하면 주변 사람들에게 주저 없이 알려준다. 유대인이 생각하는 부모의 책임은 자녀를 교육하는 것이며, 그것이 곧 유대 민족으로서의 책임을 다하는 것이라고 여긴다.

지식이 있으면 모든 걸 가진 것이다

유대인이 세계무대에서 독보적인 자리에 오를 수 있었던 가장 주요한 원인은 그들의 수준 높은 문화적 소양에 있다. 그리고 문화적 소양의 뿌리는 지식을 존중하고, 배움을 갈망하고, 교육을 중시하고, 탐구를 숭상하는 정신이다.

유대인에게 배움은 달콤함이다. 유대인은 전통적으로 아이가 학교에 처음 갈 때 새옷을 입히고 전도사나 학식이 있는 사람이 아이를 교실까지 데려다 주었다. 학교에서는 아이들에게 깨끗한 돌판을 하나씩 나누어 주었다. 돌판에는 히브리어로 된 성경 문구를 꿀로 써 두었고, 아이들은 성경 문구를 한 글자씩 읽으며 돌판 위의 꿀을 핥았다. 문구를 다 읽고 나면 랍비들이 아이들에게 달콤한 과일을 나누어 주었다.

학교에서 이런 활동을 하는 이유는 아이들에게 배움은 달콤한 것임을 일깨워 주기 위해서다. 이런 풍습에서도 배움을 대하는 유대인의 태도가 엿보인다.

배움에는 숭고한 가치가 있다. 《탈무드》에도 이와 관련한 대목이 나온다.

"배우면 신중해지고, 신중하면 열정이 생기고, 열정이 생기면 정갈해지고, 정갈하면 자제할 수 있고, 자제할 수 있으면 순결해지고, 순결하면 신성해지고, 신성하면 겸손해지고, 겸손하면 죄가 두렵고, 죄가 두려우면 고결해지고, 고결하면 영혼이 성스러워지고, 영혼이 성스러워지면 영생한다."

이스라엘의 어느 부자에게 아들이 하나 있었다. 아들은 공부에 전혀 관심이 없었고 부자는 그런 아들에게 결국 절망하여 《창세기》만 겨우 가르쳤다. 그런데 이들이 사는 도시에 적군이 쳐들어와서 아들을 포로로 잡았고, 아들은 머나먼 도시로 끌려가서 그곳에서 투옥되었다.

어느 날 국왕이 그 도시를 방문하여 남자 아이들이 수감된 감옥을 시찰하고 감옥에 소장된 책들을 훑어보았다. 그런데 그중에 국왕이 읽을 수 없는 책이 한 권 있었다. 국왕이 물었다.

"이건 유대인의 책 같은데, 누가 읽을 줄 아는 사람이 있나?"

교도관이 대답했다.

"한 명이 있는데 지금 수감되어 있으니 제가 데리고 오겠습니다."

교도관은 그 책을 가지고 남자 아이를 만나러 갔다.

"만약 자네가 그 책을 읽지 못하면 아마 국왕이 자네 머리통을 날려버릴 걸세. 국왕한테 목이 잘리느니 감옥에서 죽는 게 낫지 않겠나."

남자 아이가 대답했다.

"아버지께 그 책 딱 한 권을 배워서 읽을 수 있습니다."

교도관은 남자 아이를 감옥에서 나오게 하여 깔끔하게 단장시킨 뒤에 국왕에게 데려갔다. 국왕은 아이에게 책을 건넸다. 아이는 책을 받아들고 '태초에 하느님이 천지를 창조하시고'부터 읽기 시작하여 '이것이 바로 천국의 역사다'까지 죽 읽었다.

아이가 책을 다 읽자 국왕이 말했다.

"꼭 하느님이 내려오신 것 같구나. 축복을 주시는 하느님이 나를 향해 당신의 세상을 열어 주셨으니 나도 이 아이를 아버지 품으로 돌려보내야겠다."

국왕은 아이에게 보상으로 돈을 조금 쥐어 주고 집으로 돌려보냈다.

이 일화를 전해들은 성인들은 아버지가 아이에게 고작 책 한 권을 가르치고 신의 축복을 받았다며 입을 모았다. 아이에게 창세기만 가르치고도 신의 축복을 받았는데 성경, 성인의 전기, 《미쉬나Mishnah》까지 가르친다면 얼마나 더 큰 축복을 받을지 놀라워했다.

배움을 멈추지 않는다

유대인은 나이가 아무리 많고 형편이 찢어지게 가난해도 인간이라면 반드시 배워야 한다고 여긴다. 나이가 들어도 배워야 영원히 젊음을 유지할 수 있고, 부도 일구고, 정신적인 여유도 생긴다고 믿기 때문이다.

가난에 찌든 한 사람이 있었다. 그는 매일 고되게 일해도 겨우 몇 푼밖에 벌지 못했다. 그나마도 번 돈의 절반은 도둑 공부를 하러 다니는 학교 문지기에게 주고 나머지 반으로 가족의 생계를 유지했다.

하루는 그가 돈을 벌지 못해서 문지기에게 줄 돈이 없는 바람에 학교 문 앞에서 쫓겨났다. 하지만 학구열이 대단했던 그는 배우고자 하는 일념으로 기어서 교실 지붕 위로 올라갔다. 추위에 꽁꽁 얼어붙은 지붕에 머리를 바짝 붙이고 숨을 죽인 채로 창문을 통해 들리는 현자들의 강의에 귀를 기울였다. 그날 밤에 눈이 펑펑 내렸고 눈은 금방 그의 몸 위에 소복이 쌓였다. 그는 눈이 오는 줄도 모르고 강의에 푹 빠져서 밤새 미동도 하지 않았다.

다음 날 이른 아침이 되어 한 현자가 말했다.

"해는 이미 떴는데 실내가 왜 아직도 어두컴컴합니까? 날씨가 흐린 겁니까?"

교실에 있던 현자들이 고개를 들어 위를 올려다보니 지붕 위에 커다란 물체가 있는 게 보였다. 그들은 얼른 지붕 위로 올라갔다. 눈에 뒤덮여 꽁꽁 언 채로 의식을 잃고 누워 있는 사람을 발견하고 서둘러 등에 업고 내려와서 깨끗이 씻긴 다음에 따뜻한 화롯가에 눕혔다.

현자들이 서로 말했다.

"배움의 열정이 이리도 강한 사람을 어찌 존경하지 않을 수 있겠습니까. 하느님이 이 자를 꼭 보호해 주시길 바라겠습니다."

《탈무드》에 이런 말이 있다.

"아이처럼 배우는 사람은 무엇에 비유할 수 있겠습니까? 먹물로 새하얗고 깨끗한 종이 위에 글을 쓰는 것과 같습니다. 그러면 노인처럼 배우는 사람은 무엇에 비유할 수 있겠습니까? 낡고 지저분한 종이 위에 글을 쓰는 것 같겠지요."

살아서 숨을 쉬는 한 유대인은 배움을 멈추지 않는다. 유대인에게 배움은 밥을 먹고 잠을 자는 것만큼이나 중요하고 매일 해야 하는 일이며, 그들은 천국에 가는 날까지 쉼 없이 배우고 한시도 배움을 게을리 하면 안 된다고 여긴다. 그래서 유대인 사회에서는 지식이 풍부한 사람보다 배우고자 하는 사람이 더 위대하다는 인식이 깊게 박혀 있다.

책과 지혜를 사랑한다

유네스코의 조사에 따르면, 이스라엘에서 설립된 출판사와 출간한 도서의 인구당 비율이 세계에서 가장 높다고 한다.

이스라엘의 대학 도서관과 전국의 공공 도서관을 다 합하면 모두 1,000여 곳이 되며, 평균 4,000명 미만 당 도서관 한 곳인 셈이다.

이스라엘의 전체 인구는 약 500만 명이고 도서관에서 발급한 대출증은 약 백만 장으로 전체 인구의 20퍼센트에 해당하는 비율이다.

유대 민족은 그야말로 '책의 민족'이다. 예루살렘과 텔아비브 및 기타 도시의 거리에 나가면 가장 눈에 많이 띄는 곳이 서점과 카페다. 이스라엘 사람들은 하루를 커피와 신문으로 시작하고, 대학생들은 서점에서 책을 보며 하루를 보낸다.

예루살렘에서는 해마다 국제 도서전이 열린다. 이 기간에는 세계 각지에서 온 수많은 바이어가 참석하여 상담하고 계약을 진행한다. 국내에서 도서전을 참관하고 책을 구매하려고 온 사람들도 줄을 잇는다. 이스라엘에서는 매년 봄이 되면 국내 도서전도 개최한다. 유대인들은 도서전을 위해 미리 돈을 준비해 두고 마치 성대한 파티를 기다리는 사람들처럼 도서전이 열리기를 고대한다.

도서전 기간에는 이스라엘의 곳곳이 거대한 책 시장으로 변해서 사람들은 크고 작은 서점을 두루 다니며 자기가 좋아하는 책을 싼 가격에 구입한다.

사람들은 책을 통해 자유롭고 진지하게 자신의 생각과 견해를 표현한다. 단, 보안과 관련된 문제가 있을 때에만 출판물을 대상으로 필요한 심의를 거친다. 그래서 유대인들은 거리의 가판대에서 당일에 발행된 일간지 〈뉴욕 타임스〉, 〈더 타임스〉, 〈르 몽드〉 등을 손쉽게 사서 볼 수 있고, 같은 가판대에서 진지한 정치 간행물과 하류 도색잡지를 동시에 구입할 수도 있다.

유대인의 대다수는 거의 독서광이다. 공원, 거리, 대합실, 차 안 등 많은 사람이 몰린 곳 어딜 가도 책을 읽는 데 빠져 있는 사람들이 흔하다.

유대인은 책을 무척이나 사랑하는 민족이고, 이스라엘은 책의 나라다. 작은 나라 이스라엘이 전설 같은 역사를 써올 수 있었던 것은 유대인이 책을 목숨처럼 사랑하는 점과 무관하지 않다.

책을 친구로 삼는다

《탈무드》에는 책과 관련한 좋은 말이 많이 실려 있다.

"여행 중에 고향 사람들이 읽어보지 못한 책을 발견한다면 반드시 그 책을 사가지고 고향으로 돌아가서 고향 사람들과 함께 본다."

"책을 친구로 삼고 책장을 정원으로 삼아 책의 아름다움을 즐기며 열매를 거두고 꽃을 보라."

"생활이 어려워서 물건을 팔아 생계를 유지해야 한다면 우선 금, 집,

땅부터 팔아야 하고 책은 마지막까지 한 권도 팔면 안 된다."

유대인은 책을 읽고 나서 반드시 침대 머리맡에 둔다. 만약 부주의해서 책을 침대 끄트머리에 두면 지식에 무례를 범하는 행동으로 간주된다.

책을 사랑하는 유대인에 관한 이야기가 또 있다.

한 유대인 가정에서 딸이 책상에 앉아 책을 읽고 있었다. 그런데 딸이 책장을 마구잡이로 넘기는 바람에 책이 몇 페이지 찢어지고 말았다. 이 장면을 목격한 어머니는 화가 나서 아주 진지하게 아이에게 책을 소중히 다루는 방법을 알려주며 타일렀다.

"책을 읽기 전에는 책상을 깨끗이 닦고 책상보를 깔아야 해. 책을 읽을 때는 바른 자세로 앉아야 하고, 책장을 넘길 때는 오른손 검지를 옆으로 비스듬히 해서 책장의 가장자리를 들어 올리면서 엄지로 가볍게 살짝 누른 채로 한 페이지를 넘겨야 한단다. 장사꾼이 열심히 밑천을 모으듯이 책을 읽는 사람은 책을 아끼고 소중히 다뤄야 한다는 걸 잊지 말거라."

책을 소중히 여기는 유대인의 마음이 이 이야기에 잘 드러나 있다. 그들은 좋은 책을 인류의 좋은 스승이자 유익한 친구로 여긴다. 책 한 권에는 가격으로 따질 수 없는 의미가 담겨 있다. 책을 음식에 비유하자면 어떤 것은 꿀꺽 삼켜도 되고 어떤 것은 살짝 핥아도 되므로 독서할 때는 책을 잘 고를 줄도 알아야 한다. 좋은 책 한 권을 읽는 것은 고상하고 품위 있는 사람과 대화를 나눈 것처럼 평생에 도움이 된다.

해박한 학식을 갖춘다

유대인은 대부분 해박하다. 유대인과 함께 앉아서 대화를 나눌 때 그가 조리정연하게 다양한 이야기를 다채롭게 풀어놓으면 마치 세상의 모든 일을 다 아는 것처럼 보인다. 한 일본인은 유대인과 협상을 하고 난 뒤에 감탄하며 말했다.

"그 유대인은 정말 대단했어요. 세 시간 동안 협상을 진행했는데 거의 그 사람 혼자서 얘기했거든요. 옷차림도 말끔하고, 이치에 맞는 말만 하고, 말에 조리도 있고, 태도도 아주 겸손하고 부드러웠어요. 전 아예 입을 떼기가 싫고 그 사람 얘기만 듣고 싶더군요. 솔직히 말하면, 그 사람과 협상을 진행한 게 아니라 그 사람한테 강의를 들은 것 같아요."

이런 상대가 앞에 있으면 응대하기가 무척 어렵지 않을까?

유대인은 스스로 자신의 지식수준을 높이 평가하기 때문에 교육 수준이 낮거나 지식이 얕은 사람과는 교제하기를 꺼린다. 그들은 '장미꽃밭 한가운데에 있는 사람에게는 꽃향기가 나는 법'이라고 여겨서 지식이 해박한 사람과 교제하며 서로 토론하고 배우고 함께 성장하기를 즐긴다.

유대인은 학교에서 배우는 정규 교육은 물론이고 독학도 중시한다. 학교에서 받는 정규 교육은 학생 개개인의 조건과 환경에 따라 결과가 다르게 나타난다. 그래서 유대인은 스스로 지식과 기능을 습득해야 함을 특별히 강조하고 일을 직접 경험하고 실천해 보도록 지도한다.

유대인이 자녀를 교육하는 목적은 아이들이 치열한 경쟁사회에 빠르게 적응하고 경쟁 속에서 살아남아서 성장할 수 있게 하려는 것이다.

고대 유대인 사회에서 학습의 대상은 주로 신학 연구였고 학습 범위가 넓지 않았다. 그러나 박해를 받으며 세계 각지를 떠도는 삶 속에서 그들은 각 나라의 문화를 비롯하여 꾸준히 배워야 할 것이 많았기에 빠른 시간 안에 자연스럽게 학습 범위가 넓어졌다. 유대인은 부지런하고 배움을 즐기는 전통을 끊임없이 계승하고 드높임으로써 정신력을 기르고, 생존과 발전을 모색하는 창의력을 계발하고, 민족의 응집력을 강화하는 뛰어난 역량을 갖췄다. 이런 전통을 계속 유지함으로써 유대인은 세계 어느 곳에 흩어져 있더라도 다른 민족보다 훨씬 높은 문화 수준을 유지하는 것이다.

배움에 의문을 품는다

의문은 지혜의 문을 여는 배움의 열쇠다. 지식욕은 부지런히 배우고 지식을 탐구하게 하는 원동력이지만 의문은 새로운 지식을 꾸준히 생산하게 만든다.

《탈무드》에 "좋은 질문이 좋은 답을 이끌어낸다."라는 말이 나온다. 질문이 답만큼 중요하다는 뜻이다. 질문이 좋으면 심오한 답을 얻을 수 있다. 의심하지 않으면 질문도 없다. 사고는 의심과 그에 대한 답으로 이루어지므로 의심할 줄 아는 사람이 바로 지혜로운 사람이다.

사람은 무슨 일이든 아무런 이유 없이 확신하지 않는다. 일단 의심을 해야 의문점이 많이 생기고 의심의 실마리를 따라 탐색하고 추적하면 정확한 답을 구할 수 있다.

그러나 생각을 너무 많이 하는 것은 별 도움이 되지 않는다. 생각이 많아서 망설이는 것은 대단히 위험하다. 적절한 시기에 과감하게 결정을 내리지 못하면 바로 눈앞에 찾아온 호기를 놓치고 만다. 그러므로 적당한 때에 대담하게 행동해야 성공의 길로 나아갈 수 있다. 단순히 배움을 위해 배우지 말고 지식의 폭을 넓히고 다양한 방면의 능력을 꾸준히 향상시키기 위해 배워야 한다.

지성이 날카로우면 순간의 기회를 포착할 수 있고, 미래의 추세를 예견할 수 있으며, 미세한 부분의 미묘한 변화를 통찰할 수 있고, 거시적이고 추상적인 무형의 존재를 파악할 수 있다. 배우는 목적은 바로 이런 통찰력을 기르기 위해서다. 해박해질 때까지 배워야 비로소 이치와 사물에 통달할 수 있다.

"얕은 우물은 이내 마르고 깊은 우물은 영원히 마르지 않는다."는 유대인의 말처럼 지식은 무한하며 영원히 우리와 공존한다.

“실천을 중시하는 교육법”

유대인은 이론은 실천에서 나오고 실천이 확대되면 이론도 발전한다고 여긴다. 그러나 이론이 실천보다 우위에 있어서 실천을 이끌어 내기도 한다. 그러므로 이론과 실천이 효과적으로 결합되어야만 서로 시너지 효과를 낼 수 있다.

나무 위에서 놀던 원숭이 한 마리가 바닷가에서 그물로 물고기를 잡는 어부를 발견하고는 재미있어 보여서 자기도 한번 시도해 보기로 했다. 마침 어부가 그물을 물가에 두고 밥을 먹으러 집으로 돌아가자, 원숭이는 이때다 싶어서 냉큼 나무 아래로 뛰어 내려갔다. 쏜살같이 달려서 바닷가에 도착한 원숭이는 냉큼 그물을 집어 들고는 어부가 하던 것처럼 바다를 향해 던졌다. 그런데 그물을 잘못 던져서 자기가 그물을 뒤집어 쓴 채로 바닷속으로 빠지고 말았다. 원숭이는 물 밖으로 나오려고 사력을 다해 발버둥을 쳤지만 역부족이었다. 그는 무심한 바다를 바라보며 탄식했다.

"그물을 만져 본 적도 없는 내가 무슨 재주로 물고기를 잡는다고 겁 없이 일을 저질렀어. 물에 빠져도 싸지."

어부가 그물을 던져 물고기를 잡는 것처럼 보기에는 쉬워도 막상 하면 그리 간단하지 않은 일들이 있다. 쉬워 보일지라도 실제로는 다양한 방법과 경험이 바탕이 되어야 할 수 있는 것이다. 그래서 영리한 원숭이도 한 번 보고는 잘할 수 없었던 것이다. 새로운 사물을 배우려면 자세히 관찰하는 것이 대단히 중요하지만 그보다 더 중요한 것은 직접 체험하는 것이다. 체험을 통해 새로운 경험과 교훈을 얻어야 비로소 완전히 습득할 수 있다. 모르면서 아는 척하고 무턱대고 행동부터 하면 원숭이처럼 물고기도 못 잡고 오히려 위험에 빠지고 만다.

대담한 상상을 북돋운다

고대 유대인 공동체에서 모두가 한자리에 모여 어떤 문제를 논의할 때 회의를 주관하는 연장자 랍비는 항상 젊은이에게 발언권을 먼저 주었다. 그 다음에는 경험이 풍부하고 연륜이 있는 사람에게 발언할 기회를 주었다. 이어서 모두가 자유롭게 자신의 의견을 말하면 마지막에 권위가 있고 연장자인 랍비가 모두의 의견을 근거로 공정히 평가하고 정리하여 결론을 내렸다.

젊은이가 나이가 많고 연륜이 있고 경험이 풍부한 사람 앞에서 발언할 때 어색해하고 쑥스러워하면 랍비는 젊은이에게 용기를 북돋웠다.

"진리 앞에서는 누구나 평등하고 너와 나는 진리의 부름에 응해야 한다. 나는 모든 사람의 발언이 다 가치가 있다고 믿는다. 너의 발언도 예외가 아니다."

랍비가 따뜻한 말로 격려하면 젊은이는 수줍음을 버리고 대담하게 자신의 생각을 말한다. 그들의 생각은 상상을 뛰어넘을 만큼 참신하며 그들의 생기발랄한 정신은 불처럼 뜨겁다.

유대인 사회에서는 왜 젊은이에게 먼저 발언권을 줄까? 《탈무드》에 이를 잘 설명하는 대화가 나온다.

한 사람이 다른 한 사람에게 말했다.

"연장자에게 가르침을 받는 것은 무엇과 같은지 아시오? 잘 익은 포도를 먹고 오래 묵힌 술을 마시는 것과 같소. 젊은이에게 가르침을 받는 것은 무엇과 같은지 아시오? 덜 익은 포도와 새로 담근 술을 마시는 것과 같소."

그러자 이 말을 듣고 있던 한 사람이 반박했다.

"오래 묵힌 술이든 새로 담근 술이든 품질만 좋으면 모두 다 좋은 술이오."

젊은이는 세상 경험이 부족해서 사회에 나왔을 때 일처리가 부족한 면은 있지만 보수적이지 않고 마음에 아름다운 희망을 잔뜩 품고 있으며 장차 꿈을 실현시키기를 열망한다. 젊은이가 꿈꾸는 희망이 지나치게 낭만적이고 비현실적으로 보이기도 하지만 그런 희망이 있기에 젊은이들이 현실 앞에서 이상을 추구할 수 있는 것이다. 유대인은 젊은이의 이런 점에 주목했다. 반면 나이가 든 사람들은 세상 경험은 많지만 이미 너무 현실적으로 변해 버려서 취하기 어렵다고 판단한 것은 더 이상 추구하지 않는다. 그들에게는 독특한 발상도 없고 삶의 열정도 없으며 오로지 자신의 경험으로만 만사를 판단한다. 그러나 사회에서나 비즈니스 세계에서나 열정과 상상은 인류가 영원히 추구해야 하는 것이다.

특히 비즈니스에서는 대담하고 독특한 상상이 더더욱 필수적이다. 디즈니랜드를 예로 들어 보겠다.

상상력이 풍부했던 월트 디즈니Walt Disney는 원래 광고회사에서 일하다가 회사를 그만두고 나와서 애니메이션 제작 회사를 직접 차렸다. 그는 처음으로 자신의 취향과 상상력을 모두 녹여낸 〈이상한 나라의 앨리스〉를 제작했다. 이 작품은 천사처럼 귀여운 여자아이가 주인공인 데다가 젊은 제작자의 대담하고 낭만적인 상상이 동화로 잘 설계된 덕분에 공개되자마자 엄청난 돌풍을 일으켰다. 더불어 계약하기를 원하는 영화사들의 요청이 쇄도했다.

월트 디즈니는 후속 작품에서 '오스왈드Oswald'라는 이름을 붙인 귀여운 토끼 캐릭터를 창조하여 또 한 번 대중에게 인기를 얻었다. 그 뒤에는 대서양을 횡단한 비행사 찰스 린드버그의 이미지에서 영감을 받아 영리하고 장난기 많고 덤벙대고 귀가 큼지막한 생쥐 캐릭터 '미키'를 창조했다. 당시 극장마다 미키 마우스가 비행기를 타고 짙푸른 하늘을 향해 날아오르는 장면을 보러 온 사람들로 가득했다.

월트 디즈니는 그 이후에도 상상력을 꾸준히 발휘하여 아기 돼지 삼형제, 도널드 덕, 백설 공주와 일곱 난쟁이 등 유명한 캐릭터를 창조해냈다. 그리고 또 몇 년 뒤에 그는 동화 같은 세상 디즈니랜드를 세워서 모든 아이의 사랑을 받았을 뿐만 아니라 어른들의 발길도 사로잡았다.

대담한 상상력으로 사람들에게 즐거움을 주는 것은 월트 디즈니의 평생 신조였다.

이치를 설명하는 방식으로 교육한다

유대인의 교육에서 아이의 좋은 품성을 기르기 위해 가장 중요하게 여기는 교육 방법은 사실을 들어 이치를 설명하는 것이다.

한 유대인은 "설득은 아이의 미궁 같은 생각을 여는 열쇠고, 이치는 아이 마음속의 빛이다."라고 말하기도 했다.

아동의 심신 발달은 양적 변화에서 질적 변화로 도약하는 과정이다. 특히 유아기 아동은 이성적으로 사고하지 못하고 사물을 감정적으로 인식한다. 또한 아동에게는 단편적인 시각으로 문제를 바라보거나 하나만 알고 둘은 모르는 등의 연령별 특징도 있다. 아동은 어리고 경험이 없어서 사물을 인식하는 능력이 미약하고, 객관적인 사실을 두고 옳음과 그름, 선함과 악함, 아름다움과 추함, 영예와 치욕을 분명히 판단하지 못한다. 또 분별력도 부족해서 겉만 알고 속의 참된 이치는 모른다. 그러므로 자신이 잘못을 해도 무엇을 잘못했는지 알지 못하고 다른 사람이 잘못을 일깨워 줘도 금방 깨닫지 못해서 다음에 같은 잘못을 또 저지른다. 그러나 부모와 교사는 아이가 단번에 문제를 파악하고 해결할 수 있기를 바란다. 이런 바람은 아이의 연령별 특징과 어긋나며 설령 단번에 한다고 해도 좋은 효과를 거두기는 어렵다.

아이가 어떤 일과 맞닥뜨렸을 때 그 일의 이치를 설명해 주면 기본적으로 아이의 인식 능력이 향상되고 도덕성과 이성이 강해진다.

어떤 부모는 아이가 잘못을 저지르면 "또 잘못했어? 넌 맞아야 정신을 차리겠구나." 하며 무턱대고 때리거나 벌을 주는데 이는 전혀 효과가 없는 방법이다. 때리고 벌을 주는 건 오히려 아주 손쉬운 교육 방법이다. 부모들이 속에 잔뜩 쌓아 두었던 화를 단번에 풀 수 있으니 말이다. 그러나 때리거나 벌을 주면 아이는 자기가 뭘 잘못했는지 여전히 모른다. 더구나 어떤 뒷일이나 피해가 생길지는 더더욱 모른다. 그래서 다음에 같은 잘못을 반복한다. 게다가 체벌은 아이의 대뇌에 충격을 주고, 아이의 자존심을 상하게 하며, 아이의 신체를 학대하는 행위이므로 아이의 반항심만 키우는 부정적인 결과만 낳는다.

유대인 교육가는 아이에게 이치를 설명할 때 방법이 대단히 중요하다고 강조했다.

첫째, 실제로 있었던 일을 바탕으로 삼는다. '이치'는 공허한 말이 아니고 설교가 아니다. 공허한 말과 설교는 어른이 들어도 짜증나는데 하물며 아이들은 더 지겨워한다. 그러므로 이치를 설명할 때는 실제 있었던 일이나 아이들이 즐겨보는 건전한 방송 프로그램과 책을 예로 들어서 유익한 이야기로 풀어야 한다. 그렇게 하면 아이는 정확한 이치로 현실을 판단할 수 있게 되므로 생동감과 깊이가 있는 교육이 완성된다.

둘째, 아이가 생각지 못한 점을 공략한다. 예를 들어 아이의 성적이 안 좋을 때 점수에 초점을 두지 말고 학습의 의미에서 접근해서 왜 공부를 열심히 해야 하는지 근본적인 이치를 설명해야 한다. 또 청소년 연애 현상에 대해 이야기할 때는 부작용만 노골적으로 지적하지 말고 은근하고 부드러운 화법으로 설명하여 올바른 길로 이끈다.

셋째, 계도성, 적합성, 재미를 갖춘다. 아이의 관심을 유발하여 아이가 적극적으로 사고할 수 있도록 이끄는 계도성이 있어야 한다. 증세에 따라 약을 처방하듯이 아이의 연령별 특징과 성격에 알맞은 방법을 선택하고 아이의 사고 수준을 정확히 겨냥하여 설명하는 적합성도 필요하다. 또한 딱딱하고 틀에 박힌 개념적인 설명은 지양하고 듣기에 재미

있고 집중할 수 있도록 생동감이 넘치는 표현을 구사한다.

유대인 교육가들은 이치를 설명할 때는 다음의 사항들에 유의하라고 말한다.

첫째, 설명을 적당히 한다. 시간을 정해두고 할 말을 다하면 멈춘다. 아이가 완전히 받아들이지 못했더라도 필요한 말만 정해진 시간 안에 하고 끝내야 한다. 했던 말을 반복하며 끝내지 않고 질질 끌면 오히려 하지 않은 것만 못하므로 주의한다.

둘째, 때를 잘 잡는다. 아이와 부모의 사이가 좋고 편안한 감정일 때나 아이에게 어려움이 있어서 도움을 주어야 할 때가 적당하다.

셋째, 아이와 평등한 입장을 취한다. 이치를 설명하는 것은 훈계가 아니므로 훈계하는 방식을 취하면 안 된다. 유대인 가정의 아이들은 모두 가족에게 존중을 받는다. 아이가 어리고 관심과 보호와 양육이 필요한 대상이라서가 아니라 아이를 태어날 때부터 독립적인 존재로 보고 아이에게도 의지와 개성이 있다고 여기기 때문이다. 부모와 교사는 아이에게 자신의 생각을 주입하지 말고 아이가 자신이 주체적인 존재임을 인식하도록 이끌어야 한다.

유대인은 아이와 대화할 때 말투와 화법에 무척 신경을 쓴다. 아이가 말할 때 어른은 진지하게 귀를 기울여서 듣고 때로는 무릎을 꿇고 아이와 눈높이를 맞춰서 대화해야 한다. 그러면 아이는 존중받는 기분이 들고 열등감을 느끼지 않는다. 부모가 아이를 데리고 남의 집에 초대받아 갔을 때 집주인이 아이에게 먹을 것을 주면 유대인 부모는 아이 대신 "얘는 안 먹어요."라든가 "괜찮습니다." 하는 식으로 대신 대답하며 나서지 않는다. 만약 아이가 먹고 싶다고 해도 아이를 큰소리로 꾸짖지도 않는다. 유대인은 아이에게도 생각이 있고 원하는 것이나 보고 싶은 것이 있기 때문에 자기 생각을 밝히는 것은 잘못된 행동이 아니며 그런 아이의 행동을 나무랄 이유도 없다고 여긴다. 그들은 또 남들 앞에서 아이를 교육하지 않고 다른 사람이 보는 곳에서 아이에게 "못났네.", "변변치가 않아.", "쓸모가 없어." 하는 말로 아이를 꾸짖지도 않는다. 이런 말들은 날카로운 칼이 되어 연약한 아이의 마음에 깊은 상처를 내는 행위다.

한 유대인 교육가는 이런 말도 했다.

"부모가 아이의 잘못을 소문내지 않으면 아이는 자신의 평판을 중시해서 계속 다른 사람에게 좋은 평가를 받으려고 더욱 조심합니다. 그렇지만 부모가 아이의 잘못을 공공연히 떠벌리면 아이는 부끄러워서 얼굴을 들지 못하고 자신의 평판이 이미 나빠졌다고 여겨서 더는 명예를 지킬 마음이 없어집니다."

넷째, 부모는 부단히 자기 계발에 힘쓰며 정확한 입장과 방법과 시각으로 문제를 분석하고 해결하는 법을 습득해야 한다. 그래야 근본적으로 아이의 이해 수준과 인식 수준을 향상시킬 수 있다.

아이의 강인한 품성을 기른다

한 사람의 도덕적 의지는 그 사람의 성품과 완벽히 일치하며, 도덕적 의지가 강할수록 성품은 더욱 빠르고 굳건하게 형성된다. 의지는 고난 극복과 관련이 있는 개념이다. 사람은 자신의 목표를 실현하는 과정에서 예기치 못한 난관에 자주 부딪친다. 이런 난관을 극복하려면 의지가 필요하며, 부단히 어려움을 이기고 견디는 동안 의지는 점점 강해진다.

강인한 의지가 있는 사람은 난관을 극복할 수 있는 용기도 있다. 그러므로 강인한 의지는 성공의 핵심 요소인 동시에 성공으로 나아갈 수 있게 하는 원동력이기도 하다. 따라서 부모는 계획적으로 아이가 고생을 맛보게 하여 강인한 의지를 길러주어야 한다.

아이가 반드시 고생을 겪어 봐야 성공할 수 있는 건 아니라고 여기는 사람들도 있지만 이런 생각은 합리적이지도 과학적이지도 않다. 고난은 아이의 의지를 더욱 강하게 만드는 법이다. 부모는 일부러라도 아이에게 적절한 성장 환경을 마련해 주어 아이가 강인한 의지를 기르도록 뒷받침해야 한다. 그래야만 아이가 미래에 복잡하고 치열한 경쟁사회에서 살아남을 수 있다.

심리학자의 연구에 따르면 지능지수와 성공이 항상 정비례하지는 않는다고 한다. 그러나 의지의 강약은 성취 정도와 분명한 관계가 있다.

이스라엘에 '고래학교'라는 곳이 있다. 이 학교의 학생은 범선을 타고 일 년 안에 대서양을 두 번 횡단하고 섬 세 곳을 돌며 풍랑도 겪고 굶주림의 고통도 참고 견디는 경험을 해야 한다. 또 배도 몰고, 고기도 잡고, 음식도 만들 줄 알아야 하고 답사, 독서, 토론 등의 수업도 마스터해야 한다. 동시에 가는 곳마다 현지의 문화와 풍토를 배우기 위해 현지인들과 교제도 한다. 학생들은 이런 경험과 단련을 통해 지혜와 용기를 겸비한 사람으로 성장한다.

부모가 자녀를 사랑하는 건 본능이지만 자녀를 향한 진정한 사랑이 무엇이며 어떻게 해야 가치와 의미가 있는 사랑을 할 수 있는지 분명히 알아야 한다. 인생은 항상 바람이 잠잠하지도 않고 늘 순풍만 부는 것도 아니다. 부모는 아이를 어려운 환경 속에 내버려 둠으로써 아이가 실패와 좌절을 직시하고 그 안에서 교훈을 얻도록 가르쳐야 한다. 더

불어 아이에게 건강한 마음과 불굴의 강인한 의지를 길러 주어야 아이가 평생 건강한 삶을 살아갈 수 있다. 누구나 살면서 어려움과 좌절을 겪는다. 따라서 실패는 두려운 것이 아니며 넘어졌을 때 다시 일어나지 못하는 것이 두려운 것임을 아이가 깨닫도록 부모가 이끌어 주어야 한다.

"교육의 핵심은 소통"

아래는 《탈무드》의 한 대목이다.

아이를 지나치게 아끼는 사람은 아이를 세심하고 살뜰하게 돌본다.

길들이지 않은 말은 다루기가 어렵고 구속하지 않는 아이는 제멋대로 행동한다.

아이를 방종하면 경악할 일이 생기고 아이와 장난하면 상심할 일이 생긴다.

아이와 함께 아파하지 않으려면 아이와 장난을 치지 마라. 나중에 이를 갈게 된다.

아이가 어릴 때는 자유를 주거나 잘못을 소홀히 넘기지 마라.

아이를 교육할 때 끈기 있게 기다리면 부끄러운 일로 난감해지지는 않을 것이다.

부모는 아이의 첫 번째 선생님이다. 부모가 아이를 교육하는 동안 크나큰 희생이 뒤따르지만 기쁨과 위안도 있다. 희생한 대가로 아이가 성장하고 발달하는 기적을 경험할 수 있고, 아이가 주는 따뜻함과 사랑을 느낄 수 있고, 아이의 자랑스러운 성공을 지켜볼 수 있다. 그러나 이런 보상을 누리지 못하는 부모도 많다. 아이의 불량한 행동으로 골머리를 앓고 평생의 한이 맺히기도 한다.

거의 모든 부모는 아이의 행동이 바르면 예뻐하지만 아이의 태도가 단정하지 못하면 못마땅하게 여긴다. 그럴 때 부모의 처신이 부적절하면 부모와 아이의 관계는 긴장 상태가 된다.

그렇다면 부모는 도대체 어떻게 해야 아이와 잘 지낼 수 있을까? 이 문제는 정말 공부하듯이 진지하게 접근해야 한다.

한 유대인 아버지는 자신의 경험을 전했다.

"저는 매일 한 시간씩 아이와 같이 공부합니다. 그러면 아이는 모르는 문제가 있을 때마다 바로 저에게 물어볼 수 있고, 대화하면서 부자 사이도 좋아지고, 아이의 집중력도 좋아집니다."

부모들은 대부분 아이가 장난감을 가장 좋아하는 줄 알지만 사실 아이가 정말로 좋아하는 것은 매일 부모와 함께 있고 대화하는 것이다.

대다수의 유대인 교육가가 말하듯이 아이에게 필요한 것은 부모의 관심과 수용과 경청이며, 아이는 부모와의 감정 교류를 무엇보다 중요하게 여기고 바란다. 그러므로 부모는 최대한 많은 시간을 할애하여 아이와 함께 지내며 감정을 교류해야 한다. 그러기 위해서는 저녁 식사 후에 아이와 함께 나가서 산책하며 대화를 나누고 아이의 질문에 대답하는 것만큼 좋은 방법은 없다. 그 시간대에 아이의 수용능력이 크게 확장되므로 그때가 아이를 교육하는 황금시간이라고 할 수 있다.

아이와 함께 있을 때 서로 소통하는 방법을 잘 모른다면 아래의 몇 가지 방법을 활용해도 좋다.

첫째, 아이를 격려한다. 사람은 늘 타인에게 인정을 받고 싶어 한다. 이는 인간의 가장 기본적인 심리적 요구이므로 부모는 칭찬에 인색하지 말고 아이의 작은 행동도 칭찬해야 한다. 설령 사소한 일일지라도 아이가 한 일이라면 칭찬하고 격려한다. 그러면 아이는 자신감이 생기고 더 큰 능력을 발휘할 수 있게 된다.

둘째, 아이의 말을 경청한다. 부모가 직장일로 바빠서 아이를 유치원이나 다른 보호자에게 맡겨 두고 종일 떨어져서 지내면 아이는 부모에게 하고 싶은 말이 많아진다. 그러므로 부모는 가능한 한 시간을 내서 아이가 하루 종일 어떻게 지냈는지 귀를 기울여 들어야 한다. 아이가 먼저 대화를 원하지 않아도 부모가 나서서 대화를 시도해야 하며, 그런 과정을 통해 아이의 언어 소통 능력도 발달한다.

셋째, 침착함을 유지한다. 긴장된 하루를 보내고 집으로 돌아온 부모는 몸도 피곤하고 마음도 항상 좋지만은 않다. 이런 감정의 기복은 누구에게나 있다. 그럴 때 아이가 눈에 거슬리는 행동을 하면 부모는 아이에게 화를 벌컥 내는데 그러면 안 된다. 그런 반응을 보이면 아이는 큰 충격을 받고, 사소한 일로 크게 꾸지람을 들으면 아이는 부모와의 소통을 거부한다.

넷째, 관심을 최대한 표현한다. 아이가 만약 좌절했거나 실의에 빠진 일을 털어놓으면 부모가 듣기에 대수롭지 않은 일이라도 아이의 마음을 이해하고 공감하며 우울한 마음이 풀릴 때까지 위로해 주어야 한다. 그러면 아이는 부모와 더욱 소통하기를 원하고 무슨 일이든 부모에게 이야기하고 싶은 마음이 생긴다.

아이에게 모범을 보인다

아이가 부모에게 가르침을 받는 방식은 딱 두 가지다. 부모의 가르침을 따라 배우거나 부모의 행동을 직접 눈으로 보고 모방하는 것이다.

가정에서 부모가 하는 행동은 진지하게 말로 자녀를 가르치는 것보다 교육적 효과가 훨씬 크다. 이를테면 아이에게는 담배를 피우지 말라고 해놓고 정작 부모는 매일 담배를 몇 개비씩 피우면 아이는 담배를 피워도 된다고 받아들인다. 또 부모가 술을 즐겨 마시면 아이에게도 술을 마시는 것이 자연스러운 일이 된다.

부모가 자녀에게 좋은 생활 습관을 길러줄 수 있는 가장 효과적인 방법은 부모가 늘 말로만 가르치지 않고 직접 행동으로 모범을 보이는 것이다. 아이는 삶을 대하는 부모의 태도도 그대로 보고 배운다.

예를 들어 부모가 종일 집에서 자기 직업을 불평하기만 하고 일하는 환경을 개선하려고 노력하지 않으면 아이는 뭐든 마음에 안 들면 불평하면 다 된다고 받아들인다. 반대로 부모의 말이나 행동이 모두 긍정적이면 아이도 긍정적인 에너지를 얻는다. 또 부모의 인생에 참신함이 없고 인생의 모든 면에서 현실에 안주하며 될 대로 되라는 식으로 살아가면 아이도 부모의 인생철학을 그대로 이어받는다.

아이는 부모의 복사판이어서 장차 일과 휴식을 대하는 태도도 부모가 하던 대로 따라 하므로 가정에서는 이런 점을 각별히 유의해야 한다.

이와 관련하여 유대교의 율법서 《토라Torah》에 나오는 짧은 이야기 한 토막을 소개하겠다.

한 아버지가 기녀들이 상주하다시피 하는 시장에서 아들에게 향료 가게를 차려주었다. 장사를 시작한 지 얼마 지났을 때 아버지가 아들을 만나러 시장에 나왔다가 아들이 기녀와 뒹굴고 있는 장면을 목격하고 말았다. 아버지는 화가 나서 몸을 벌벌 떨며 버럭 고함을 질렀다.

"야, 이 죽일 놈아!"

그때 지나가던 아들의 친구가 다가와서 아버지에게 말했다.

"이게 다 아버지 잘못입니다. 아버지께서 아들을 이 지경으로 만드신 겁니다. 아들에게 향료 장사 말고 다른 장사를 가르치고 이런 홍등가 말고 다른 시장에 가게를 차려주셨어야지요. 대체 아들에게 뭘 바라고 이런 곳에 가게를 차려주셨습니까?"

부모들은 이 이야기를 거울로 삼아도 좋을 것이다.

아이의 건강한 성장을 위해 주의할 것들

유대인은 항상 아이의 건강과 발달 상황에 관심을 기울이고 아이를 건강하게 성장시킬 과학적인 교육 방법을 모색한다. 그래서 일반 부모들이 아이의 건강한 성장을 위해 일상생활에서 주의해야 할 몇 가지 사항들을 제시하였다.

첫째, 아이의 아침 식사를 소홀히 하지 않는다. 통계에 따르면 아침에 고단백질을 섭취한 아이는 집중력이 비교적 오래 가지만 채식을 했거나 아침을 먹지 않은 아이는 두뇌 활동이 고단백질을 섭취한 아이만 못하다고 한다. 장기간 아침밥을 먹지 않거나 부실하게 먹으면 대뇌로 에너지를 공급하는 데 심각한 영향을 미쳐서 아이의 사고력이 둔화되거나 지능이 떨어진다.

둘째, 음식을 골고루 먹게 한다. 아이의 성장 과정에서 음식은 대단히 중요한 부분으로, 편식하면 두뇌 활동에 지장이 생긴다. 어떤 아이들은 길거리 음식이나 첨가물이 많이 들어간 음식을 유난히 좋아하는데 이런 음식들은 기억력을 감퇴시킨다.

셋째, 영양의 균형을 맞춘 식사를 제공한다. 영양의 균형이 맞지 않으면 지능 발달에 좋지 않은 영향을 준다. 지적 활동을 많이 하는 청소년의 뇌는 항상 긴장 상태에 있으므로 반드시 영양이 골고루 충분히 공급되어야 한다. 영양의 불균형 상태가 지속되면 영양 부족으로 이상 증상이 나타나고 당연히 지적 발달에도 문제가 된다.

넷째, 아이가 마구잡이로 먹지 못하게 한다. 아이들은 대부분 먹는 걸 무척 좋아해서 자그마한 입으로 종일 뭔가를 먹는다. 그런데 사람들은 식탐이 많아도 대뇌에 좋지 않은 영향을 준다는 건 의외로 잘 모른다. 음식을 많이 섭취할수록 위장에 공급되는 혈액량이 증가하고 상대적으로 뇌로 흘러들어가야 할 혈액의 양은 감소한다. 또한 신진대사 과정에서 과량의 지방은 뇌 활동에 사용되지 못하고 주로 신체 에너지원으로 사용되며, 다량의 탄수화물은 인체 내에서 인슐린 분비를 촉진시켜서 혈당을 떨어뜨린다. 그러면 대뇌는 유일한 에너지원인 당이 부족해져서 지적 활동이 저하된다.

다섯째, 아이와의 소통을 중시한다. 아이에게도 심리적 장애가 있으므로 이 점을 간과하면 안 된다. 아이의 심리적 장애는 대부분 학습에 대한 반감이나 불안감으로 나타나며, 보통 외부에서 받는 중압감에서 비롯된다. 이런 상태가 지속되면 아이의 지능 발달에 문제가 생기므로 아이의 심리 건강을 위해서 부모는 반드시 아이와의 소통을 중요하게 생각해야 한다.

여섯째, 아이의 두발 길이를 단정하게 한다. 두발에 필요한 영양은 모두 뇌에서 공급되는데 인체에 공급되는 영양에는 한계가 있다. 그래서 두발이 너무 길면 영양을 많이 소모하여 뇌 영양 상태가 나빠지고 뇌의 정상적인 활동에 지장을 준다.

일곱째, 간접흡연을 예방한다. 아이의 뇌와 간은 해독 능력이 완전하지 않아서 담배 연기에 특히 민감하다. 담배에 함유된 니코틴이 아이의 체내로 들어가 오래 남아 있으면 메스꺼운 느낌이 들어서 식욕 부진에 빠진다.

여덟째, 변비를 예방한다. 대변이 장 속에 장시간 머물러 있으면 독소가 발생하는데, 간에서 이 독소를 모두 해독하지 못하면 남은 독소는 혈액을 타고 체내를 순환하다가 뇌로 들어가 중추신경을 해친다. 또 대뇌 피질의 정상 활동을 방해하여 기억력을 감퇴시키고 반응에 둔감하게 만든다.

아홉째, 아이의 뇌 운동을 중시한다. 인체의 각 기관을 관장하는 뇌를 운동시켜야 체내의 장기가 모두 제 기능을 발휘한다. 뇌는 쓰지 않으면 금방 노화되므로 뇌 단련을 일찍 시작할수록 오래 활동하고 뇌세포의 노화 속도도 늦출 수 있다. 그러므로 아이가 뇌를 많이, 유용하게, 부지런히 쓰도록 이끌어야 뇌가 유연해지고 지능도 최대한 발달하여 똑똑해진다.

열째, 아이 앞에서 남의 험담을 하지 않는다. 유대인은 아이의 건강한 성장을 위해서 학교 교육도 중요하지만 가정 교육은 더 중요하다고 여겼다. 현실적으로 학교 교사와 부모는 서로 미묘하게 대립하는 관계인데 이 문제에서 교육적인 원칙을 확실히 세워야 한다. 즉 부모는 어떤 경우라도 아이 앞에서 교사의 험담을 하면 안 된다. 이는 아이 앞에서 아빠가 엄마의 험담을 하면 안 되고 엄마가 아빠의 험담을 하면 안 되는 것과 같은 이치다. 아이의 교육을 담당하는 어른들끼리 서로 의견이 맞지 않으면 아이는 명확한 기준으로 사물을 판단하지 못한다. 그래서 거짓말로 남을 속이고 남에게 적대심을 드러내거나 불건전한 행동을 하는 등 나쁜 버릇이 생긴다.

만약 아이를 대하는 교사의 태도가 마음에 들지 않거나 교사가 잘못된 행동을 한다고 판단되면 부모로서 어떻게 해야 할까? 유대인은 전통적으로 이런 방법을 써왔다. 우선 아이를 불러서 자세한 상황을 물어 확인하고 필요에 따라 다른 아이나 그 부모에게 자신의 아이가 한 말이 틀림이 없는지 재차 확인한다. 그런 뒤에 교사의 행동이 부당했다는 확신이 들어도 일단 교사의 태도를 이해하려는 시각으로 문제를 다시 파악한다. 교사도 사람이라 실수할 수 있다는 점을 고려하는 것이다. 이때 대부분의 교사는 바르고 옳으며, 단점이나 실수가 있는 교사는 극소수라고 믿어야 한다. 그러면 부모의 마음이 차분해져서 아이 앞에서 욱하는 감정으로 교사의 험담을 하지 않게 된다. 그 다음에는 교사의 부당함과 잘못에 대해 아이와 진지하게 대화를 나눈다. 아이가 모든 일에는 옳음과 그름이 있음을 알고 이를 분명히 구별할 줄 알면 도덕적으로 성숙해지고 아이의 성장에도 유익한 점이 많다.

타인을 선의로 대하는 태도는 유대인에게 대단히 중요한 덕목이다. 그들은 부드러운 태도, 이해심, 선한 마음으로 타인과 반목하지 않고 원만한 인간관계를 맺는 것을 대단히 중요하게 여긴다.

아이의 독립성을 존중한다

유대인 남자 아이 잭과 존은 같은 건물에 살고 같은 유치원에 다닌다. 두 아이의 엄마는 똑같이 아들을 무척이나 사랑하지만 가치관과 행동이 서로 달랐고 교육의 결과도 달랐다. 하루는 아이들이 유치원에서 침대를 정리하는 법을 배웠는데 선생님이 집에 가서도 꼭 해보라고 했다. 두 아이는 다음 날 아침에 자고 일어나서 각자 선생님에게 배운 대로 직접 침대를 정리하고 이불을 갰다.

두 아이가 어설프게 침대를 정리한 모양새를 본 두 엄마는 완전히 다른 반응을 보였다. 잭의 엄마는 기뻐하며 아들을 칭찬했다. "와, 정말 대단해. 이제 이불도 갤 줄 아는구나. 자, 어디 보자. 음, 아주 잘했는데 여기를 조금만 더 바르게 하면 좋겠어." 엄마는 말하면서 아이에게 이불을 가지런하게 개는 법을 설명해 주었다. 잭은 엄마의 응원에 힘입어 이불을 반듯하게 갤 줄 알게 되었고 혼자 힘으로 하는 일에 재미와 자신감이 생겼다.

반면 존의 엄마는 아이에게 화를 내며 버럭 소리를 질렀다. "이것 좀 봐. 이불을 이 모양으로 개면 어쩌자는 거니. 엄마가 넌 못한다고 했는데 네가 하겠다고 우기더니 이 꼴을 좀 보라고. 저리로 가 있어. 엄마가 다시 갤 테니까." 엄마는 이렇게 말하며 아이가 기껏 힘들게 정리한 이부자리를 가차 없이 다시 펼쳐서 갰다. 한쪽 옆에 서 있던 존은 무척 상심했고 다시는 혼자서 아무 일도 하고 싶지 않게 되었다.

유대인은 아이가 자라서 원하는 것을 이루게 하려면 어려서부터 아이의 독립성을 존중하고 아이의 자주성을 길러 주어야 한다고 강조한다. 그런 점에서 잭 엄마의 행동이 바람직하다.

유대인은 아이의 자주성과 독립성을 길러주기 위한 실천 사항 몇 가지를 제시했다.

첫째, 아이의 독립성을 존중한다. 한 살짜리 아기에게도 독립성이 있어서 자기가 직접 의자를 옮기고 숟가락으로 밥을 먹고 혼자 걷는 등 무엇이든 자기가 스스로 하려고 한다. 조금 더 자라면 아이는 세수하기와 옷 갈아입기도 혼자 하려고 하고 손수건과 양말도 자기가 빨려고 시도한다. 또 장난감을 직접 고치거나 만들고 싶어 하고 물건을 사고 그릇을 씻는 일에도 스스로 나선다. 아이가 이렇게 독립적인 행동을 하려고 할 때 부모가 "넌 아직 어려서 못해." 하며 찬물을 끼얹으면 절대로 안 된다. 아이의 태도를 존중하며 "너도 할 수 있어. 천천히 배우면서 하면 돼."라는 말로 아이를 지지하고 응원해야 한다.

둘째, 아이가 독립성을 키울 조건과 기회를 마련한다. 아이의 독립성을 키우기 위해서는 아이의 손발을 자유롭게 하여 스스로 할 수 있는 일은 뭐든지 시도해 보게 한다. 간혹 어떤 부모는 아이가 잘하지 못할까 봐 걱정스러운 시선으로 아이를 지켜보거나 아예 장애물을 미리 없애 아이가 행동에 방해를 받지 않게 한다. 부모의 이런 태도는 오히려 아이의 손발을 꽁꽁 묶는 것이나 다름없으며 아이의 독립성 발달을 저해한다.

셋째, 아이가 원하는 일을 스스로 할 수 있도록 지식과 기능을 가르친다. 아이에게는 독립성도 필요하지만 독립적인 행동을 뒷받침할 지식과 기능도 필요하다. 예를 들어 손 씻기, 세수하기, 옷 갈아입기, 청소하기, 테이블 닦기, 채소 씻고 다듬기 등의 일상적인 일을 아이가 평소에 자연스럽게 배워서 할 수 있도록 가르쳐야 한다. 아이의 독립성은 학습과 사교 방면에서도 나타난다. 그러므로 부모는 아이가 스스로 놀이를 끝내고 공부하도록 가르쳐야 하고, 스스로 친구를 사귀고 친구와 갈등이 생겼을 때 여러 효과적인 방법으로 직접 해결할 수 있도록 가르쳐야 한다.

넷째, 결정권을 아이에게 준다. 스스로 결정하는 행위는 아이의 독립성과 자주성 발달에 대단히 중요한 부분이다. 부모는 아이의 일에 최대한 간섭하지 않고 아이가 스스로 생각해서 결정을 내리도록 이끌어야 한다. 누구와 뭘 하며 어떻게 놀지를 결정하는 것은 모두 아이의 일이므로 부모는 나서지 말고 아이가 오로지 자신의 생각만으로 결정하도록 지켜본다. 아이의 결정에 도움이 될 조언은 해도 되지만 아이 대신 결정하거나 결정에 간섭하는 일은 절대 금물이다.

사랑과 동정의 마음을 심어준다

아이는 1~3세 사이에 자신과 타인을 구분할 수 있고 자신의 고통과 타인의 고통을 분별할 수 있다. 1세 이전에는 자신의 고통이 세상과 어떤 관계가 있고 타인의 고통이 자신과 어떤 관계가 있는지 전혀 모른다. 그래서 이 시기의 아이는 자주 울고 다른 아이가 울면 따라서 운다.

아이가 3세쯤 되면 타인의 고통을 보고 동정하는 마음이 본능적으로 생겨서 동정심과 관심이 표정으로 고스란히 드러난다. 심지어는 타인을 쓰다듬거나 토닥이는 등 몸으로도 동정심을 표현하며 위로한다. 그렇지만 이 나이에는 그 이상의 감정 표현이나 말로 위로하는 행위는 아직 불가능하다.

5~7세 사이의 아이는 타인을 동정해야 함을 인지하고 반응할 줄 안다. 다시 말해 타인이 고통을 받는 상황을 인지하여 위로할 때와 관심을 표현할 방법을 스스로 정한다.

아이가 10세 정도 되면 약세나 열세를 파악할 수 있으며 이에 대해 대부분 이성적인 태도로 동정심과 관심을 적당히 표현한다. 이 시기 아이의 동정심은 이전과는 달리 대상이 크게 확장된다. 즉 또래 아이에게만 동정심을 느끼지 않고 가족과 친척 및 아는 사람을 모두 동정하며 나아가 약세나 열세에 있는 낯선 사람이나 일에도 동정의 마음을 갖는다.

《탈무드》에 과거의 잘못을 뉘우치는 사람에게 과거에 한 일을 똑똑히 기억하라는 말을 하지 말라는 구절이 나온다. 속죄하려고 성경을 막 읽기 시작한 사람에게 "불결한 것을 먹던 입으로 전지전능한 하느님의 입에서 나온 율법을 공부하겠단 말이오?"라고 비꼬면 안 된다. 또 속죄하는 자의 아들에게 "당신 아버지가 한 일을 잊지 마시오."라는 말로 비난하지도 말아야 한다. 사람이 이렇게 매정하고 모질면 안 된다. 이와 비슷한 메시지가 담긴 가슴 아픈 이야기가 하나 있다.

한 아이가 친구들과 모래 놀이를 하다가 실수로 모래 구덩이에 빠졌다. 그런데 친구들은 그 아이를 빼낼 생각은 하지 않고 아이의 눈만 보일 때까지 몸 위로 모래를 계속 덮었다. 그러고는 희희낙락하며 집으로 돌아갔다. 그 어린 아이의 안위를 걱정한 친구는 한 명도 없었다. 시간이 흘러서 아이를 찾으러 다니던 부모는 질식해서 죽은 아이를 발견했다. 자신의 즐거움만 추구하느라 타인의 안위와 고통을 돌보지 않은 냉정함이 한 아이를 죽음으로 내몬 사건이었다.

자녀를 기르는 부모는 아이가 이렇게 매정한 사람이 되지 않도록 주의하고 경계해야 한다. 일상생활에서 타인의 어려움과 고통에 공감할 수 있는 곳으로 아이를 자주 데리고 가서 사랑의 의미를 심어주고 사회 공익 활동에 많이 참여하도록 이끌어야 한다.

아이가 사랑과 봉사의 의미를 깨달을 때 사랑에서 우러난 행동도 할 수 있다. 아이가 사랑을 실천하면 부모는 아이를 칭찬하고 응원해야 한다. 그러면 아이는 부모의 응원 덕분에 사랑을 더 많이 실천하는 사람이 된다.

아이를 가사노동에 참여시킨다

유대인 가정에서는 아이가 어려서부터 노동을 즐기고 노동의 기쁨을 알도록 가르치며, 가족구성원 모두가 가사노동을 당연하게 분담한다. 이스라엘 출신의 한 가정주부는 자녀의 교육 문제를 논하면서 이렇게 말했다.

"저희 딸은 겨우 네 살이지만 제게는 최고의 도우미입니다. 제가 방을 청소하고 있으면 쪼르르 달려와서 도와주고, 시장에 같이 가면 손에 장바구니를 들고 집에서 필요한 물건들을 하나씩 담는데 제법 잘합니다. 저희 아이는 아직 어린데 어째서 이렇게 집안일을 잘 도울까요? 제가 아이의 능력을 조금도 걱정하거나 부정하지 않기 때문입니다. 저는 늘 아이의 노동을 응원하거든요……."

유대인 가정의 부모는 자녀가 여럿이면 각자에게 집안일을 나눠주는데, 나름대로 규칙을 정해서 가사를 분담한다.

1. 일주일에 한 번씩 아이들이 할 일을 알려주며, 누가 무슨 일을 책

임져야 하는지 구체적으로 지시하고 실천하게 한다. 아이가 할 수 있는 능력에는 한계가 있으므로 집안일에 부담을 느끼지 않는 범위 안에서 노동량을 일정하게 정하여 맡긴다.

2. 한 아이에게 일이 집중되지 않게 여러 아이가 돌아가며 고루 일을 맡도록 한다. 그래야 모두가 가사노동에 참여할 수 있고 일하는 재미도 느낄 수 있다.

3. 일하는 횟수와 일을 끝내는 시간을 확실히 정한다. 예를 들어 아이가 아침 식사 전에 침대를 정리하기를 바란다면 아이에게 직접 요구사항을 알리는 것이 좋다. 만약 쓰레기를 버리는 날이 화요일과 금요일이라면 이런 자세한 사항을 리스트에 적어서 준다.

4. 아이가 맡은 일을 끝내면 부모는 일의 완료 상황을 점검한다. 집안일이 아마 아이에게 썩 재미있지는 않겠지만 아이는 맡은 일을 끝냄으로써 성취감을 맛볼 수 있다.

부모는 자신들이 아이보다 가사노동을 훨씬 더 많이 하고 있음을 아이에게 알려야 한다. 그래야 아이들이 가정을 위해 누가 더 많은 일을 하고 누가 가장 고생하는지 깨달을 수 있다.

아이에게 가사를 분담시킨 다음에는 아이를 칭찬하는 일도 잊지 않아야 한다. 칭찬은 집안일을 도운 아이에게 감사하는 마음을 표현하는 한 방식이다. 이런 감사의 마음을 전하면 아이는 더 적극적으로 집안일을 돕고 부모를 위해 더 많은 일을 하고 싶어진다.

유대인 가정의 아이들이 부모를 도와서 하는 집안일은 대부분 몇 가지로 한정된다. 좀 어린 아이는 우편함에서 신문이나 우편물을 챙겨오고, 5세 정도 된 아이는 집안일을 한두 가지 정도 돕는다. 더 큰 아이는 낡은 집안 용품을 수리하거나 새로 설치하는 등 할 일이 좀 많은 편이다. 아이가 낡은 물건을 하나씩 분해하여 없앨 때 부품의 구조와 조합 상태를 기억하도록 하면 아이의 기억력 훈련에 꽤 도움이 된다.

마당과 정원 가꾸기, 방 정리하기, 바느질하기 등은 모두 유대인 가정의 아이들이 늘 하는 집안일이다. 유대인 교육가가 보기에 노동 훈련이 미흡한 아이는 자란 뒤에 몇 가지 좋지 않은 행동 양상이 나타난다고 한다.

1. 행동력이 약하고 솜씨가 서툰데 눈은 높다.
2. 의존성이 강하고 자주성이 부족하다.
3. 노동의 성과를 거두기가 어려운 현실과 부모의 고생을 모른다.
4. 동정심이 없다.

아이에게 가사노동을 시키면 아이는 책임감을 배운다. 또 일하면서 정서적으로 긴장된 상태가 완화되고 아이의 자존감과 자신감도 향상된다. 그러나 이보다 더 중요한 점이 있다. 아이가 가정을 위해 고생하는 부모의 입장을 이해하고 화목한 가정을 꾸리기 위해 희생하고 노력하는 부모에게 감사하는 마음을 갖게 된다는 점이다.

아이는 5~6세가 되면 노동에 관심을 갖기 시작하는데 어떤 아이는 집안일을 굉장히 재미있어 한다. 그런 아이들은 노동을 놀이로 여겨서 노동을 통해 만족감을 얻는다. 부모는 아이의 이런 행동을 바로 칭찬함으로써 아이가 집안일을 돕는 데 자부심을 느끼고 가족을 사랑하고 가족에게 책임을 다하는 마음을 실천할 수 있게 해야 한다.

제 6 장

유대인의 인생철학

“행복한 가정을 위한 노력”

유대인은 유머를 매우 중시한다. 유대인에게 웃음은 괴로울 때는 위로가 되고 즐거울 때는 더욱 활기를 북돋우는 최고의 공짜 보약이다. 그러나 유대인은 웃음의 장점이 결코 이게 다는 아니라고 생각한다. 어려움을 극복하게 하는 최상의 무기가 바로 웃음이라고 보았다.

멸시와 박해와 죽음이 난무했던 고통의 역사도 그들의 밝은 웃음을 멈추게 하지 못했다. 참혹한 인생 앞에서도 유머를 잃지 않았고 조롱하는 적에게도 유머로 대했다. 심지어 민족의 원수인 히틀러도 유머로 제압했다.

히틀러는 600만 명의 유대인을 죽인 살인마였지만 자신도 누군가에게 죽음을 당할까 봐 늘 두려움에 떨었다. 그래서 하루는 유대인 점술가를 관저로 불러서 자신이 언제 암살되는지 점을 봐달라고 부탁했다. 유대인 점술가는 확신에 찬 말투로 히틀러에게 말했다.

"유대인의 축제날에 죽겠군요."

히틀러는 점술가의 말을 듣고 두려운 나머지 다급히 호위대장을 불러서 유대인의 축제날에 경계를 특별히 강화하라고 명령했다. 이에 유대인 점술가는 힘주어 한 번 더 말했다.

"다 헛수고예요. 당신은 그날 암살된다니까요."

히틀러는 진담을 농담처럼 말하는 점술가의 입담에 압도되어 기를 펴지 못했다. 이처럼 유대인에게 유머는 적을 이길 수 있는 무기였고 그들은 유머를 지닌 강자였다.

유대인은 어색한 상황에서도 웃음과 농담으로 서로간의 경계를 허문다. 물론 모든 상황에서 유머가 통하는 건 아니다. 오히려 역효과가 나는 경우도 있다. 하지만 유대인은 그런 상황이 벌어져도 개의치 않는다. 유머로 마음이 가벼워졌으면 그걸로 충분하며 어떤 상황에서도 마음을 가벼이 하는 것이 가장 중요하다고 여긴다.

웃음과 유머는 창의력을 단련하는 최고의 수단이기도 하다. 그래서 유대인 가정에서는 아이가 어릴 때부터 웃음의 힘을 아이에게 알려주고 아이가 웃음을 통해 유대인의 전통 정신과 불굴의 정신을 체득하기를 바란다.

성경을 모르는 유대인은 유대인이 아니듯 웃음이 없는 유대인도 진정한 유대인으로 보지 않는다.

식탁에서는 일 이야기를 하지 않는다

유대인의 직장생활은 긴장의 연속이다. 마치 전쟁을 한바탕 치르는 것처럼 회사 내에는 늘 전운이 감돌고 단 일 분도 허투루 쓰지 않으려는 직원들의 결의가 느껴진다. 이렇게 일에 열중하는 유대인에게는 한 가지 특별한 습관이 있다. 식사 자리에서 유쾌하지 않은 이야기는 절대 하지 않는 것이다. 불쾌한 이야기를 하면 즐거운 식사 분위기를 망칠뿐더러 훌륭한 음식의 진미를 즐길 수 없기 때문이다.

유대인은 농담부터 오락, 예술, 명승지, 인생 등 세상의 재미있는 일을 모두 화젯거리로 삼을 만큼 박학다식하다. 그렇지만 정치, 전쟁, 종교 박해에 관한 이야기는 절대 대화의 소재로 다루지 않는다. 이런 민감한 문제를 꺼냈다가는 다툼이 일어나기 십상이고 덩달아 화기애애하던 식사 분위기도 망친다. 또 외설스러운 이야기도 화제에서 배제된다. 식사하는 동안은 걱정과 근심을 잠시 다 잊고 최대한 편하고 가벼운 마음으로 인생의 즐거움을 충분히 만끽한다.

유대인은 음식을 무척 즐긴다. 사람은 먹기 위해서 살기 때문에 먹는 즐거움을 마음껏 누려야 한다고 말한다. 또 음식은 하느님이 주신 선물이므로 마땅히 기꺼이 누려야 하고 결코 함부로 대하면 안 된다고 믿는다. 그래서 유대인에게 식사는 대단히 고급스러운 향락이다.

유대인은 먹기 위해 죽기 살기로 일해서 돈을 번다. 유대인 상법에서도 '먹으려고 돈을 번다.'라고 단정하고 있다. 돈이 있어야 음식도 먹고 인생의 재미도 맛볼 수 있다는 말이다.

유대인이 음식을 즐기는 또 다른 이유는 건강한 몸을 유지하기 위해서다. 음식을 맛있게 먹고 건강해야 바쁜 직장생활에서 왕성한 힘을 낼 수 있고 업무 스트레스로 쓰러지지 않는다.

록펠러는 일할 때 일 외의 것은 모조리 다 잊을 정도로 몰입했지만 식사할 때만은 누가 뭐래도 일을 입에 올리지 않았다. 그래서 사람들은 록펠러가 일 이야기를 하지 않는 순간은 밥 먹고 잠잘 때뿐이라는 말도 하곤 했다. 록펠러에게 식사 시간은 맛있는 음식을 먹는 즐거움을 오롯이 만끽하는 유일한 순간이었다. 이런 습관 덕분에 록펠러는 90세라는 고령의 나이에도 활력이 넘치게 일을 할 수 있었다. 당시 그는 세계 최고의 부자인 동시에 세계 비즈니스계의 거물 중에서 최고령자였다.

유대 민족에게 건강은 자산이며, 건강이라는 자산이 있었기에 세계 역사에서 사라지지 않고 살아남았다. 유대인은 이런 건강만큼이나 휴식도 중요하게 여긴다. 휴식 없이는 건강을 유지할 수 없기 때문이다.

인생을 즐길 줄 안다

인생은 다채롭다. 일하고, 공부하고, 돈을 벌고, 명예를 추구하는 것 말고도 우리가 누릴 가치가 있는 일들이 매우 많다. 이를테면, 따뜻한 가정, 맛있는 음식, 아름다운 식물, 세차게 흐르는 폭포, 눈 덮인 산과 푸른 초원, 광활한 바다, 아름다운 은하계, 오래된 화석 등 무수하다.

누구나 이런 것들을 대하면 아름답다고 느끼지만 그중에서도 가장 잘 즐기고 받아들일 수 있는 사람은 유대인이다. 유대인은 여유를 즐길 줄 알고 시간을 합리적으로 사용하는 사람이 돈도 잘 번다고 여긴다. 돈을 벌려면 당연히 시간을 투자해야 하지만 시간을 헛되이 낭비하지 하지 않도록 잘 활용하는 것이 중요하다는 뜻이다.

유대인이 시간과 돈을 대하는 태도는 특별하다. 예를 들어 그들은 사업상 어떤 사람을 만났을 때 자신과 상대방의 수명에 대해 아주 객관적이고 태연하게 거론한다. "선생님은 일흔다섯 살처럼 보이시는데 아마 앞으로 5년에서 10년은 더 사시겠네요."라는 말을 천연덕스럽게 하는 것이다. 만약 다른 민족이라면 처음 만난 사람에게 이런 말을 들으면 불쾌해할 것이다. 하지만 유대인에게는 매우 자연스러운 대화다. 사람의 생명은 영원하지 않고 언젠가는 죽는 날이 온다는 사실을 인정하기에 할 수 있는 말이다. 그래서 유대인은 죽음을 두려워하지 않고 담담하게 받아들인다. 유대인은 죽을 때까지 돈을 벌어야 한다고 생각하기 때문에 자신이 살아갈 날이 얼마나 남았는지 알면 자기가 얼마를 더 벌 수 있는지도 예측할 수 있어서 의미가 있다고 여긴다. 그래서 남은 생에 더 열심히 돈을 벌고 즐기면서 살려고 노력한다.

한 유대인 거부는 75세의 나이에도 집을 사지 않고 남의 집에 세들어 살았다. 사람들은 그의 행동을 이해할 수 없어서 물었다.

"그렇게 돈이 많으시면 집 한 채 사는 거야 일도 아닐 텐데 왜 아직도 세 들어 사십니까?"

거부는 태연하게 대꾸했다.

"집을 사면 뭐하겠습니까. 어차피 살날도 얼마 남지 않았는데 굳이 집을 사서 물려줄 필요도 없지요."

유대인 가정에서는 자녀를 어려서부터 독립적으로 키우기 때문에 부모는 노인이 되었을 때 자녀가 봉양해 주기를 기대하지 않는다. 자기가 번 돈으로 노후까지 평생 먹고살다가 간다고 생각한다. 유대인은 이런 생각을 늘 염두에 두기 때문에 평생 기를 쓰고 돈을 벌려는 것이다. 더불어 세상 어느 민족보다 가장 인생을 즐길 줄도 안다.

미국 시인 월트 휘트먼Walt Whitman도 "사는 이유에 즐기는 것 말고 또 뭐가 있습니까?"라는 말로 삶을 즐기라고 했다.

돈이 있어야 하고 싶은 일을 할 수 있고 여유를 즐길 수도 있다. 여유를 즐기는 사람은 보통 두 부류로 나뉜다. 즉 진정으로 편안하게 여유를 만끽하는 사람과 걱정 속에서 여유를 누리는 사람이 있다. 아마 어부와 부자에 얽힌 짧은 우화를 기억하는 사람이 있을 것이다. 나이 든 부자가 바닷가에서 한가롭게 노는 어부에게 열심히 돈을 벌고 나서 여유를 즐기라고 했던 이야기 말이다. 이 이야기를 두고 현재를 즐기는 게 중요하다고 생각하는 사람들이 많다. 그러나 다른 관점에서도 생각해 볼 필요가 있다. 이야기 속의 부자는 한평생을 힘들게 일한 뒤에야 마침내 삶을 즐길 여유가 생겼지만 어부는 원래부터 매일 여유를 즐기며 살았다. 그러나 현재 이 두 사람이 삶을 즐기고 있는 현실은 똑같지만 심정은 다르다는 데 주목해야 한다. 부자는 그야말로 완전한 여유를 만끽하고 있다면 어부는 여유를 즐기면서도 한편으로는 고기를 못 잡아서 굶을까 봐 매일 걱정한다. 이런 어부가 과연 부자만큼이나 마음이 편하고 행복할까?

사무엘 버틀러Samuel Butler도 "인간뿐만 아니라 동물도 살면서 가장 중요한 일은 삶을 즐기는 것임을 알고 있다."라고 했다. 인생은 즐기는 것이고 돈은 평생 벌어도 세상의 돈을 다 쓸어 담진 못하니 쓸 만큼만 벌면 된다. 어차피 인생을 즐기기 위해서 버는 돈 아닌가. 돈을 벌 줄만 알고 인생을 즐길 줄 모르면 삶이 너무 팍팍하지 않을까?

명예와 이익은 인간이라면 누구나 추구하는 대상이다. 이런 표면적인 것들이 개인의 욕망을 충족시키고 개인의 가치를 실현시킨다는 점은 부인할 수 없다. 재산이 어마어마한 갑부를 향해 눈길이 가지 않고 부러운 마음이 조금도 들지 않는 사람이 있을까? 힘들게 일해서 번 돈을 손에 받아들었을 때 흥분하지 않을 사람이 있을까? 사람이니까 마음이 흔들리는 게 당연하다. 유대인은 이런 감정을 감추지 않는다. 유대인은 원래 돈을 대하는 태도가 노골적이어서 돈을 좋아하는 마음을 자연스럽게 드러내며 고생을 마다하지 않고 대놓고 돈을 좇는다. 그들의 이런 자세는 모두 자신의 삶을 즐기기 위한 것이다.

유대인은 휴일도 아주 중시한다. 이스라엘에는 휴일이 대단히 많다. 휴일에 유대인은 일과 관련된 문제는 아예 머릿속에서 지운다. 일 얘기도 꺼내지 않고, 일 계획도 세우지 않고, 일 관련 책도 읽지 않고 오롯이 몸과 마음의 휴식을 위한 휴일을 보낸다. 일은 인생에서 매우 유익한 부분이지만 일만 하고 휴식하지 않으면 인간성을 상실한다고 여기기 때문이다. 그래서 휴식하는 법을 아는 유대인의 인생은 무척 다채롭고 멋있다.

부모의 권위를 남용하지 않는다

설령 부모가 사형 선고를 받아서 사형대에 오를 지경으로 나쁜 사람이라고 해도 자녀는 부모를 저주하면 안 된다. 자녀는 부모에게 평생을 갚아도 다 갚을 수 없는 많은 은혜를 입었기 때문이다. 그렇지만 자신의 뜻을 접고 맹목적으로 부모의 뜻을 따라야 할 필요는 없다.

부모는 아들이 부모만 부양하기를 바라서 아들의 혼사를 막으면 안 되고, 아들을 결혼시킨 뒤에 아들 부부와 같이 살려고 해도 안 된다.

랍비 엘리에제르 벤 히르카누스Eliezer ben Hyrcanus는 스물두 살이 되었는데도 율법서를 완전히 다 배우지 못했다. 그래서 하루는 큰 결심을 하고 아버지에게 말했다.

"랍비 요하난 벤 자카이에게 율법서를 배우고 오겠습니다."

아버지가 대답했다.

"땅을 다 갈기 전에는 뭐 먹을 생각도 하지 마라."

엘리에제르는 아침 일찍 일어나서 땅을 다 간 뒤에 예루살렘으로 출발했다. 엘리에제르의 아버지는 아들이 요하난 벤 자카이를 따라 율법서를 배우러 갔다는 말을 전해 듣고는 공언했다.

"아들이 내 재산을 절대로 쓰지 못하게 하겠다."

그날 예루살렘에서 열린 요하난 벤 자카이의 강연에는 이스라엘에서 명망이 있는 자들이 모여 앉아 강연을 듣고 있었다. 요하난은 엘리에제르의 아버지가 왔다는 소식을 듣고 호위병을 급히 불러 아버지가 자리에 앉지 못하도록 저지했다. 그러나 엘리에제르의 아버지는 앞으로 비집고 들어와서 부유한 고급 관료들 사이에 자리를 잡고 앉았다.

"우리 그만하는 게 좋겠습니다."

엘리에제르가 사정하듯 말했다.

요하난과 다른 랍비들은 모두 그가 발언하도록 부추겼다. 그래서 엘리에제르는 겨우 자리에서 일어나 사람들이 한 번도 들어본 적 없는 이야기를 풀어놓았다. 요하난은 엘리에제르의 이야기를 듣고는 자리에서 일어나 그의 이마에 입을 맞추며 큰소리로 말했다.

"엘리에제르 님은 우리에게 진리를 가르쳐 주었습니다."

강연이 끝나지도 않았는데 엘리에제르의 아버지가 벌떡 일어나 끼어들었다.

"저는 오늘 내 아들 엘리에제르가 내 재산을 쓰지 못하게 하려고 여기에 왔습니다. 그런데 마음을 바꿨습니다. 당장 내 모든 재산을 아들에게 주기로 했습니다."

부모는 내리사랑을 한다. 부모가 자녀에게 사랑을 주면 자녀는 성인이 되어 자녀를 얻었을 때 부모에게 받은 사랑을 그대로 전한다.

아빠 새가 새끼 새 세 마리와 함께 파도가 넘실거리는 바다를 건너야 했다. 그런데 바다 위로 앞을 볼 수 없을 만큼 거센 바람이 불고 있어서 아빠 새는 어쩔 수 없이 한 마리씩 데리고 바다를 건너기로 했다. 먼저 첫째 새끼를 데리고 절반쯤 갔을 때 갑자기 강풍이 휘몰아치자 아빠 새가 새끼에게 물었다.

"아가, 아빠가 널 데리고 가느라 많이 힘들구나. 나중에 자라면 내가 너한테 했듯이 너도 늙은 아빠를 잘 보살펴 주겠니?"

새끼가 대답했다.

"절 안전한 곳으로 데려다 준다면야 아빠가 시키는 대로 할게요."

아빠 새는 당장에 인정사정없이 새끼를 바다에 떨어뜨리고는 새끼가 바다 속으로 빨려 들어가는 모습을 보며 말했다.

"너 같은 나쁜 놈은 이런 대접을 받아야 해."

아빠 새가 해안으로 다시 돌아와서 둘째 새끼를 데리고 다시 하늘로 올랐다. 아빠 새는 첫째에게 한 질문을 둘째에게 똑같이 물었다. 둘째도 첫째와 같은 대답을 하자 아빠 새는 또 새끼를 바다에 수장시켰다.

"너도 똑같이 나쁜 놈이야."

마지막으로 아빠 새는 셋째를 데리고 바다를 건너며 또 같은 질문을 던졌다. 셋째의 대답은 달랐다.

"사랑하는 아빠, 아빠가 절 안전한 곳으로 데리고 가려고 위험을 무릅쓰고 얼마나 힘든 길을 가고 있는지 잘 아는데 자라서 아빠한테 보답하지 않으면 안 되죠. 그렇지만 이 말에 구속되고 싶진 않아요. 그 대신 한 가지 약속은 꼭 지킬게요. 나중에 자라서 제 새끼가 생기면 아빠가 저한테 했던 것처럼 잘해줄 거예요."

아빠 새가 대답했다.

"암, 그래야지. 똑똑한 놈이로구나. 널 안전한 곳으로 데리고 가서 목숨을 꼭 살려주마."

이 이야기는 유대인 사이에서 널리 회자되고 있는 아주 유명한 우화로, 부모가 자녀에게 권위를 함부로 휘두르면 안 된다는 깨우침을 주고 있다. 또한 모든 대인관계에서 자신의 우월한 권위를 남용하지 말라는 메시지도 담겨 있다.

가정은 민족의 구심점이다

유대인 사회에서 교회를 제외하고 유대인이 하나로 뭉칠 수 있는 제2의 공간은 가정이다. 집은 일정한 장소에서 각종 재료를 이용하여 만든 작은 물리적 공간으로, '나라 속의 나라'라고 불려도 손색이 없는 곳이다. 게다가 가정의 구성원은 다른 집단과 달리 혈연으로 맺어진 관계다.

이런 이유로 유대인의 공동체 활동은 대부분 가정을 중심으로 이루어진다. 유대인의 집 안 거실로 들어가는 문 위에는 성경 구절이 적힌 양가죽 두루마리가 담긴 작은 상자가 놓여 있다. 어떤 집은 예루살렘 방향의 벽에 종교 관련 그림이나 표식을 걸어놓는다. 사람들은 집을 드나들 때마다 거기에 입을 맞추거나 그곳을 손으로 쓰다듬는다. 각 가정의 거실은 민족 정신의 중심이 되는 물리적 공간이자 유대인 문화가 살아서 숨쉬는 곳이다.

유대인은 가정에서도 종교 활동을 쉬지 않는다. 매일 기도를 세 차례

드리고 종교 축제일에도 대본처럼 똑같이 기도하는 일상을 보낸다. 유월절, 수장절, 안식일에 진행되는 공동체 활동도 대부분 가정을 중심으로 이루어진다. 이처럼 똑같은 종교 활동을 하는 수많은 유대인 가정은 하나로 단단히 뭉친 유대 민족을 구성하는 수만 개의 세포라고 할 수 있다. 그래서 유대인 가정은 유대 문화가 밀집된 문화의 저장고이자 민족의 축소판이다. 이런 이유 때문에 유대인은 가정을 대단히 중시하고 가정의 화합을 위해 있는 힘을 다한다.

《탈무드》에도 가정의 화목과 중요성을 다룬 이야기들이 매우 많다.

옛날에 두 형제가 살고 있었다. 형은 이미 결혼해서 가정을 이루었고 동생은 독신이었다. 아버지는 임종을 앞두고 성실하게 일하는 형제에게 재산을 나누어 주었다. 형제는 함께 수확한 농작물을 공평하게 반으로 나누어 각자의 창고에 보관했다. 저녁이 되어 형은 문득 자신은 이미 가정을 이루어 큰 걱정이 없지만 동생은 아직 독신이어서 앞으로 준비할 것이 많으리라는 생각이 들었다. 그래서 자신의 농작물 일부를 동생의 창고에 가져다 두었다. 그때 마침 동생도 형에게는 처자식이 있어서 돈이 많이 들 것이라고 예상하여 자기 창고에 있던 농작물을 일부 챙겨서 형의 창고에 갖다 놓았다. 다음 날 아침, 형제는 각자의 창고로 갔다가 농작물이 그대로 있는 것을 보고 의아했다. 그로부터 며칠 더 형제는 계속 각자의 농작물을 상대방의 창고에 몰래 가져다 놓았다. 그리고 나흘째 날에 형제는 농작물을 들고 서로의 창고로 향하다가 도중에 마주치고 말았다. 두 사람은 창고에 농작물이 그대로 있었던 사정을 그제야 파악하고는 부둥켜안고 울었다.

또 한 가지 이야기가 더 있다.

유명한 랍비 메이어Meir는 강연 실력이 무척 훌륭했다. 매주 안식일

전날 밤, 즉 금요일 저녁마다 그는 공회당에서 강연을 열었고 매번 몇 백 명이 와서 그의 강연을 들었다. 그중 한 부녀자는 메이어의 강연을 특히나 좋아했다. 매주 금요일 저녁이 되면 유대인 가정의 주부는 관습에 따라 집에서 안식일에 먹을 음식들을 준비한다. 그러나 그녀는 집에 있지 않고 항상 메이어의 강연을 들으러 갔다.

한번은 메이어의 강연이 조금 길어지는 바람에 그녀가 집에 늦게 도착했다. 집으로 막 들어가려는데 남편이 문 앞을 막아서고는 화를 내며 말했다.

"안식일 음식도 준비하지 않고 어딜 다녀오는 거요?"

"랍비 메이어의 강연을 듣고 왔어요."

남편은 아내에게 단호하게 말했다.

"집에 들어오고 싶으면 그 랍비 얼굴에 침을 뱉고 오구려."

남편은 말을 마치자마자 문을 쾅 닫고 집으로 들어갔다. 아내는 어쩔 도리가 없어서 친구의 집에 가서 하루를 보냈다. 이 소식을 전해들은 메이어는 자신 때문에 한 가정에 불화가 생겼음을 깨닫고 사람을 시켜서 그녀를 불렀다. 그러고는 그녀더러 자기 눈이 계속 아프니 눈에 침을 뱉어서 씻어 달라고 부탁했다. 그들이 살던 지역은 사막지대여서 눈에 들어간 모래알을 빼낼 때 자주 쓰던 방법이었다. 그래서 그녀는 의심 없이 랍비의 눈에 침을 뱉었다. 이로써 그녀와 남편의 갈등은 해소되었다. 랍비의 제자들은 영문을 몰라서 랍비에게 물었다.

"선생님같이 명망이 높은 랍비께서 왜 부녀자가 얼굴에 침을 뱉게 두셨습니까?"

메이어가 대답했다.

"어떻게든 가정의 평화를 되돌려야 하지 않겠느냐."

유대인은 생활환경이 위험할수록 민족끼리 서로 똘똘 뭉치는 '공동체'의 따뜻함을 갈구했고 그로 말미암아 강력한 구심력이 생겼다. 이런 공동체의 구심력은 바로 가정에서 비롯되었고 유대 민족의 응집력이 되었다.

"인생에 대한 열린 태도"

유대인은 타인의 사생활을 존중한다. 일상생활에서 타인의 사생활을 존중하는 방법 중 하나는 비밀을 지키는 것이다.

유대인은 비밀을 잘 지키면 비밀의 주인이 되지만 비밀을 말하면 비밀의 노예가 된다고 한다. 어떤 비밀 한 가지가 사람들에게 알려지면 사람들은 모두 그 비밀을 다른 사람에게 또 폭로하고 싶어지고 그래도 된다고 생각한다. 왜냐하면 어떤 비밀을 알고 있으면 그것을 빌미로 사람들의 관심을 끌 수 있기 때문이다.

비밀을 지키는 태도는 한 사람의 신뢰도를 평가하는 시금석이므로, 유대인은 항상 비밀을 얼마나 잘 지키는지를 지켜봄으로써 그 사람의 가치를 평가한다.

한번은 한 점쟁이가 이스라엘 사람을 저주하다가 그들의 야영지 형태를 파악하고는 그때부터 그들을 위해 기도를 올렸다고 한다. 서로 입구를 마주보고 있는 천막이 한 채도 없는 것을 발견하고 이스라엘 사람들은 서로 사생활을 존중하는 훌륭한 사람이라는 생각이 들어서 그들을 위해 기도하기로 마음을 바꿔 먹은 것이다.

유대 민족은 개인의 사생활을 존중하기에 남의 집에 기별 없이 무작정 찾아가지 않는다. 심지어는 이웃에게 채무가 있을 때도 멋대로 집 안으로 쳐들어가서 담보로 삼을 물건을 함부로 들고 나오지 않고 집주인이 직접 담보물을 가지고 나올 때까지 밖에서 차분히 기다린다.

친한 사람이거나 원수 사이거나 어쨌든 남의 이야기는 함부로 하면 안 된다. 아무리 할 말이 없어도 남의 비밀은 절대 발설하지 말아야 한다. 만약 비밀의 당사자가 자신의 비밀이 한 사람을 통해 밝혀진 사실을 알면 다시는 그 사람을 신뢰하지 않을뿐더러 뼛속 깊이 그를 원망할 것이다.

비밀을 알았다면 무조건 마음에 깊이 묻어두는 것이 비밀을 지키는 최선의 방법이다. 그러면 친구 사이의 우정도 깊어지고 스스로도 마음 편히 지낼 수 있다. 만약 그렇게 하지 않고 바보처럼 비밀을 계속 신경쓰면 마음이 불편할 것이다.

유대인 사이에서는 비밀을 지키는 일에 관한 잠언이 많이 회자되고 있다.

'어떤 소식을 세 명 이상이 알고 있다면 그것은 비밀이 아니다.'

'비밀을 듣기는 쉬우나 발설하지 않기는 어렵다.'

'비밀이라는 술을 마시면 혀가 춤을 추니 각별히 조심해야 한다.'

'바보와 아이는 비밀을 지킬 줄 모른다.'

끝까지 희망을 잃지 않는다

유대인은 인생의 저울이 희망과 절망 사이에서 흔들리다가 희망의 무게가 조금 더 나가면 삶을 유지할 수 있고 저울의 바늘이 자신에게 유리한 방향으로 기운다고 여긴다. 그래서 유대인은 인생에서 희망을 유지하는 것이 가장 현명한 선택이자 지혜로운 처세술이며, 절망과 싸우면 스스로 궁지에 빠지게 된다고 굳게 믿고 있다. 《탈무드》에서는 오늘 무슨 일이 일어날지도 모르는데 내일 걱정을 왜 미리 하느냐고 했다.

유대인은 인생에 과거, 현재, 미래로 통하는 세 문이 있다고 보았다. 이 세 문은 모두 열려 있어서 모든 문에 희망을 걸고 과거의 경험을 빌려서 오늘을 장악하고 미래를 창조해야 하며, 이런 것이 바로 살아가는 이유라고 한다.

유대인의 인생에는 과거와 현재뿐만 아니라 마땅히 미래도 있고, 미래의 한 부분에는 반드시 좋아질 것이라는 '희망'이 존재한다. 그래서 사람은 과거와 현재를 살고 미래에도 살아갈 수 있는 동물이다.

유대인이 연장자를 존중하는 이유가 무엇인지 아는가? 연장자는 '과거'라는 문을 통과하며 얻은 보물을 지니고 있기 때문이다. 젊은 남녀가 아름다운 이유를 아는가? 그들은 보물이 담긴 '현재'라는 문을 통과하고 있기 때문이다. 아이들이 왜 귀여운지 아는가? 아이들은 바로 '미래'를 상징하기 때문이다.

유대인은 남에게 뒤처지기를 꺼려하며, 강직하고, 승부욕이 강하고, 굴복할 줄 모르는 민족이기에 낙담하고 기죽으면 인생의 실패자라고 생각한다. 햇볕이 따갑게 비추는 날이 있으면 장맛비가 계속 내리는 날도 있듯이 이미 과거가 된 일은 누구도 어떻게 할 도리가 없다. 그래서 신은 과거에 대한 보상으로 우리에게 미래를 주었고, 사람은 누구든 희망만 잃지 않으면 미래를 창조할 수 있다.

담담한 마음을 유지한다

사람은 사물의 본질을 파악하면 지혜가 생기고 세상에서 좋은 것은 영원히 존재하지 않음을 알게 된다. 사람은 죽고 나면 서서히 썩어서 아예 형체가 없어진다. 사람도 다른 생물과 마찬가지로 죽음을 면하기 어렵다면 살아서 좋은 것을 가진들 무슨 소용이 있을까?

인생에서 가장 불행한 점은 바로 이런 것이다. 죽음을 생각하면 죽지 않을 방법이 없으니 이보다 더 불행한 일은 없을 듯하다. 그래서 살면서 불행한 것이 죽음보다는 낫다.

사람들은 이 세상을 떠나면서 소원의 절반도 이루지 못하고 간다.

한 랍비가 종종걸음으로 길을 가는 어떤 행인을 발견하고는 그를 불러 세웠다.

"뭘 그리 쫓아가시오?"

행인이 대답했다.

"내 삶을 쫓아가는 중입니다."

"당신 삶이 저 앞에 있는지 어떻게 아시오? 그렇게 기를 쓰고 앞으로 바삐 걸어가는데 삶이 어디에 있는지는 아는 거요? 어째서 사방을 한 번 둘러보지도 않소? 삶은 당신 뒤에서 쫓아오고 있단 말이오. 당신이 그 자리에 가만히 있어도 자연스럽게 만나게 될 거요. 그렇지만 당신이 삶을 빨리 쫓아가려 하면 할수록 삶은 더 멀어진다는 점을 알아두시오."

겉치레를 벗어던지고 진실한 자신의 모습만 남겨 두어야만 비로소 자기가 진정으로 원하던 모습이 된다.

늙은 사자 한 마리가 있었다. 나이도 들고 허리도 아파서 고통스러운 나날을 보내는 사자의 앞날은 불투명했고, 살지 죽을지도 알 수 없었다. 여러 동물들은 사자가 앓아누웠다는 소식을 듣고 다들 다른 이유로 병든 사자를 문병하러 왔다. 사자에게 애정을 갖고 온 동물, 사자의 고통을 보러 온 동물, 사자의 통치권을 이어받을 심산으로 온 동물, 사자가 죽고 나면 누가 권력을 잡을지 보러 온 동물 등 각자 목적이 다양했다.

사자의 병세는 점점 심해져서 목숨을 유지할 수 있을지조차 판단하기 어려운 지경이 되었다. 그때 사자에게 힘이 남아 있는지 보려고 동물들이 다가왔다. 황소는 머리로 사자를 들이받았고 암소는 발로 툭 찼다. 수탉은 부리로 사자를 쪼았고 여우는 사자의 귀를 깨물었다. 암양은 꼬리를 살랑 흔들어 사자의 수염을 쓸며 말했다.

"아직도 안 죽은 거야?"

잠시 뒤에 정신을 차린 사자가 눈을 떠서 바로 앞에 벌어진 광경을 보고는 소리를 질렀다.

"이놈들! 내가 믿었던 놈들이 지금 다 날 깔보고 있어. 내 부하로 있던 놈이 힘과 명예가 사라진 내게 권세를 부리려고 하고 날 좋아하던 놈도 이제는 날 적대시하는구나."

이 우화에서 알 수 있듯이 부와 명예를 지닌 사람 앞에서 알랑거리고 그를 좋아하던 사람들도 그가 불행을 당하면 멀찍이 거리를 둔다. 그러므로 많은 것을 갖고 이루려고 애쓰며 살기보다 다가오는 삶을 담담히 맞이하는 것이 더 현명한 선택이다.

나눌 줄 안다

유대인은 원하는 모든 것을 다 가질 수 없음을 안다. 그래서 그들에게 나눔은 매우 중요한 개념이다. 하지만 사람들은 대부분 자신의 이익은 남과 나누기를 원하지 않으면서 남의 이익은 자신에게 나누어 주기를 바란다. 그래서 랍비들은 항상 이스라엘이 품고 있는 두 바다 사해[Dead Sea]와 갈릴리호[Sea of Galilee]로 유대인들에게 교훈을 주었다.

소금 바다로 유명한 사해는 요르단의 국경에 걸쳐 있으며 주위에는 끝없는 사막이 펼쳐져 있다. 사해에는 염분이 매우 많으므로 사람들이 바닷물에 들어가면 몸이 위로 붕 떠올라서 익사하지 않는다. 또 사해에는 물고기가 없어서 다른 생물이 살지 않는다.

갈릴리호는 다양한 생물이 많이 살아 활기가 충만한 담수호다. 예수 그리스도가 물고기를 낚아 올린 곳으로도 유명하다. 갈릴리호에서는 '성 베드로 물고기[St. Peter's Fish]'가 많이 난다. 생김새는 추하지만 육질이 우수해서 갈릴리 지방의 특산품으로 인기가 있다. 그래서 갈릴리호 해변에 빽빽이 늘어선 식당들의 메뉴는 성 베드로 물고기가 주를 이루며, 그곳을 찾은 여행객들은 모두 신선하고 맛있는 성 베드로 물고기를 맛볼 수 있다.

갈릴리호 주변은 나무가 굉장히 많아서 잎이 무성한 나뭇가지 사이로 새들이 자유롭게 오가며 생기 넘치는 푸른 세상을 이루고 있다. 그러나 사해는 이와 전혀 다른 모습이다. 생물이 살지 않는 사해 주변에는 나무 한 그루도 없고 새 소리도 들리지 않아서 생기가 전혀 느껴지지 않는다. 하물며 해변으로 물을 마시러 오는 사막 동물조차 없어서 사해라고 부르는 듯하다.

두 바다는 어째서 이렇게 다를까?

랍비들은 사해가 갈릴리호와 달리 받아들일 줄만 알고 내놓을 줄은 모르기 때문이라고 해석했다. 요르단 강은 갈릴리호로 흘러 들어갔다가 다시 사해로 흘러 나간다. 갈릴리호는 많은 것을 받아들이고 또 내보내므로 항상 생기가 충만하다. 그러나 단 한 방울의 물도 사해로 들어오면 다른 곳으로 흘러 나가지 못하고 그곳에 고인다. 다시 말해 사해는 모든 것을 받아들이긴 하나 다시 내보내지는 않는다. 그래서 사해에는 생물이 살지 못하고 결국 생기를 잃은 바다가 되고 말았다.

우리 주변에도 사해처럼 받기만 하고 내놓지 않는 사람이 종종 있다. 유대인들은 사해처럼 받기만 하고 나눌 줄 모르는 사람이 되지 말고 갈릴리호처럼 나누며 활기 넘치는 사람이 되어야 한다고 강조한다.

지혜로운 사람은 받을 줄도 알고 나눌 줄도 안다. 유대 민족의 처세술에서는 이런 점을 대단히 중시한다. 그래서 유대인은 남의 베풂을 기꺼이 받을 줄 알고 동시에 자신도 베풀 줄 아는 나눔의 자세를 인생의 신조로 삼았다.

고난을 통해 더욱 강인해진다

사울, 다윗, 솔로몬은 고대 헤브루 왕국의 3대 군왕으로, 이들은 모두 남부 유대와 베냐민Benjamin 두 지파 출신이다. 그래서 북부에 거주하는 다른 열 개 지파의 사람들은 이 세 왕을 시기하고 미워했다. 솔로몬이 죽은 뒤에는 그의 아들 르호보암Rehoboam이 왕위를 계승했다.

왕위를 물려받은 르호보암은 이런 골치 아픈 문제를 어떻게 해결했을까?

르호보암은 사치가 심하고, 여색을 밝히고, 자기보다 똑똑한 사람을 시기하고, 아부를 좋아하는 무능한 군주였다. 게다가 수하에는 교활한 간신들도 수두룩했다. 이 때문에 막강했던 헤브루 왕국의 국력은 르호보암의 집정 기간에 힘을 잃었고 백성들의 원성은 갈수록 커졌다. 그런데도 르호보암은 백성들의 마음을 달래고 갈등을 풀기 위해 노력하기는커녕 오히려 백성을 모욕하고 질책했다.

"선친께서 백성들에게 막중한 부담을 지우셨는데 참 잘하신 일입니다. 이제는 내가 왕이니 더 무거운 짐을 백성들의 어깨에 얹을 것입니다. 선친께서 채찍으로 백성을 다스리셨다면 나는 가시가 돋은 채찍으로 백성들을 다스릴 것입니다."

왕과 백성은 갈수록 더욱 첨예하게 대립했다. 참다못한 북부의 열 개 지파는 결국 르호보암을 거부하고 새로운 왕을 선출하여 사마리아를 수도로 정하고 이스라엘 왕국을 세웠다. 남부 유대와 베냐민 지파는 여전히 충성을 다해 르호보암을 왕으로 받들며 유대 왕국을 건설하고 수도는 그대로 예루살렘으로 정했다. 이렇게 해서 헤브루 왕국은 북부의 이스라엘 왕국과 남부의 유대 왕국 두 개의 나라로 갈라졌다.

기원전 8세기, 아시리아인의 세력이 커지면서 서아시아 지역의 형세에 변화가 일어났다. 이스라엘은 아시리아에 조공을 강요했다. 그러나 그로부터 얼마 지나지 않은 기원전 722년에 아시리아가 이스라엘 수도 사마리아를 함락시켜서 열 개 지파의 사람들은 소리도 없이 역사 속으로 사라졌다. 그래서 그들을 '실종된 이스라엘 열 개 지파'라고 부른다. 유대 왕국은 100여 년 동안 계속 유지되었지만 이스라엘보다 국력이 강하지는 않았다. 다만 아시리아에 조공을 바친 대가로 존속할 수 있었다.

그러나 유대 왕국도 그리 오래 가지는 못했다. 기원전 605년에 신바빌로니아가 아시리아를 멸망시킨 뒤에 신바빌로니아의 국왕 네부카드네자르 2세(Nebuchadnezzar Ⅱ)가 이집트의 파라오 네코 2세(Necho Ⅱ)와 팔레스타인 쟁탈전을 벌이느라 예루살렘은 위기에 빠졌다. 기원전 586년, 네부카드네자르 2세의 군대가 예루살렘을 침략했다. 성전은 약탈당하고 예루살렘은 폐허가 되었으며, 유대 왕국의 왕, 제사장, 귀족, 장인 등 수만 명이 포로로 잡혀서 바빌론으로 끌려갔다.

유대 왕국이 신바빌로니아에 정복당해서 유대인이 바빌론으로 끌려간 사건을 역사에서는 '바빌론 유수'라고 부른다.

유대인은 바빌론 유수를 계기로 또 한 번 자신들의 근거지를 떠나 타향에서 환영받지 못하는 이방인으로 살아야 했다. 그러나 바빌론으로 끌려간 유대인은 타민족에 동화된 북부의 열 개 지파 사람들보다는 훨씬 처지가 좋았다. 강제로 각 지역으로 뿔뿔이 흩어지지 않고 함께 모여 살 수 있었던데다가 자기 민족의 전통 풍습과 신앙을 그대로 유지할 수 있었기 때문이다. 바빌론에 정착한 유대인들은 그곳에서 유대인 거주지를 형성하여 차츰 안정된 생활을 영위해 나갔다. 그때 이후로 유대인과 그 후손을 '유대인'이라고 부르기 시작했고 나아가 전체 유대 민족을 통칭하는 말로 쓰였다.

유대인이 바빌론으로 삶의 터전을 옮긴 초기에는 나라를 잃은 깊은 슬픔 때문에 바빌론을 원수처럼 생각했다. 그래서 성경의 〈시편(詩篇)〉에 나오는 이 구절을 읊조리곤 했다.

"바빌론의 자식들아, 우리는 너희가 우리에게 했던 것처럼 똑같이 너희에게 갚아주고 너희 자식들이 절벽에서 떨어지기를 기도할 것이다."

기원전 538년, 새로 떠오른 페르시아 제국이 신바빌로니아를 멸망시켰을 때 유대인에게는 작은 변화가 찾아왔다. 페르시아 제국의 왕 키루스 2세(Cyrus II)가 유대 민족의 종교 사상이 제국의 통치를 공고히 하는 데 도움이 된다고 판단한 것이다. 또한 유대인은 교육을 중시하고 대부분 비교적 높은 수준의 문화 소양을 갖추고 있어서 그들의 지식을 정신적 자산으로 삼을 수 있다고 보았다. 그래서 키루스 2세는 유대인에게 유화정책을 펼쳤고 그 덕분에 유대인은 편안한 환경에서 생활할 수 있었다.

유대인은 페르시아 왕의 통치 아래에서 물질적으로는 편안하게 살았지만 정신적으로는 위기가 있었다. 안락한 환경의 유혹에서 유대인의 민족성을 잃지 않고 지키기가 그리 쉬운 일은 아니었다. 그때 예언자들이 나타나서 정신적으로 혼란에 빠질 뻔한 유대 민족을 구했다.

유대 민족의 발전 역사에서 이 시기는 대단히 특별한 의미가 있다.

유대 민족은 장기간 방랑자 생활을 하면서도 이처럼 완강하게 민족성을 지켜냈고, 그런 가운데에서도 힘을 끌어 모아 새롭게 일어섰다. 타향살이 중에도 민족성을 지키기 위해 온 마음을 다했던 유대인의 신념은 실로 대단하며 타민족과는 비교할 수 없는 독보적인 면이다.

기원전 538년, 키루스 2세는 유대인을 팔레스타인으로 돌려보냈으며, 그들이 예루살렘에서 성전을 새로 짓고 유대교를 부흥시키는 것을 지지했다. 바빌론에 남기를 원하는 사람들은 머무르도록 허락했으며 곧장 귀향한 유대인은 약 4만 명에 달했다.

'디아스포라Diaspora' 역사 속에서 유대인은 갖은 고초를 겪으며 아픔과 굴욕의 긴긴 밤을 지새웠다. 그러나 온갖 시련도 유대인을 무너뜨리지 못했다. 도리어 그들의 신념과 의지는 더욱 단단해졌다.

가난은 용기를 북돋운다

유대인에게 가난은 멸시를 받을 일이 아니다. 그들은 오히려 젊을 때는 좀 가난하게 살아야 한다고 여긴다. 가난을 극복하기 위해 더욱 분발하고 꾸준히 노력한 끝에 결국 성공의 길로 들어서는 경우가 많기 때문이다. 청춘의 활력만 있다면 가난쯤이야 쉽게 이겨낼 수 있다. 젊은 시절의 가난은 희망을 꿈꾸게 하고 노력하게 만들므로 감사해도 되는 일이다.

그러나 중년이 된 후에도 여전히 빈털터리라면 삶은 비참해진다. 젊을 때 부지런히 밭을 갈았다면 중년에는 열매를 거둬야 한다. 중년에도 가난을 면치 못한 사람은 노력이 부족했거나 밭을 가는 방법에 문제가 있었다고 볼 수 있다. 그런데도 유대인은 가난을 죄악이나 수치로 여기지 않고 그저 삶을 조금 불편하게 하는 것일 뿐이라고 여겼다.

인류의 행복을 경제적인 시각에서 논하자면 가난은 인생 최대의 적이며, 가난한 삶 속에서 독립심을 유지하기는 참 어려운 일이다.

"지혜는 용기와 힘을 이기지만 가난한 사람의 지혜는 무시당하며 아무도 그의 말을 따르지 않는다."

성경에 나오는 이 말은 현재까지도 변함없이 사람들에게 전해지고 있다. 하지만 부단히 변화하고 발전하는 요즘 사회에서는 오늘 부자였던 사람이 내일은 부자가 아닐 수도 있고 오늘 가난했던 사람이 내일은 가난하지 않을 수도 있다.

예전에 어느 부자가 늙어서도 아이가 생기지 않자 상심하여 이렇게 말했다.

"내 평생 이렇게 돈을 많이 벌었지만 다 무슨 소용이 있겠나. 자식도 하나 없는 이놈의 신세."

주변 사람들은 그에게 재산을 자선 단체에 기부하라고 제안했다. 그의 대답은 단호했다.

"그러긴 싫어. 신앙심을 잃고 절망적으로 사는 사람들에게 나누어 줄 걸세."

하루는 부자가 길에서 우연히 거지를 만났다. 거지는 쓰레기 더미 옆에 누워 있었다.

"이 사람은 틀림없이 삶의 희망을 잃었을 거야."

그는 혼잣말을 중얼거리며 100디나르를 꺼내 거지에게 주며 돈을 주는 이유를 설명했다.

거지는 부자의 말을 다 듣고 나서는 돈을 다시 부자에게 돌려주며 목소리를 높였다.

"세상에 바랄 게 전혀 없는 사람은 죽은 사람이 아니겠습니까. 저는 하느님을 믿고 있으니 하느님께서 저를 새로운 세상으로 데려다 주실 겁니다."

부자는 거지의 반응에 무척 실망해서 곧장 공동묘지로 향했다. 그러고는 망자들의 무덤 사이에 돈을 묻었다.

그로부터 몇 년이 지났을 때 부자는 전 재산을 잃고 빈털터리가 되었다. 마음이 급해진 그는 지푸라기라도 잡는 심정으로 공동묘지로 달려가서 땅을 파고 자기가 묻어 두었던 돈을 꺼냈다. 때마침 근처를 지나가던 경찰이 그를 도굴꾼으로 오해하고 당장 체포하여 시장에게로 데리고 갔다.

시장은 부자를 알아보고 물었다.

"절 아시겠습니까?"

부자가 대답했다.

"제가 시장님같이 귀한 분을 어찌 알겠습니까."

시장이 말했다.

"제가 바로 몇 년 전에 만났던 그 거지입니다. 그때 저를 세상에 절망한 사람으로 여기지 않으셨습니까. 보십시오. 하느님이 절 버리지 않으셔서 이렇게 운명이 바뀌었습니다."

"건강한
음주문화"

유대인에게 술은 좋은 것이기도 하고 나쁜 것이기도 하다. 그들은 음주를 이렇게 정의했다.

"아침에 마시는 술은 돌이요, 정오에 마시는 술은 동(銅)이요, 저녁에 마시는 술은 은(銀)이요, 사흘에 한 번 마시는 술은 황금이니라."

술을 대하는 유대인의 태도는 참 지혜롭다. 술을 마시는 즐거움을 널리 알리면서도 술은 과음하지 않고 적당량 마셔야 한다고 경고한다.

유대 민족과 술은 떼어놓을 수 없는 관계다. 아이들도 어려서부터 포도주의 맛을 알고, 안식일에는 모두가 술을 나눠 마시며 즐거운 시간을 보내므로 술은 꼭 있어야 한다. 성경에서도 술의 효용을 여러 번 언급하고 있다. 그러나 다른 민족에 비해 곤드레만드레 취하도록 마시는 사람은 많지 않다.

유대인은 삶을 즐길 줄 아는 민족이므로 술도 인생처럼 천천히 음미

한다. 그래서 술을 적당히 마신 뒤에는 아름다운 음악에 귀를 기울이거나 책을 읽으며 긴장했던 하루의 스트레스를 푼다.

유대 민족은 금욕을 주장하지는 않지만 사람은 욕망을 절제할 줄 알아야 한다고 대단히 강조한다. 음주 문화만 봐도 그들이 절제라는 덕목을 얼마나 숭상하는지 잘 알 수 있다. 성경에 나온 술 관련 이야기 한 토막을 소개하겠다.

노아가 뜰에서 포도를 심고 있을 때 사탄이 그의 앞에 나타나서 물었다.

"뭘 심고 있소?"

"포도요."

노아가 대답하자 사탄이 다시 물었다.

"심어서 뭘 하려는 거요?"

"포도는 열매가 달아서 술을 담가 마시면 기분이 아주 좋아집니다."

"그러면 나도 돕겠소."

사탄이 제안하자 노아도 응답했다.

"좋습니다."

사탄은 그길로 어린 양 한 마리를 데리고 오더니 포도나무 아래에서 죽였다. 그러고는 또 사자, 돼지, 원숭이를 끌고 와서 따로따로 죽였다. 동물들의 피는 땅바닥에 떨어져서 포도나무 밑으로 땅 속 깊숙이 스며들었다.

이 이야기에서 사탄이 동물을 죽인 행동에는 메시지가 담겨 있다. 술을 마시기 전에는 순한 양 같던 사람이 술을 적당히 마시면 사자처럼 힘이 세져서 자기가 세상에서 가장 강한 줄 착각하고, 좀 많이 마시면 돼지처럼 바닥에 드러누워 뒹굴고, 완전히 취할 정도로 마시면 원숭이처럼 쏘다니며 불쾌한 냄새를 풍기고 자기가 무슨 행동을 하고 있는지도 모르게 이성을 잃는다는 것을 알려 주려고 한 행동이었다.

유대인은 이런 점을 다 알면서도 음주를 반대하지 않는다. 《탈무드》에 이런 가르침이 나온다.

"술을 적당량 마시면 몸에 유익하고 건강을 유지할 수 있으며 여러 가지 병도 치료할 수 있다. 그러나 많은 사람이 이 점을 똑똑히 알면서도 취하고 싶어서 얼마나 마셨는지도 모르게 끝도 없이 마셔서 몸이 상한다. 어린 아이는 술을 멀리 해야 한다. 술은 아이의 육체와 영혼을 병들게 한다. 나이가 든 사람에게 술은 장점이 있으며, 노인에게는 술이 꼭 필요하다."

이처럼 유대인의 음주 태도는 술을 적당히 마시며 균형을 맞추는 데 있다.

유익한 음식을 많이 먹는다

갖가지 유익한 음식 중에 생선, 달걀, 대추, 꿀은 유대인이 가장 높이 평가하는 음식이다. 유대인은 생선이 건강에 굉장히 좋다고 여긴다. 생선은 소화가 잘되고 특히 크기가 작은 생선은 생식력에 일정 부분 도움이 되며 생선을 먹으면 몸이 튼튼해진다고 믿고 있다.

그렇지만 소금에 절인 생선은 몸에 해롭다고 여겨서 유대인 사이에 "염장한 생선은 매월 7일이나 17일이나 27일에 종종 사람을 죽인다."라는 말이 회자되며, 어떤 사람은 매월 23일이라고 말하기도 한다. 단 익히지 않은 생선일 경우에 건강에 해롭다는 것이며, 익힌 생선은 문제가 되지 않는다.

유대인은 영양이 가장 풍부한 음식으로 달걀을 꼽는다. 달걀을 같은 부피의 다른 음식과 비교하여 흥미로운 결론도 냈다. 즉 달걀의 영양가는 같은 크기의 다른 음식보다 월등히 높아서, 완숙한 달걀 한 개의 영양가는 달걀 네 배 크기의 치즈보다 높고, 여섯 배 분량의 밀가루보다 높다는 것이다. 또 익힌 달걀은 같은 크기의 다른 모든 음식보다 영양가가 높다고 한다. 그렇지만 달걀을 너무 많이 먹어도 몸에 해롭다고 경고했다.

열매 중에는 대추를 가장 선호한다. 유대인에게 대추는 에너지를 보충하고, 배변과 체질 강화에 도움이 되며, 심장에 해를 주지 않아서 사람들이 좋아하는 음식이다. 아침과 저녁에 먹으면 건강에 유익하고 정오에 먹을 때 장점이 가장 많다고 한다. 즉 소화를 돕고, 우울함을 없애주며 치질을 낫게 하는 장점이 있다. 그러나 오후에 먹으면 몸에 좋지 않고 오히려 해롭다고 한다.

꿀을 포함하여 단맛이 나는 음식은 상처를 아물게 하는 데 도움이 된다.

현대 과학의 관점에서 보아도 생선, 달걀, 대추, 꿀은 영양이 풍부하고 인체에 유익한 성분을 많이 함유하고 있다. 유대인은 탁월한 혜안을 지녔기에 수많은 음식물 중에서 이렇게 유익한 것들을 선별했다.

유대인은 채소에 관해 자기들만의 독특한 견해를 지니고 있다.

– 30일마다 한 번씩 강낭콩을 먹으면 천식에 걸리지 않지만 매일 먹으면 입에서 나쁜 냄새가 난다.

– 작두콩은 치아에는 해롭지만 장에는 좋다.

– 양배추는 영양이 풍부하고 사탕무는 병을 고친다.

– 마늘을 먹으면 허기가 채워지고, 장내의 기생충이 죽고, 얼굴에 화색이 돌고, 몸이 따뜻해지고, 체력이 강해지는 다섯 가지 효과가 있다. 어떤 사람은 마늘을 먹으면 질투가 사라져서 애정이 돈독해진다고 한다.

– 무는 만병통치약이다.

– 양파에는 자극성 성분이 함유되어 있으므로 먹지 않는다.

유대인은 채소를 익히지 않고 먹으면 해롭다고 여겼다.

유대인에게는 어떤 채소를 먹었을 때 생기는 부작용을 없애는 자기들만의 비법이 있다. 이를테면, 상추의 부작용을 없애려면 무를 먹고, 무의 부작용을 없애려면 부추를 먹고, 부추의 부작용을 없애려면 뜨거운 물을 마시고, 뜨거운 물을 마시면 모든 채소의 부작용을 없앨 수 있다는 식이다.

채식을 찬양하고 고기를 적게 먹도록 권장하는 유대인의 식습관은 현대의 음식 과학에 부합한다. 오랜 역사를 지닌 유대 민족이 일찍부터 육식과 채식의 이로움과 부작용을 파악하고 삶에 적용할 수 있었던 것은 의심할 여지 없이 그들의 식견과 안목이 뛰어났던 덕분이다.

음식을 절제한다

유대인은 건강한 체격을 유지하기 위해서는 무엇보다 먼저 음식을 절제해야 한다고 했다. 그들이 음식을 절제하는 기본 원칙은 '3분의 일만 먹고, 3분의 일만 마시고, 3분의 일은 속을 비워두는 것'이다. 가난해서든 절약하기 위해서든 어쨌든 일반적으로 유대인은 식사를 간소하게 한다. 《탈무드》에서 가난한 사람은 일을 마치고 집에 돌아가면 저녁밥으로 소금에 빵을 찍어 먹는다고 했다. 그러나 부자도 아침에는 소금에 빵을 찍어 먹고 물 한 통을 마신다. 이는 유대인의 식습관이며, 그들은 이렇게 먹으면 만병을 고칠 수 있다고 믿고 있다.

식사하기에 가장 알맞은 시간은 먹고 싶을 때라고 한다. 갈증이 날 때 음료를 마시고 배고플 때 밥을 먹는 게 가장 좋다는 뜻이다. 유대인은 매일 두 끼를 먹고 안식일에는 한 끼를 더 먹는다.

랍비 아키바는 아들에게 일찍 일어나면 밥부터 먹으라고 가르쳤다. 속담에도 아침밥을 일찍 먹을수록 달리기를 잘한다는 말이 있다.

유대인은 식사할 때 말하다가 음식물이 기도로 흘러 들어가면 생명이 위험해지므로 말을 하지 못하게 한다. 또 서서 밥을 먹으면 건강에 좋지 않으므로 반드시 앉아서 먹도록 한다. 여행할 때는 평소보다 적게 먹는다. 여행 중에 밥을 평소보다 많이 먹으면 속이 불편해지기 때문이다. 유대인은 음식을 절제하고 음식을 섭취하는 방법을 잘 고려하면 건강도 유지하고 일도 잘할 수 있다고 보았다.

자연을 아끼고 사랑한다

《탈무드》에서는 청결한 환경에서 생활하려면 푸른 정원이 없는 도시는 피해야 한다고 규정했다.

유대인은 사람은 누구나 깨끗한 환경에서 살아야 하고 누구든 도시의 위생을 해치는 일은 절대 하면 안 된다고 강조한다.

그들은 예루살렘의 청결과 아름다움을 유지하기 위해 몇 가지 특별한 규정을 만들었다.

– 새는 도처를 마구 날아다니며 더럽히므로 새를 기르지 않는다.

– 벌레가 쓰레기 더미에서 번식할 수 있으므로 시내에 쓰레기 더미를 쌓아두지 않는다.

– 시커먼 연기가 피어올라 공기를 오염시키므로 벽돌 가마를 짓지 않는다.

– 썩은 꽃이나 과일과 비료에서 역겨운 냄새가 나므로 화원이나 과수원을 운영하지 않는다.

– 사체가 부패하면 환경을 오염시키므로 죽은 사람을 밤새 시내에서 방치하지 않는다.

유대인은 세계에서 환경 보호에 가장 힘을 쏟는 민족이며, 그렇게 꾸준히 노력하기 때문에 청결한 환경에서 살아가고 있다. 생활환경을 중시하는 정신은 건강한 몸을 유지하는 훌륭한 바탕이기도 하다.

유대인의 삶의 지혜는 한 가지가 더 있다. 그들은 자연을 목숨처럼 아끼고 사랑한다. 그들에게는 자연을 사랑하는 행위가 하느님을 존경하는 것과 같다. 이런 관념은 성경에도 기록되어 있다. 하느님은 처음으로 창조한 인간 아담을 데리고 에덴동산으로 가서 나무들을 바라보며 말했다.

"보아라, 여기에 있는 것들이 모두 나의 걸작이다. 이렇게 사람의 눈을 홀리는데 어찌 찬미하지 않을 수 있겠는가. 내가 창조한 이 모든 것은 다 너희를 위한 것이다. 그러니 나의 세상을 더럽히지도 말고 훼손하지도 말거라. 만약 훼손한다면 아무도 너희를 대신하여 재건하지 못할 것이다."

유대인은 이 세계가 하느님이 선택하고 하느님의 선택을 받은 자가 만든 세상이라고 믿고 있다. 이렇게 하느님이 창조한 세상의 대자연을 아끼고 사랑하고 인류의 보금자리를 보호하려는 정신을 지켜가고 있다.

위생을 중시한다

유대인은 청결 유지에 특별한 신경을 쓰는데 심한 경우는 신앙처럼 위생을 중시한다.

랍비가 강연을 마치고 학생들과 같이 길을 가고 있었는데 한 학생이 물었다.

"선생님, 어디로 가십니까?"

"매우 중요한 종교적 책임을 이행하러 가고 있네."

"어떤 종교적 책임이요?"

"목욕하러 가네."

"목욕이요? 목욕도 종교적 책임이란 말씀이십니까?"

학생이 놀라서 되물으니 랍비가 대답했다.

"왕의 조각상을 닦는 임무를 수행하러 가면 보수도 받지만 귀족과 친분을 맺을 기회도 생기니 몸을 단정히 해야 한다. 그런데 하느님의 모습을 닮은 내가 어찌 몸을 깨끗이 돌보지 않을 수 있겠는가."

이 일화에서처럼 유대인이 몸을 청결히 하는 것을 종교적 책임이라고 하는 이유는 사람의 몸이 하느님의 작품이라고 여기기 때문이다. 즉 하느님의 작품인 자기 몸을 받드는 것은 유대인에게 당연한 일이다. 즉 몸은 하느님과 부모가 준 것이므로 몸을 창조한 사람을 존경하는 마음으로 매일 얼굴과 손과 발을 깨끗이 유지해야 한다는 것이다.

로마인이 랍비 아키바를 구금했을 때 거친 밀가루를 팔던 랍비 여호수아는 매일 그를 찾아가 보살폈고 그에게 물을 갖다 주었다.

하루는 옥졸이 여호수아를 만나서 그에게 말을 걸었다.

"물을 너무 많이 갖다 주는 것 같소. 물로 흙바닥에 구멍을 내서 죄수를 탈출하게 하려는 것 아니오?"

옥졸은 말을 끝내자마자 물을 절반 가량 버리고 남은 물을 여호수아에게 건넸다. 아키바는 여호수아가 물을 반만 가지고 오자 그에게 말했다.

"내가 늙었다는 걸 잊었는가? 난 자네가 뭐든 갖다 주지 않으면 살 수가 없다네."

여호수아는 방금 전에 있었던 일을 아키바에게 전했다.

"물을 좀 주게. 손을 씻어야겠네."

아키바의 말에 여호수아가 큰소리로 대답했다.

"마실 물이 충분치 않습니다."

"율법에서 손을 씻지 않는 사람은 죽어야 한다고 했으니 난들 다른 도리가 있겠나. 차라리 목이 말라 죽는 게 낫지 율법을 어길 수는 없잖은가."

아키바는 이렇게 말하고는 손을 씻기 전에는 물을 한 방울도 마시지 않았다.

"유대인의 행복론"

만약 유대인에게 "인생의 목적이 무엇입니까?" 하고 물었을 때 아마 당신은 분명 "돈을 버는 거죠."하는 대답을 기대할 것이다. 하지만 당신의 예상은 틀렸다. 그들의 대답을 들으면 아마 깜짝 놀랄지도 모른다. 유대인은 "인생은 맛있는 음식을 즐기려고 사는 거죠." 하고 대답한다.

"그런데 왜 그렇게 힘들게 일합니까?" 하고 잇달아 물으면 유대인은 서슴없이 "사람은 일할 힘을 비축하기 위해서 먹는 게 아니라 먹기 위해서 일합니다."라고 대답할 것이다.

일본인에게 같은 질문을 하면 "일하려고 먹지요."하며 유대인의 생각과 상반된 대답을 한다.

유대인은 옷을 멋지게 차려입고 고급 레스토랑에 가서 맛있고 훌륭한 음식을 즐기기를 좋아한다. 앞서 언급했듯이 유대인은 인생을 즐길 줄 아는 민족이기 때문이다.

친구에게 진심 어린 우정과 숭고한 경의를 표하고 싶을 때 유대인은 친구를 풍성한 만찬에 초대하여 음식을 대접한다. 만찬 장소는 집이나 고급 레스토랑으로 정한다.

유대인에게 음식은 삶의 중요한 일부이며, 특히 하루 세 끼 중에서 저녁 식사가 가장 중요하다. 다시 말해 유대인은 삶의 즐거움을 대부분 저녁 식사 자리에서 만끽한다. 그렇기 때문에 유대인의 저녁 식사 시간은 몇 분 만에 끝나지 않고 적어도 몇 시간은 걸린다. 그들은 힘들게 번 돈을 풍성한 만찬을 위해 아낌없이 쓰며 삶의 즐거움을 마음껏 누린다.

행복한 휴식이 기다리는 안식일

음식을 중시하는 유대인이 2,000여 년 동안 역사 속으로 사라지지 않고 살아남은 것은 모두 그들의 건강과 보양 비법 덕분이라고 해도 틀리지 않다. 유대인은 음식만큼이나 건강을 유지하는 데 도움이 되는 휴식 시간도 대단히 중시한다. 그래서 유대인에게는 특별히 쉬는 날, 안식일이 있다.

안식일에는 일과 관련된 것은 아무것도 하지 않으며, 심지어는 요리도 금지된 일이어서 무조건 쉬어야 한다. 그래서 안식일에 굶지 않으려고 금요일이 되기 전에 음식을 미리미리 준비해 둔다.

안식일에는 불도 피우면 안 되기 때문에 애연가에게는 고통스러운 날이기도 한다. 단 이교도는 예외가 허용되므로 담배를 피워도 된다.

안식일에 친구나 친척의 집에 방문할 때는 교통수단을 이용하지 않고 걸어서 가야 한다. 그러나 외국인을 대상으로 하는 교통수단은 운행

해도 된다.

안식일은 신성한 날이자 휴식일이다. 전통을 중시하는 유대인 가정에서는 매주 이런 즐거운 날이 있다. 이 날이 되면 유대인은 마치 하느님의 은혜를 받은 것처럼 얼굴에서 거룩한 빛이 난다.

부녀자들은 안식일이 오기 전에 집 안의 테이블과 의자를 깨끗이 닦고 식기도 광채가 나도록 닦으며 안식일에 먹을 음식 준비에 많은 시간을 쏟는다. 이렇게 주부들이 정성껏 준비한 음식을 금요일 저녁이 되면 일주일 중에서 가장 풍성한 만찬으로 즐긴다.

유대인은 반드시 몸을 정갈히 하고 안식일을 맞이한다. 그래서 목욕도 하고 깨끗한 옷으로 갈아입고 나서 온 가족이 예배당에 가서 예배를 드린다. 예배를 마친 뒤에는 다시 집으로 돌아와서 맛있는 술 한 병을 식탁 위에 올려놓고 초에 불을 밝힌다. 이때 가장은 성경의 한 구절을 인용하여 아내의 능력과 아름다움을 칭찬하고, 이어서 온가족이 함께 다음 날부터 시작되는 새로운 한 주를 잘 보내기를 바라는 기도를 올린다. 만찬이 끝나면 온 가족이 소리 높여 안식일을 찬미하는 노래를 부르며 하루를 정리한다.

진정한 휴식을 취할 수 있는 안식일이 되면 유대인은 친구를 만나거나 집에 머물며 친구와 가족들과 인생관, 생활, 예술에 관한 대화를 나눈다. 유대인에게 안식일은 실로 아름다운 휴일이다.

유대인의 건강 준칙

유대인은 건강 준칙을 매우 상세하게 세웠다.

첫째, 청결에 유의한다.

청결은 몸을 건강하게 유지하는 데 가장 중요한 조건이며, 경건한 모습을 보이기 위해서도 꼭 갖춰야 할 요소다. 식사 전이나 후에 반드시 손을 씻어야 하며, 손을 씻지 않고 빵을 집어 먹는 것은 매춘만큼이나 나쁜 행위다. 씻지 않은 손으로 빵을 집어 먹는 행위는 더러운 빵을 먹는 것과 같으므로 손을 씻지 않는 사람은 추방될 수도 있다.

아침에 일어나서 손을 씻기 전에는 신체 어떤 부위에도 손을 대지 않는다.

둘째, 음식을 적당량 섭취한다.

위가 감당할 수 있는 양은 한정되어 있어서 너무 많이 먹으면 위가 부담을 느껴서 건강을 해치므로 적당히 먹는다.

셋째, 땀을 많이 흘리면 좋다.

아플 때 나는 식은땀이나 목욕하고 일한 뒤에 흐르는 땀은 모두 건강에 이롭다. 뜨거운 물로 목욕한 뒤에 찬물로 헹구지 않으면 벌겋게 달아오른 철을 찬물에 식히지 않는 것과 같으므로 주의한다.

넷째, 운동을 적당히 한다.

너무 오래 서 있으면 심장에 무리가 가고, 너무 오래 앉아 있으면 치질이 생기고, 너무 많이 걸으면 눈에 좋지 않다. 가장 좋은 방법은 활동시간을 3등분하여, 3분의 1은 서 있고 3분의 1은 앉아 있고 3분의 1은 걷는 것이다.

다섯째, 신체 단련을 꾸준히 한다.

평생 건강하게 살고 질병에 시달리고 싶지 않다면 평소에 신체 단련을 꾸준히 해야 한다. 몸을 움직이면 몸속에 축적된 열량이 자연스럽게 소모되고 몸을 쉬면 열량이 그대로 보존되기 때문이다. 또 몸에 밴 나쁜 습관으로 생긴 부작용이 없어진다. 그러나 신체 단련은 자신의 몸 상태에 맞게 해야 한다. 힘을 너무 많이 들이면 호흡에 지장을 주며, 격렬한 운동을 하면 쉽게 피로해진다. 모든 사람이 피로감을 잘 견디지는 못하므로 건강을 유지하기 위해서는 너무 오래 하지 않도록 한다.

여섯째, 심리 건강을 유지한다.

지나치게 슬퍼하지도 말고 걱정을 자초하지 않도록 한다. 마음이 즐거워야 청춘의 활기가 돌고 기분이 좋아야 장수한다. 마음이 즐겁고 적당한 욕구를 지닌 사람은 뭘 먹어도 맛있다. 긴장하면 쉽게 늙고 질투하거나 분노하면 수명이 단축된다. 아름다운 소리와 풍경과 냄새는 정신 건강을 유지하는 데 도움이 된다.

일곱째, 청춘의 활기를 유지한다.

감정 상태도 몸을 통해 변화가 고스란히 나타난다. 몸이 튼튼한 사람은 목소리가 밝고 힘이 있으며 의기양양한 자태를 풍긴다. 그러나 갑자기 감정적으로 충격을 받으면 기분이 저하되어서 안색이 본래의 빛을 잃고 목소리도 힘이 없고 갈라지며 온몸에 힘이 빠진다. 때로는 몸이 벌벌 떨리기도 하고 맥박이 힘없이 뛰기도 한다.

다시 말해 정신적인 변화에 따라 한 사람의 몸에서 전혀 상반된 변화가 일어난다는 것이다. 슬프고 우울할 때는 목소리를 내기도 힘들고 몸도 쇠약해지지만 흥분하거나 기분이 좋은 일이 생기면 얼굴에 화색이 돌고 기운이 나며 목소리도 밝아진다. 더불어 동작도 민첩해지고 맥박도 힘차게 뛰며, 온몸과 눈빛에서 편안함과 기쁨이 표출된다.

건강과 긍정적인 생각은 뗄 수 없는 관계이므로 유대인은 건강을 위해 이 점을 명심한다. 그들은 돈을 버는 법도 잘 알지만 인생을 즐기고 건강을 유지하는 법도 잘 안다.

사랑을 반드시 지킨다

유대인은 성실한 결혼 생활을 강조하며 불성실한 행동은 절대 허용하지 않는다. 부부 두 사람 중 누구든 불성실하면 반드시 그에 따른 대가를 치르게 된다고 믿고 있다.

활발하고 예쁘장하게 생긴 한 아가씨가 있었다. 그녀는 혼자 밖을 거닐며 놀다가 길을 잃고 말았다. 길을 찾아 헤매던 그녀는 피곤하고 목이 마르던 차에 근처에서 우물을 발견하고 가까이 다가갔다. 그런데 우물에 드리워진 밧줄을 타고 우물 속으로 들어가서 물을 마시고 나니 다시 올라올 방법이 없었다. 그렇게 한참을 있다가 날이 어두워지자 아가씨는 무서워져서 그만 울음을 터뜨렸다. 때마침 우물가를 지나던 한 청년이 그녀의 울음소리를 듣고 달려가서 필사적으로 그녀를 구해냈다. 청년은 아가씨의 아름다운 모습에 한눈에 반했고 아가씨는 자신을 구해준 청년의 인품에 반해서 두 사람은 바로 사랑에 빠졌다.

그러나 청년은 가던 길을 계속 가야 하고 지체할 수 없는 상황이어서 아가씨와 헤어지며 서로 맹세를 했다.

"이 사랑을 지키기 위해 영원히 변함없는 마음으로 당신을 기다리겠습니다."

"이 사랑을 지키기 위해 반드시 돌아와 당신을 꼭 내 아내로 맞이하겠습니다."

두 사람이 서로 맹세하는 사이에 생쥐 한 마리가 우물에서 물을 마셨다. 그들은 우물과 생쥐를 증인으로 삼고 아쉬움을 뒤로 한 채 헤어졌다.

시간은 빠르게 흘러 눈 깜짝할 사이에 수년이 훌쩍 지나갔다. 아가씨는 여전히 맹세를 지키며 바보 같은 청년을 하염없이 기다렸다. 그러나 청년은 감감무소식이었다. 아가씨는 청년이 이미 다른 아가씨와 결혼을 해서 아이까지 낳았을 줄은 꿈에도 몰랐다. 청년은 아가씨와의 맹세를 까맣게 잊은 지 오래였다.

하루는 이 배신남의 아들이 집 밖에서 혼자 놀다가 지쳐서 잔디밭에 누워서 쉬고 있었다. 그런데 갑자기 어디선가 생쥐 한 마리가 나타나서 아이의 목을 깨물었고 아이는 끝내 목숨을 잃었다. 아들을 잃은 부부는 한동안 슬픔에서 헤어나오지 못했다.

그로부터 얼마 뒤에 부부는 또 아들을 낳았다. 아들은 부모의 관심과 사랑을 받으며 행복하게 쑥쑥 잘 자랐다. 하루는 아이가 밖에서 놀다가 우물 안에서 시커먼 그림자가 흔들리는 광경을 목격하고는 호기심에 우물로 다가가 홀린 듯이 안을 들여다보다가 부주의해서 우물에 빠져 익사했다. 배신남은 아들을 두 번이나 잃은 슬픔에 몸을 가누지 못하다가 문득 예전에 했던 사랑의 맹세를 떠올렸다. 남자는 슬픈 목소리로 혼잣말을 했다.

"내 아들의 목숨을 앗아간 것이 바로 우물과 생쥐, 두 증인이란 말인가?"

사랑을 위해 모든 것을 바친다

옛날에 한 나라의 공주가 병에 걸렸는데 치료할 방법이 없어서 어의들이 속수무책으로 바라만 보고 있었다. 이에 왕은 누구든 공주의 병을 낫게 하는 사람은 공주와 결혼시키고 훗날 왕위도 물려주겠다고 백성들에게 공표했다.

얼마 지나지 않아 천리안을 가진 한 청년이 먼 지역에서 그 벽보를 보았다. 청년에게는 남동생 두 명이 있었는데 그는 동생들과 상의하여 함께 공주를 구하러 가기로 했다.

삼형제 중 둘째에게는 준마보다 빨리 나는 카펫이 있었고 막내에게는 만병을 치료할 수 있는 사과가 한 개 있었다. 상의를 마친 삼형제는 나는 카펫을 타고 궁전으로 향했다. 궁전에 도착해서 막내가 먼저 사과를 꺼내 공주에게 바쳤다. 공주가 사과를 먹고 이내 병이 완치되자 궁전 안은 환호성으로 가득 찼다. 그러나 삼형제는 기뻐하던 것도 잠시 이내 다투기 시작했다.

"공주는 내 여자야. 내가 벽보를 못 봤다면 어떻게 여기까지 와서 공주를 치료했겠어."

"공주는 나랑 결혼해야 해. 내 카펫이 없었으면 이렇게 빨리 공주를 치료하지 못했을 거야."

작고 힘없는 목소리로 막내가 말했다.

"내 사과가 없어졌어."

왕은 난국을 어떻게 수습할지 고민에 빠졌다.

그때 공주가 막내 앞으로 다가가서 다정하게 그를 바라보며 말했다.

"당신은 나를 구하려고 단 하나뿐인 사과를 내게 주었으니 이제부터 당신의 아내는 바로 저예요."

사랑을 대하는 유대인의 태도는 이 이야기 속에 잘 담겨 있다. 유대인은 사랑을 위해 평생 자기가 가진 모든 것을 바치는 사람들이다.

유대인의 돈,
유대인의 경쟁력

초판 1쇄 발행 2019년 11월 25일
초판 2쇄 발행 2020년 05월 10일

엮은이 | 커유후이
옮긴이 | 주은주
디자인 | 아르케
인쇄 · 제본 | 한영문화사

펴낸이 | 이영미
펴낸곳 | 올댓북스
출판등록 | 2012년 12월 4일(제 2012-000386호)
주 소 | 서울시 마포구 연희로 19-1, 6층(동교동)
전 화 | 02)702-3993
팩 스 | 02)3482-3994

ISBN 979-11-86732-47-2(13190)

* 잘못된 책은 구입처에서 바꿔 드립니다.
* 책값은 뒤표지에 있습니다.

이 도서의 국립중앙도서관 출판예정도서목록(CIP)은 서지정보유통지원시스템 홈페이지(http://seoji.nl.go.kr)와 국가자료공동목록시스템(http://www.nl.go.kr/kolisnet)에서 이용하실 수 있습니다. (CIP제어번호 : CIP2019044718)